知识产权法官论坛

侵犯专利权抗辩事由

QINFAN ZHUANLIQUAN KANGBIAN SHIYOU

◎北京市第一中级人民法院知识产权庭　编著

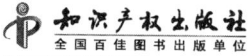

知识产权出版社
全国百佳图书出版单位

内容提要

　　本书在现有的理论研究和司法实践的基础上，对侵犯专利权纠纷案件中被告的各种抗辩事由进行系统梳理，厘清抗辩事由与被告在诉讼中的其他主张的区别，并对侵犯专利权纠纷案件中的抗辩事由性质进行归类和详细分析，探讨常见抗辩事由的适用规则，以期对侵犯专利权纠纷案件的审理有所裨益。

　　读者对象：知识产权审判人员、律师、高等院校知识产权教学与科研人员以及知识产权纠纷当事人。

责任编辑：李　琳　　　　**责任校对：董志英**
文字编辑：胡文彬　　　　**责任出版：卢运霞**

图书在版编目（CIP）数据

　　侵犯专利权抗辩事由 / 北京市第一中级人民法院知识产权庭编著.
—北京：知识产权出版社，2011.5（2012.4 重印）
　　ISBN 978－7－5130－0328－5

　　Ⅰ. ①侵…　Ⅱ. ①北…　Ⅲ. ①专利权法－侵权行为－研究－中国
Ⅳ. ①D923.424

　　中国版本图书馆 CIP 数据核字（2010）第 251881 号

侵犯专利权抗辩事由
Qinfan Zhuanliquan Kangbian Shiyou
北京市第一中级人民法院知识产权庭　编著

出版发行：知识产权出版社

社　　址：北京市海淀区马甸南村 1 号	邮　　编：100088
网　　址：http：//www.ipph.cn	邮　　箱：bjb@cnipr.com
发行电话：010－82000860 转 8101/8102	传　　真：010－82005070/82000893
责编电话：010－82000887 82000860 转 8118	责编邮箱：lilin@cnipr.com
印　　刷：三河市国英印务有限公司	经　　销：新华书店及相关销售网点
开　　本：880mm×1230 mm　1/32	印　　张：10
版　　次：2011 年 5 月第 1 版	印　　次：2012 年 4 月第 2 次印刷
字　　数：255 千字	定　　价：30.00 元

ISBN 978－7－5130－0328－5/D·1147（3261）

本书编委会

顾　问　陈　锐

主　编　杨柏勇　崔学锋　姜　颖

撰稿人　（按姓氏笔画排序）

王东勇　李冰青　芮松艳

佟　姝　周云川

编　务　王东勇　李冰青

编 写 说 明

　　请求和抗辩是诉讼的两大主题。请求是"矛"，抗辩则是"盾"。"矛"与"盾"对抗，胜者胜诉。包括侵犯专利权案件在内的知识产权诉讼也不例外。正如学者所言，"知识产权人的私权利益与公共利益之间的利益平衡，是知识产权法律制度的基石"❶，在给予专利权人一定范围垄断权利的同时，《专利法》及相关法律设置了例外制度，限制专利权人的权利行使，赋予社会公众和其他竞争者以自由，使权利人和社会公众之间取得平衡，以更好地发挥专利制度激励创新，促进科技进步和社会发展的作用。这些例外和限制就是"盾"，在侵犯专利权诉讼中体现为被告的抗辩。这就是本书的主要内容。

　　一直以来，侵犯专利权案件都是知识产权民事诉讼中的热点和难点，司法实践和理论探讨也一直是围绕"矛"和"盾"展开。在强调加强专利权保护的背景下，实践和理论似乎更倾向于"矛"的研究。然而，正如翅膀的两翼，"盾"的完善也十分重要，否则两者就会失衡，专利制度将偏离应有的方向。目前，理论界已经对侵犯专利权纠纷中的抗辩事由进行了一些研究。然而，大多数的研究都是针对某一种特定的抗辩事由展开的，鲜有对侵犯专利权诉讼中的抗辩事由进行系统的研究。此外，虽然已有一些法律对侵犯专利权的抗辩作出规定，但是这些规定比较原

---

　　❶ 冯晓青，"利益平衡论：知识产权法的理论基础"，载《知识产权》2003年第6期，第16～19页。

则和抽象，还不能简单地对号入座。而司法实践在这方面已经迈出了一大步，一些规则已经细化，一些做法已经得到肯定，一些问题已经达成共识。基于此，本书试图在现有研究和司法实践的基础上，对已有做法进行归纳总结，对侵犯专利权纠纷中被告的各种抗辩事由作系统梳理，厘清抗辩事由和被告在诉讼中的其他主张的区别，并对侵犯专利权纠纷中的抗辩事由性质进行归类和分析，探讨常见抗辩事由的适用规则，以期对侵犯专利权纠纷案件的审理有所裨益。

为便于读者的研究和实践，本书在正文后附上了与处理此类案件有关的专利法律规定和人民法院的司法解释及指导性意见。

本 书 缩 略 语

1.《中华人民共和国专利法》——《专利法》

2.《中华人民共和国民事诉讼法》——《民事诉讼法》

3.《中华人民共和国民法通则》——《民法通则》

4.《中华人民共和国合同法》——《合同法》

5.《最高人民法院关于适用〈中华人民共和国民事诉讼法〉若干问题的意见》——《〈民事诉讼法〉意见》

6.《最高人民法院关于审理专利纠纷案件适用法律问题的若干规定》——《专利案件适用法律若干规定》

7.《中华人民共和国专利法实施细则》——《专利法实施细则》

8.《北京市高级人民法院关于专利侵权判定若干问题的意见（试行）》——《北京专利侵权判定若干意见》

9.《最高人民法院关于适用〈中华人民共和国合同法〉若干问题的解释(二)》——《合同法解释(二)》

10.《最高人民法院关于审理侵犯专利权纠纷案件应用法律若干问题的解释》——《审理侵犯专利权案件问题解释》

11.《施行修改后的专利法的过渡办法》——《专利法过渡办法》

12.《保护工业产权巴黎公约》——《巴黎公约》

目　　录

第一章　侵犯专利权抗辩事由概述

　　平衡是知识产权制度的要义和核心，在权利人利益、其他竞争者利益和公众利益之间维持恰如其分的平衡是知识产权制度设计者考虑的基点。专利制度也不例外。在给予专利权人一定范围垄断权利的同时，专利法设置了相关例外制度，限制专利权人的权利行使，赋予社会公众和其他竞争者以自由，在权利人和社会公众之间取得平衡，以更好地发挥专利制度激励创新、促进科技进步和社会发展的作用。专利制度的平衡设置，在具体的侵犯专利权诉讼中显性表现为原告和被告之间的攻防。一方面，其表现为原告的"攻"——即以专利权为基础，提出诉讼，要求被告承担停止侵权、赔偿损失等相应的民事责任；另一方面，针对原告的诉讼主张，作为被控侵权者的被告，充分施展制度赋予其的防御手段，提出各种各样的抗辩事由，主张原告的起诉不能成立，被告的行为不构成侵权，或者不应当承担相应的民事责任。此时，法官作为纠纷的裁判者，就需要准确理解和应用各项抗辩事由的适用规则，对被告的抗辩作出判断，对纠纷作出裁决。

　　随着我国专利诉讼的司法实践和理论研究的发展，目前侵犯专利权诉讼中被告的抗辩已经越来越受到重视，在理论上也已经对诸多抗辩事由的审理规则进行了研究，也有不少的规范性文件对抗辩给出指导性意见。然而，遗憾的是，大多数的研究都是针对某一种特定的抗辩事由展开的，鲜有对侵犯专利权诉讼中的抗辩事由进行系统研究。因此，本书试图在现有研究和司法实践的基础上，对侵犯专利权诉讼中被告的各种抗辩事由作一次系统梳理，厘清抗辩事由和被告在诉讼中其他主张的区别，并根据侵犯专利权诉讼中的抗辩事由性质进行归类和分析，探讨常见抗辩事由的适用规则，以期对侵犯专利权纠纷案件的审理有所裨益。

一、侵犯专利权诉讼中常见的抗辩事由

抗辩制度起源于罗马法。罗马法中的抗辩（exceptio），作为被告的辩护手段，是法律尤其是裁判官法赋予被告的、据以对抗原告诉权的权利。其最初是介于原告请求和判决程式之间的一项诉讼程式，使被告有可能证明存在某种情形，足以让原告的请求丧失其合法性或有效性。❶ 目前，司法实践中所谓的抗辩，常常指的是诉讼中被告主张原告诉讼请求不成立或不完全成立，从而免除或减轻其民事责任的一种防御手段。

实践中，与专利权有关的纠纷类型较多，侵犯专利权纠纷有广义和狭义之分，广义的侵犯专利权纠纷是指所有与专利权有关的纠纷，既包括侵犯发明、实用新型和外观设计专利权纠纷，也包括以专利（申请）权本身为标的的专利申请权权属纠纷、专利权权属纠纷等。但严格来说，侵犯专利权纠纷仅指针对《专利法》第十一条规定的实施专利的行为而提出的侵权诉讼，包括侵犯发明、实用新型和外观设计专利权纠纷，而不包括专利权权属纠纷、转让纠纷等直接以专利权本身为标的物的争议。

在审理侵犯专利权纠纷案件的司法实践中，针对原告的侵权之诉，很多被告在泛化、最为宽广的含义上提出各项抗辩，甚至

---

❶ 参见黄风编著：《罗马法词典》，法律出版社 2002 年版，第 106 页。

有些抗辩实际上是否认❶，以期能使原告诉讼请求不成立或不完全成立，从而免除或减轻其民事责任。被告提出的常见抗辩事由主要有：

（1）针对《专利法》第十一条所规定的侵权行为构成要件而提出的抗辩，比如非生产经营目的抗辩；❷

（2）根据《专利法》第六十二条提出的现有技术/设计抗辩；❸

（3）根据《专利法》第六十九条的规定提出权利用尽抗辩、先用权抗辩、临时过境抗辩、科学和实验目的的抗辩以及医药审批

---

❶　否认，是指当事人主张相对方主张的事实不真实，或对相对方的申请或主张予以否定，在实体法上表现为否认原告请求权的发生基础，例如，甲起诉乙要求乙赔偿侵权行为的损害，乙否认与甲之间存在任何侵权法律关系。而抗辩是在承认原告所提出的权利发生基础的前提之下，提出一些新的事实，来阻碍原告的诉讼请求。因此，实践中有些被告主张被控侵权物缺少原告专利的必要技术特征或者不构成等同即是一种否认而非抗辩。在诉讼程序上，否认与抗辩的最大区别在于，抗辩不仅要提出主张，而且还要就其抗辩承担证明责任；而否认无需承担证明责任。因此对于主张被控侵权物缺少原告专利的必要技术特征或者不构成等同的被告方，无需就其主张承担证明责任，相反原告方仍需就被控侵权物包含原告专利的必要技术特征或构成等同承担证明责任。

❷　《专利法》第十一条规定："发明和实用新型专利权被授予后，除本法另有规定的以外，任何单位或者个人未经专利权人许可，都不得实施其专利，即不得为生产经营目的制造、使用、许诺销售、销售、进口其专利产品，或者使用其专利方法以及使用、许诺销售、销售、进口依照该专利方法直接获得的产品。外观设计专利权被授予后，任何单位或者个人未经专利权人许可，都不得实施其专利，即不得为生产经营目的制造、许诺销售、销售、进口其外观设计专利产品。"

❸　《专利法》第六十二条规定："在专利侵权纠纷中，被控侵权人有证据证明其实施的技术或者设计属于现有技术或者现有设计的，不构成侵犯专利权。"

（又称作"BOLAR 例外"）抗辩；❶

　　（4）针对权利积极正当行使而发展而来的诉讼时效抗辩❷、权利懈怠抗辩、权利滥用抗辩等；

　　（5）根据《专利法》第七十条，销售商、使用者提出的无主观过错无需承担赔偿责任的抗辩；❸

　　（6）针对持续侵权行为提出的只能向前推算两年计算赔偿数额的抗辩；❹

　　（7）专利权效力抗辩，即主张原告专利缺乏新颖性、创造性❺，或者独立权利要求缺少必要技术特征❻，说明书公开不充

---

　　❶ 《专利法》第六十九条规定："有下列情形之一的，不视为侵犯专利权：（一）专利产品或者依照专利方法直接获得的产品，由专利权人或者经其许可的单位、个人售出后，使用、许诺销售、销售、进口该产品的；（二）在专利申请日前已经制造相同产品、使用相同方法或者已作好制造、使用的必要准备，并且仅在原有范围内继续制造、使用的；（三）临时通过中国领陆、领水、领空的外国运输工具，依照其所属国同中国签订的协议或者共同参加的国际条约，或者依照互惠原则，为运输工具自身需要而在其装置和设备中使用有关专利的；（四）专为科学研究和实验而使用有关专利的；（五）为提供行政审批所需要的信息，制造、使用、进口专利药品或者专利医疗器械的，以及专门为其制造、进口专利药品或者专利医疗器械的。"

　　❷ 《专利法》第六十八条第一款规定："侵犯专利权的诉讼时效为二年，自专利权人或者利害关系人得知或者应当得知侵权行为之日起计算。"

　　❸ 《专利法》第七十条规定："为生产经营目的使用、许诺销售或者销售不知道是未经专利权人许可而制造并售出的专利侵权产品，能证明该产品合法来源的，不承担赔偿责任。"

　　❹ 《专利案件适用法律若干规定》第二十三条规定："侵犯专利权的诉讼时效为二年，自专利权人或者利害关系人知道或者应当知道侵权行为之日起计算。权利人超过二年起诉的，如果侵权行为在起诉时仍在继续，在该项专利权有效期内，人民法院应当判决被告停止侵权行为，侵权损害赔偿数额应当自权利人向人民法院起诉之日起向前推算二年计算。"

　　❺ 《专利法》第二十二条、第二十三条。

　　❻ 《专利法实施细则》第二十条第二款。

分❶，权利要求不清楚得不到说明书的支持❷等，应当被宣告无效，或应为无效专利，不应受到保护；

（8）禁止反悔抗辩❸；

（9）主张被控侵权物使用的是自有专利从而不构成侵权的自有专利抗辩；

（10）主张被控侵权物使用的是自主开发的技术从而不构成侵权的自主开发抗辩；

（11）主张得到第三方或专利权人许可等合同抗辩。

二、对常见抗辩事由的分析归类

学理上，一些美国法学家将侵犯专利权抗辩分为三种：第一，积极抗辩，一般指被告在抗辩中认为原告的专利无效，或原告以欺骗手段取得专利，或原告滥用专利权，从而违反了美国联邦反托拉斯法；第二，一般抗辩，指被告在抗辩中只是认定自己的行为没有侵犯原告的专利权，其理由可能是自己对专利发明的使用只限于实验用途，或者自己使用的技术或设备等没有落入对方专利保护的范围，或者自己的行为属于专利法规定的例外情况等；第三，特殊保护，指原告由于程序上的失误而导致"懈怠"，或对方的行为属于"不清白行为"等。❹

在我国，如前所列，在侵犯专利权纠纷中，很多被告是在泛化、最为宽广的含义上提出各种抗辩事由，以期能使得原告诉讼

---

❶　《专利法》第二十六条第三款。

❷　《专利法》第二十六条第四款。

❸　《审理侵犯专利权案件问题解释》第六条规定："专利申请人、专利权人在专利授权或者无效宣告程序中，通过对权利要求、说明书的修改或者意见陈述而放弃的技术方案，权利人在侵犯专利权纠纷案件中又将其纳入专利权保护范围的，人民法院不予支持。"

❹　孟庆法、冯义高著：《美国专利及商标保护》，专利文献出版社1992年版，第109～110页。

请求不成立或不完全成立，从而免除或减轻其民事责任。这些抗辩事由虽然纷繁复杂，有着各自不同的适用规则，但依据不同的标准，仍可以将这些抗辩事由作如下类型的区分。

（一）事实抗辩和权利抗辩

事实抗辩和权利抗辩是实体法抗辩的两大类型。事实抗辩，即对原告权利本身的抗辩，比如权利未形成、不存在，或者对方的权利虽然曾经发生过，但因某种事由已消灭；权利抗辩则是对原告请求权的对抗，其对抗的内容是：虽然对方的请求权存在，但是依据抗辩权自己行为合法或享有拒绝给付的权利。在诉讼理论上，当事人可以针对相对方提出的实体法的抗辩提出再抗辩以及再再抗辩。区分事实抗辩和权利抗辩的主要意义在于是否需要当事人主张。诉讼中，事实抗辩不以当事人主张为适用前提，如果法官从双方的陈述等知晓抗辩事实的存在，哪怕被告未予主张，法官亦可以主动援引，查明事实。而权利抗辩需要当事人自行主张，即使该权利抗辩的基础事实系原告披露，而被告并没有主张此权利抗辩，那么法官不应主动援引该权利抗辩的事实以驳回原告的请求。❶

根据上述定义，侵犯专利权纠纷中，被告提出的专利权效力抗辩、禁止反悔抗辩等是直接针对原告专利权本身的抗辩，涉及原告权利是否形成、是否应当得到保护及其范围大小，属于事实抗辩，因此不以当事人主张为适用前提，如果法官从双方的陈述等知晓抗辩事实的存在，哪怕被告未予主张，法官亦可以主动援引，查明事实，作出裁判。而被告提出的非生产经营目的抗辩、经过许可有法律依据抗辩、现有技术/设计抗辩、权利用尽抗辩、先用权抗辩、临时过境抗辩、科学和实验目的抗辩、医药审批抗辩、诉讼时效抗辩、权利懈怠抗辩、权利滥用抗辩、销售商/使

---

❶ 详见尹腊梅："民法抗辩权论"，厦门大学 2007 年博士论文。

用者无主观过错无需承担赔偿责任抗辩、持续侵权行为只能向前推算两年计算赔偿数额的抗辩、使用自有专利抗辩、自主开发抗辩、得到第三方或专利权人许可等合同抗辩等，均是在承认原告专利权的基础上，提出被控行为合法或者享有拒绝给付的主张，属于一种权利抗辩。这些抗辩需要当事人自行主张，即使该抗辩的基础事实系原告披露，而被告并没有主张此抗辩，那么法官不应主动援引该抗辩的事实以驳回原告的请求。

（二）不侵权抗辩和（部分）免除责任抗辩

不侵权抗辩和（部分）免除责任抗辩是根据抗辩的结果不同而作的区分。不侵权抗辩是指抗辩事由直接否定侵权行为的构成，从而来否定责任的承担。也就是说，抗辩事由属于侵权行为的消极构成要件，抗辩事由的存在直接排除侵权行为的构成，而非对已经发生的侵权债务的免除。免除责任抗辩是指抗辩事由不排除侵权行为的构成，但排除责任（包括部分责任）的承担。

实践中属于不侵权抗辩的有：（1）针对《专利法》第十一条所规定的可能侵权行为而提出的抗辩，包括非生产经营目的抗辩、经过许可有法律依据抗辩等；（2）根据《专利法》第六十二条提出的现有技术/设计抗辩；（3）根据《专利法》第六十九条的规定提出的不视为侵犯专利权的各种抗辩，包括权利用尽抗辩、先用权抗辩、临时过境抗辩、科学和实验目的的抗辩以及医药审批抗辩；（4）针对权利积极正当行使发展而来的诉讼时效抗辩、权利懈怠抗辩、权利滥用抗辩等❶。这些抗辩事由或者是针对侵权构成要件提出的，或者是依据法律规定的侵权例外而提出的，其结果是主张被告的行为不侵犯原告专利权，并基于此而否定责任的承担。如果被告的抗辩成立，则法院应当驳回原告的诉讼请求。

---

❶ 诉讼时效抗辩、权利懈怠抗辩有些是针对责任免除提出的抗辩。

　　相反，根据《专利法》第七十条，销售商、使用者提出的无主观过错无需承担赔偿责任的抗辩，以及针对持续侵权行为提出的只能向前推算两年计算赔偿数额的抗辩等，则不排除侵权构成，只是在侵权责任方面，要求依照相关规定予以免除或部分免除，因此属于（部分）免除责任抗辩。对于这些抗辩事由，人民法院经过审理如果成立，也只是影响民事责任的确定，不影响侵权的认定。

三、侵犯专利权抗辩的法律属性及其特点

　　侵犯专利权抗辩既然是一种抗辩权，那也就是一种对抗权，其作用在于防御，而不在于攻击。有请求权，方有抗辩权，抗辩权不仅以对方请求权的存在为前提，而且其行使也必须以对方行使请求权为前提。因此，在侵犯专利权诉讼中，抗辩是针对侵权之诉而提出的，它不能脱离侵权之诉而单独存在，比如侵权之诉已经撤诉，则抗辩相应就消亡。抗辩也不同于反诉，反诉是一种攻击，是请求权；抗辩也不同于针对本诉而另行提起的损害赔偿之诉。同时，抗辩权的防御性特征，使其具有永久性，针对请求权的每一次提起，都可以再行主张，抗辩权的行使并不影响其下一次面对请求权时的再次行使，直至该请求权消灭。

（撰稿人：周云川）

第二章　非生产经营目的抗辩

根据《专利法》第十一条的规定，只有在为生产经营目的的前提下，未经许可实施专利的行为才构成侵犯专利权。因此，在侵犯专利权的民事诉讼中，虽未经专利权人许可而实施其专利、但并非出于生产经营目的，即"非生产经营目的"是不侵权抗辩中的常用事由。

这种将是否具备特定行为目的与是否承担侵权后果相联系的做法，在《专利法》第六十九条中也有类似体现。在《专利法》第六十九条第（四）项和第（五）项中规定，专为科研及实验和为医疗行政审批而未经许可实施专利的，不视为侵犯专利权。由于这些法条都将实施专利的目的作为判断侵权与否的出发点，都规定了未经许可实施专利但最终不承担侵权责任的例外情形，而且《专利法》第十一条与第六十九条第（四）项和第（五）项之间存在一定关联❶，因此，本书除在本章中对"非生产经营目的抗辩"进行专门讨论外，在论述"科研及实验目的抗辩"和"医药行政审批抗辩"的章节中，也将从非生产经营目的抗辩与其关系的角度作进一步探讨。

---

❶　在多数学者的论述中，都将《专利法》第十一条与第六十九条第（四）项和第（五）项一同讨论。还有观点指出，鉴于"'非生产经营目的'的含义极为广泛"（尹新天著：《专利权的保护》，知识产权出版社 2005 年第二版，第 126 页。），将其与"科研及实验目的"和"医药行政审批目的"加以横向比较研究，有利于明确各自边界。

一、非生产经营目的抗辩的法律依据

根据《专利法》第十一条的规定，任何人未经专利权人许可，都不得为生产经营目的制造、使用、许诺销售、销售、进口其专利产品，或者使用其专利方法以及使用、许诺销售、销售、进口依照该专利方法直接获得的产品。

由此可见，以生产经营为目的是行为构成侵犯专利权的必要条件。换言之，以非生产经营目的实施专利的行为，不构成侵犯专利权。

二、将以生产经营为目的作为侵权
构成要件的立法目的

自《专利法》立法之初，其所面对的问题就是如何解决专利权人权利与社会公众利益这一对基本矛盾。《专利法》的立法目的在于，合理确定专利权人与社会及他人的权利义务关系，平衡专利权人和社会公共各方的利益关系，正确处理限制与反限制、公正与效益的关系，实现一种动态的利益平衡。❶《专利法》的运作机制就是平衡或兼顾个人权利与公共利益的机制。❷ 一方面，《专利法》要求发明人公开其发明内容以促进新技术的应用；另一方面，授予发明人独占性权利，不允许竞争者在专利独占期届满前实施被保护技术。由此可见，权利人支配专利权所获得的利益从根本上讲是通过合法垄断市场而享有的专有利益。

由于以生产经营为目的的专利实施行为会侵占本来属于专利权人的市场份额，从而给专利权人带来实质上的损害❸，因此

---

❶ 池冰：《试论美国专利侵权抗辩方式及其对我国专利制度的借鉴》，中国政法大学 2005 年硕士学位论文。

❷ 刘春田：《知识产权法》，中国人民大学出版社 2009 年第四版，第 156 页。

❸ 张耕著：《知识产权民事诉讼研究》，法律出版社 2004 年版，第 504 页。

《专利法》需要保护专利权人对其发明创造在产业上的应用所获得的经济利益。如果行为不以生产经营为目的，其对专利权人的产业利益就几乎无影响，自然没有加以禁止的必要。

三、适用非生产经营目的抗辩的困惑及解答

"以生产经营为目的"既然是构成侵犯专利权的基本前提，其含义和边界就应当一目了然、容易判断。在明确"为生产经营目的"含义的基础上，方可判断某一行为是否具有生产经营目的。对此，国家知识产权局条法司在《新专利法详解》❶一书中如是描述："所谓以生产经营为目的，是指以工农业生产和商业经营为目的"；"某一行为是否属于为生产经营目的而进行的，通常可从三个角度进行判断：一是行为方式，二是行为主体，三是行为的性质和范围。从行为方式上看，许诺销售和销售行为无论其行为主体是单位还是个人，一般都具有为生产经营目的的性质；而对于制造、使用和进口行为来说，则既可能是具有生产经营目的的行为，又可能是不具有生产经营目的的行为。从行为主体上看，企业和营利性单位的行为一般都具有为生产经营目的的性质；而国家机关、非营利性单位、社会团体的行为一般不具有为生产经营目的的性质。行为的性质和范围需要根据行为的实际情况作出具体判断。需要特别注意的是：一个单位的性质并不决定是否构成实施专利行为的关键因素，国家机关、非营利性单位、社会团体的某些制造、使用和进口行为也可能具有为生产经营目的的性质。"❷类似的解读看起来似乎已经相当到位，但仍然无法解决实践中的困惑。

---

❶　此处的"新专利法"指的是 2000 年第二次修改后的《专利法》。

❷　国家知识产权局条法司著：《新专利法详解》，知识产权出版社 2001 年 8 月第一版。

问题之一在于，在被控侵权人主张非生产经营目的抗辩的时候，司法者是否需要对行为主体的身份予以特殊限定？例如，《北京专利侵权判定若干意见》第九十四条规定："个人非经营目的的制造、使用行为，不构成侵犯专利权；但是，单位未经许可制造、使用他人的专利产品，则不能以'非经营目的'进行侵权抗辩。"但是，直接从《专利法》第十一条的字面含义出发，则看不出有此限制。

问题之二在于，如果说"生产经营"是指"工农业生产"和"商业经营"，那么行政机关为公共管理职责而作出的行为能否被归入"生产经营"呢？在某些案例中，国家机关、非营利性单位、社会团体为了履行社会管理职责而擅自实施专利，执法人员为追究其责任必须认定该行为具有为生产经营目的，然而此时却面对逻辑困境：行政机关实施专利的目的何在？如果说其目的是为了生产经营，那么行政机关"生产"了什么，又"经营"了什么？

问题之三在于，《专利法》第六十九条第（四）项、第（五）项对"为科研及实验"和"为医疗行政审批"的情形作出了规定。从逻辑体系的角度出发，《专利法》是将它们视作对"非生产经营目的"的进一步细化，还是根本否认它们与"非生产经营目的"之间存在关联？在满足"为科研及实验"或"为医疗行政审批"的场合，行为人的专利实施行为是否绝对不应具有"为生产经营"的目的？

司法实务中围绕"非生产经营目的"出现的上述困惑，一方面源于人们对《专利法》第十一条本身就存在认识的误差，另一方面源于人们对《专利法》第十一条与第六十九条第（四）项、第（五）项之间的关系存在不同理解。对于后者，我们将在对《专利法》第六十九条第（四）项、第（五）项的有关规定进行分析研究后，在后面再予逐一评述。

（一）关于行为主体的身份："单位不能以'非生产经营目的'进行侵权抗辩"的合理性及其现实困境

《专利法》第十一条以设权模式从正面对专利权加以保护，规定一切不特定人均不得为生产经营目的而擅自实施专利。由于该条款是从行为目的的角度出发作出的规定，并未对行为主体予以关注。因此，基于该条款无法回答在不为生产经营目的而擅自实施专利的情况下，行为主体的范围到底有多大。换句话说，在法律没有明确规定的情况下，我们不能简单地进行"文字替换"、实施字面解释，草率地把能够主张非生产经营目的的抗辩的主体等同于对专利权负有不侵犯的义务的对象，亦即"所有人"。因为"第二性"的法律解释合理与否永远需要由"第一性"的现实生活所决定。

从逻辑上讲，在《专利法》第十一条进行的列举中，销售和许诺销售两种行为很明显只能为生产经营目的而实施，因此，无论单位还是个人实施了这两种行为，都无法主张非生产经营目的的抗辩。但是，有关制造、使用、进口专利产品或者使用专利方法的行为，既有可能为生产经营目的而实施，也有可能为非生产经营目的而实施。[1] 在现实生活中，自然人的确存在因为自身需要（无论是精神需求，还是物质需求）等理由而实施这些行为的可能。这在《最高人民法院关于处理侵犯专利权纠纷案件有关问题解决方案草稿（征求意见稿 2003.7.9）》（以下简称《解决草案》）中得到认可。根据《解决草案》第九十二条的规定，自然人制造、使用、进口专利产品或者使用专利方法，如果基于非生产经营目的，则不构成侵权。那么，与"自然人"或者"公民个人"概念相对的"法人"或"非法人组织"等，可否因为"非生

---

[1] 国家知识产权局条法司著：《新专利法详解》，知识产权出版社 2001 年 8 月第一版，第 65 页。

13

产经营目的"而适用非生产经营目的的抗辩呢？在现实生活的经验法则中，很难想象以生产经营为主业的单位会为非生产经营目的而擅自实施专利。即使在类似性质的单位出于为员工谋福利的意图而擅自实施专利的情况下，由于为员工谋福利的根本目的还是为了服务其主营业务，因此仍然属于为生产经营目的而实施专利的侵权行为。换言之，适用非生产经营目的抗辩的行为主体，似乎只能是个人了。

由此可见，"单位不能以'非生产经营目的'进行侵权抗辩"的观点具有相当的合理性。该观点为众多学者所坚持，并在《北京专利侵权判定若干意见》中得到认可，《北京专利侵权判定若干意见》第九十四条规定："个人非经营目的的制造、使用行为，不构成侵犯专利权；但是，单位未经许可制造、使用他人的专利产品，则不能以'非经营目的'进行侵权抗辩。"有限的司法及行政实践❶也体现出这种观点。

例如，在北京市知识产权局作出的相关侵犯专利权纠纷处理中，均认定包括行政机关在内的单位未经专利权人许可实施其专利的，不论是制造，还是使用都属于侵犯专利权行为，并应承担相应的侵权责任。在 2002 年北京市知识产权局调解的一个案件

---

❶ 通过对"中国知识产权裁判文书网"等含有知识产权裁判文书的网络进行检索后，发现被告援引"非生产经营目的"作为抗辩理由的案件屈指可数。在这些案件中，被告的抗辩能够得到法院评价的又少之又少。例如，在（2005）云高民三终字第 46 号赵伟光与昆明西山勤实教学设备厂、杨杰、昆明市五华区莲华小学专利侵权纠纷一案，赵伟光主张其"多功能组合黑板"专利被被告一、二仿制后安装于被告三的教室，而被告三即主张其使用被控侵权产品的目的是教学，不是为生产经营。在（2005）昆民六初字第 25 号闵学书与昆明市滇池管理局、昆明市滇池渔政监督管理处侵犯专利权纠纷一案中，原告主张两被告未经许可擅自采用原告专利技术进行对滇池水质的治理活动，构成对原告专利权的侵犯；而被告认为对滇池污染进行治理是履行政府职能，且为公益事业，遂亦以非生产经营目的的为由予以抗辩。在这两个典型案件中，由于法院认为被告的行为均未落入原告专利的保护范围，故对于各自被告提出的非生产经营目的的抗辩均不再审查。

中，北京市某区环卫局因未经许可制造了与"坑位垃圾挤压机"实用新型专利完全相同的产品，并安装在北京市两个城区内的多个垃圾处理楼中使用，而被专利权人提起侵犯专利权纠纷处理请求。该环卫局以自己属行政机关，其制造、安装、使用专利产品的行为不属于为生产经营目的，其行为出于社会公共利益为由抗辩。其抗辩理由未被合议组接受。类似的案例还有某环卫局与某广告公司共同在新建成的街道两侧安置了未经专利权人许可制造的带广告牌的垃圾箱；某国家部委购进未经专利权人许可制造的自行车存放架、供单位职工在院内存放自行车❶等。其有关非生产经营目的的抗辩均被认为不成立。

然而，通过区分行为主体的方式对能否适用非生产经营目的抗辩进行"初步判断"的做法，在不断变化发展的现实生活中仍然会遇到一定的障碍。那就是，司法者应如何对"单位"和"个人"的边界进行定位。根据《说文解字》的解释，所谓单位，是指机关、团体、法人、企业等非自然人的实体或其下属部门。而所谓"自然人"或"个人"，是指在自然状态下出生而依法在民事上享有权利和承担义务的个人，是法人的对称；在我国的民事法律中，其内涵与"公民"的含义完全相同。从法律概念上讲，"单位"和"个人"的边界应该是很清楚的，但在丰富多彩的现实生活中，二者之间却存在明显的"灰色地带"。对于当今社会普遍存在的、完全基于满足内部成员自身需要而组成的、结构松散但长期存在而组织目的又不明确的"自发性社团"，我们应该将其定位成"单位"还是"个人"呢？这些组织完全是因为其成员兴趣相投而自发结成的，结成后则为满足其成员的兴趣爱好而进行各种交流和服务。其中相当一部分组织还在我国管理

---

❶ 张大伟：《单位不得以"非经营目的"进行侵权抗辩》，载于 http：//www.bjipo.gov.cn/include/wenzhang.jsp? id=12354579040001.

机关进行过行政备案（例如"科学松鼠会"之类的民间组织），但它们又没有法人资格，从性质上讲也难以划分到"非政府组织"的范畴中。如果将这些组织的行为一律视为"个人"的行为，十分牵强；但如果将其按照"单位"处理，其实施的行为又完全是非生产经营性的，不允许其进行非生产经营目的抗辩很不公平。

由此可见，生硬的区分"单位"还是"个人"，单纯地规定"单位不能以'非生产经营目的'进行侵权抗辩"，在特定场合会遇到现实困难。司法者试图通过对适用行为主体进行限制解释（将适用主体限制为自然人）的做法，也会造成人们对非生产经营目的抗辩在理解上的偏差。

（二）"非以生产经营为目的"：解释非营利行为时所面对的逻辑悖论

从逻辑上讲，一个营利性行为必然是以生产经营为目的的，故国家机关、非营利性单位（诸如公立学校、医院等）、社会团体等的行为"一般不具有为生产经营目的的性质"❶。结合上述内容可知，在一般情况下单位不是主张非生产经营目的抗辩的适格主体。而结合司法及行政实践可知，无论单位的性质是营利性还是非营利性，实施专利的行为与"主业"有关还是无关，单位对非生产经营目的抗辩的主张都不会得到支持。这在《解决草案》中也有明确体现，《解决草案》第五十八条规定，为生产经营目的是指为工农业生产或者商业经营等目的，不限于以营利为目的，但不包括个人消费目的。换言之，非以生产经营为目的，就是行为人不为工农业生产或者商业经营而实施专利，而"不以营利为目的"则成为题中应有之义。但是，司法者在实践中试图

---

❶ 国家知识产权局条法司著：《新专利法详解》，知识产权出版社 2001 年 8 月第一版，第 66 页。

用"为工农业生产或者商业经营目的"来解释这些单位的非营利
性行为时，仍然遇到了逻辑上的困境。

例如，在原告阿图尔-菲舍尔工厂有限两合公司（Fischer-
werke Artur Fischer GmbH & Co. KG）诉被告上海绿明建筑材
料有限公司、沈阳凯兴装饰工程有限公司、山西博物院侵犯专利
权纠纷一案❶中，原告指责第二被告未经许可伪造了原告享有专
利权的 ZL91100552.8"紧固件"发明专利，并将侵权产品使用
于第三被告主馆的石材幕墙板块安装工程中；而第三被告山西博
物院则使用含有侵权产品的建筑物向他人提供有偿服务，其行为
构成共同侵权。对此，法院仅认定第二被告行为构成侵权。对于
山西博物院的使用行为，法院指出，其虽使用了含有侵权背栓的
建筑物，但这种使用并非为生产经营目的，因此对于原告主张不
予支持。法院在该案中显然认为，至少对从事公益事业的非营利
主体而言，其利用专利而实施的非营利行为不能被合乎逻辑的归
入"为生产经营"中。但是，在"坑位垃圾挤压机"案、"广告
牌垃圾箱"案和"自行车存放架"案等案件中❷，行政执法部门
却将非营利主体的非营利性行为直接归纳进了"生产经营"活动
之中。

焦点之一在于营利主体的非营利性行为。如前面所述，公
司、企业为了自己员工利益而实施专利的行为，应属于以生产经
营为目的，这在理论上和实务上都没有异议。因为营利性单位虽
未从专利实施中获得"账面"上的收益，但该行为对于相关主体
的生产经营活动起到了实际上的促进作用。但是，对于公司、企
业为公益事业而实施专利的行为，从"帮助生产经营"的角度予

---

❶　见上海市第二中级人民法院（2006）沪二中民五（知）初字第 186 号民事判
决书。

❷　张大伟：《单位不得以"非经营目的"进行侵权抗辩》，载于 http：//
www. bjipo. gov. cn/include/wenzhang. jsp? id＝12354579040001.

以解释就存在一定的障碍。特别是在营利主体对其公益行为不留名、不声张的情况下，认定该专利实施行为具有生产经营目的（如广告目的）就更为困难。

焦点之二在于非营利主体的非营利行为。国家机关、社会团体等非营利性主体从事的是行政、社会管理等职能，在这些主体为了自己员工利益而实施专利的场合，其行为根本无法用生产经营目的来解释。试问，行政机关实施专利的目的何在？是为了生产什么东西，或者为了经营什么东西吗？都难以自圆其说。在上述案例中，国家部委购进自行车存放架供职工停车的目的，与生产经营毫无联系。而在这些主体为了实现社会管理职责而实施专利的场合，用"生产经营"的概念来解释行为目的同样存在问题。某环卫局未经许可制造并安装专利产品"带广告牌的垃圾箱"的行为，其目的在于更好地落实其环境卫生保护管理职能，既不是为了生产什么，也不是为了经营什么。

在这种情况下，借助"生产经营目的"这一概念试图保护专利权人利益的努力遭遇到障碍。既然从概念本身出发已经无法解决问题，就只能从《专利法》的价值取向出发去回答困惑。有人从价值角度设想，假使"将行政机关未经专利权人许可、实施其专利行为都作为非营利目的、为公共利益的合法行为，那么行政机关、非营利单位都可以'非营利目的''为公共利益'作为标榜，无偿实施他人专利，不属侵权，无须付费……这种推论显然是荒谬的，是与立法者的初衷相矛盾的。"❶ 但是，法律毕竟是由概念体系和价值体系组成的有机整体，具有价值上的合理性不等于从逻辑上就说得通。

在生产经营概念已经无法覆盖上述非营利性行为的情况下，

---

❶ 张大伟：《单位不得以"非经营目的"进行侵权抗辩》，载于 http: // www. bjipo. gov. cn/include/wenzhang. jsp? id＝12354579040001.

为了不违背立法初衷，司法者只能通过司法解释强行扩大"生产经营"的外延，通过对行为主体的限制解释（将适用主体限制为自然人）和对行为目的的扩张解释（将生产经营的外延扩大）调和逻辑上的矛盾。然而，"望文生义"本是汉语的主要特点和最大优点，将一个在日常生活中只见于工农商业领域的词汇，在司法上却拓展出惯常理解之外的法律含义，这种违背生活常识的做法反而会增加人们对非生产经营目的抗辩在理解上的偏差。

（三）"私人方式且无商业目的"是适用非生产经营目的抗辩的真正前提和恰当表述

就行为主体而言，能够未经许可实施专利的主体通常只能是自然人。就行为目的而言，由于"生产经营"的字面含义小于法律所要调整的范围，因此《专利法》在第十一条中强调"生产经营"其实并不恰当。虽然通过司法解释将适用主体限制为自然人并扩大"生产经营"的含义，可以在现阶段将此种偏差勉强复归至立法原意，但并不利于对非生产经营目的抗辩的理解。就长远而言，改变《专利法》第十一条的表述也许更为妥当。

从价值角度考虑，《专利法》保护的是专利权人对于专利在产业上应用所获得的利益，其利益边界应该包括除私人方式且无商业目的之外的所有实施专利的领域（如果除去《专利法》规定的其他例外情况的话）。这是从《专利法》价值取向出发所能得出的唯一结论，也得到了世界各国法律和我国有关司法解释的印证。

例如，在有关国外法中，《欧共体专利公约》第二十五条❶规定："共同体专利的所有人享有的权利包括：任何第三人未经许可不得从事下列行为：（a）制造、提供、投入市场或者使用与该专利主题有关的产品，或为以上目的进口和贮存该产品；（b）使用该专利主题项下的方法，或在第三方知道或情势很明显的情况下如果未经专利所有人许可使用该方法是被禁止的而使用该方法；将该方法提供给合同国在其领土内使用；以及（c）制造、提供、投入市场、使用通过实施该专利主题而直接获取的产品，或为以上目的进口和贮存该类产品。"《欧共体专利公约》第二十

---

❶ 其原文为：Article 25 Prohibition of direct use of the invention

A Community patent shall confer on its proprietor the right to prevent all third parties not having his consent:

(a) from making, offering, putting on the market or using a product which is the subject—matter of the patent, or importing or stocking the product for these purposes;

(b) from using a process which is the subject—matter of the patent or, when the third party knows, or it is obvious in the circumstances, that the use of the process is prohibited without the consent of the proprietor of the patent, from offering the process for use within the territories of the Contracting States;

(c) from offering, putting on the market, using, or importing or stocking for these purposes the product obtained directly by a process which is the subject-matter of the patent.

上述内容节选自由"EUROPEAN COMMUNITY AND EUROPEAN PATENT OFFICE"提供的 CONVENTION FOR THE EUROPEAN PATENT FOR THE COMMON MARKET (Community Patent Convention)，地址 http://legis. obi. gr/espaced-vd/legal_texts/LAWS_E/eu_cvn04. htm.

七条❶规定："共同体专利的所有人享有的权利不适用于：（a）属于个人行为且无商业上目的行为；（b）为进行与该发明主题有关的实验的行为。"1977 年英国专利法第六十条第五款同样将"私人方式"作为适用非生产经营目的抗辩的前提。其第二十七条第（a）款即为"非生产经营目的抗辩"，或者称作"个人非生产经营目的抗辩"更为合适。

参考国外法的有关表述可知，将"私人方式"作为适用非生产经营目的抗辩的前提在逻辑上是合理的。通过在《专利法》第十一条引入"私人方式"后，面对行政机关等非营利主体未经许可实施专利的场合，处理时就更有说服力。而对于国外法表述的"非商业目的"一词，笔者认为从该用语的实际含义出发，可以把营利主体实施的"非营利性"行为也覆盖其中，因此从实践的角度讲，"非商业目的"可能更好操作和鉴别，其在表述上也更为恰当。由此，就足以覆盖原"非生产经营"用语在字面上的含义。这样理解起来更为清晰，适用起来也更为简捷，可以在很大程度上排除国内围绕"生产经营目的"展开的种种争议。因此，从长远来看，由立法者结合国情对《专利法》第十一条在文字上作类似修改，更有利于人们对于相关抗辩的理解和适用。

（撰稿人：李冰青）

---

❶ 其原文为：Article 27 Limitation of the effects of the Community patent
The rights conferred by a Community patent shall not extend to：

（a）acts done privately and for non—commercial purposes；

（b）acts done for experimental purposes relating to the subject-matter of the patented invention；

上述内容节选自由"EUROPEAN COMMUNITY AND EUROPEAN PATENT OFFICE"提供的 CONVENTION FOR THE EUROPEAN PATENT FOR THE COMMON MARKET（Community Patent Convention），地址 http://legis. obi. gr/espacedvd/legal_texts/LAWS_E/eu_cvn04. htm.

第三章　现有技术/设计抗辩

现有技术/设计抗辩（也称作"已有技术抗辩""公知技术抗辩""自由公知技术抗辩"❶ 等）是指在侵犯专利权纠纷案件中，被告主张被控侵权物（包括被控产品或被控方法）采用的是现有技术/设计，因而其行为不侵犯原告所主张的专利（以下简称"原告专利"）的一种抗辩方式。1984 年、1992 年和 2000 年《专利法》均未规定现有技术抗辩制度，它是从判例和学说解释中产生和发展的一项抗辩制度，从诞生以来，关于它的争论一直没有停止过，司法实践中也存在大量不统一的做法。2008 年《专利法》第六十二条规定："在专利侵权纠纷中，被控侵权人有证据证明其实施的技术或者设计属于现有技术或者现有设计的，不构成侵犯专利权。"这就将目前在司法实践中广为应用的现有技术抗辩和现有设计抗辩予以法定化，使得理论上存有争议、实践中存在困惑的法律适用有了明确的依据。但该规定十分笼统，司法实践中对现有技术/设计抗辩制度如何具体适用的诸多争论仍将继续。归纳起来，争论主要体现在以下几个方面：

1. 该制度适用的范围，是仅能在等同侵权中适用，还是也可以在相同侵权中适用；

2. 可援引抗辩的技术的范围，是仅限于已进入公有领域的技术，还是可以包括仍属于他人禁止权范围内的其他现有技术，甚至包括形式上可能与原告专利构成抵触申请的专利文献；

---

❶ 自由公知技术抗辩与现有技术抗辩等内涵上有所不同，属于现有技术抗辩的下位概念。

3. 适用该项制度时的操作方式，尤其是技术对比规则，是仅对比被控侵权物所采用的技术（以下简称"被控技术"）和被告援引的现有技术（以下简称"引证技术"❶），还是要先对比原告专利和被控技术，甚至要对比原告专利和引证技术；

4. 现有技术抗辩成立的条件和标准，是被控技术与引证技术相同或等同，还是被控技术与引证技术相比没有新颖性或明显没有创造性，还是被控技术与引证技术相同或相似或十分接近，是否可以组合对比等。

我们认为产生这些争议的根本原因在于对现有技术抗辩制度设置的目的和性质认识不清。由于对现有技术抗辩的性质认识不一，导致对于适用的范围、可援引抗辩的技术的范围、技术对比方式和规则等处理不一致。因此，下面从现有技术抗辩制度设置的起源和目的入手，澄清目前对现有技术抗辩的一些认识，分析其性质，并在此基础上对上述问题予以回答。

现有技术抗辩和现有设计抗辩针对的专利类型不同，但涉及问题基本相同。因此先就现有技术抗辩的相关问题展开论述，除非特别说明，现有技术抗辩适用的规则也同样适用于现有设计抗辩。当然，现有设计抗辩也有其自身的特殊性，最后我们将就现有设计抗辩的几个特殊问题进行专门论述。

一、现有技术抗辩制度的设置目的、正当性基础及性质

（一）目前的几种看法

归纳理论和司法实践，目前对于现有技术抗辩的目的和性质，大体有如下一些观点。

---

❶　在本书中，现有技术是泛指原告专利所有的现有技术，而引证技术是诉讼中被告援引的进行抗辩的具体的现有技术。

1. 现有技术抗辩是对等同原则适用上的限制，其基本的法理在于"不能运用等同原则将其保护范围扩大到申请日时的已有的技术"。这种观点最早出现在 1992 年 8 月发布的《中国的知识产权制度》（中国科学技术蓝皮书第 7 号），该蓝皮书指出："不能运用等同原则将其保护范围扩大到申请日时的已有的技术。"可见，现有技术抗辩是用于限制等同原则之下的等同物的范围，以避免运用等同原则时将专利保护范围扩大到申请日时的已有的技术。● 李光诉首钢公司侵犯专利权纠纷案即是这种观点的代表，该案二审判决中明确指出：原告专利的技术方案明确要求保护的是三气室旗杆，而单气室吹风式旗杆的专利技术已届满，并已在原告申请专利技术之前成为公有技术，因此原告的专利保护范围不应包括单气室旗帜吹瓢装置。❷ 既然是对等同原则适用上的限制，此种理论下的现有技术抗辩仅适用于等同侵权，而不适用于相同侵权。

2. 剔除论或排除论，即现有技术抗辩是对原告专利中属于公知技术的部分予以剔除或排除。这种观点认为将公知技术从专利的禁止权范围内剔除的方法只是还原了专利权原来应有的技术范围，把本不属于专利保护范围的技术特征公平地还给公众❸，现有技术抗辩是从整体技术方案上对专利保护范围的一种排除性的限制，所涉及和针对的是技术方案整体，而非某个或某些具体技术特征。❹ 实践中有不少的判决采用这种观点，比如在花为媒

● 吴玉和，"公知技术抗辩在中国司法实践中的运用和发展"，载《中国专利与商标》2007 年第 3 期。

❷ 见北京市高级人民法院（1995）高知终字第 5 号民事判决书。

❸ 谭筱清，"从本案看在先使用与公知技术抗辩的运用"，载《人民法院报》2002 年 7 月 28 日。

❹ 濮家骥，"等同原则与公知技术抗辩的交叉和冲突问题探讨"，载《知识产权》2004 年第 2 期。

公司诉振兴医疗公司案中，法院在适用现有技术抗辩时明确指出："专利权应受法律保护，但该权利的保护范围不能延及至公知领域。"❶ 既然是剔除或排除，因此，既可以适用于等同侵权，也可以适用于相同侵权。

3. 现有技术抗辩是用于否定原告专利权的效力。这种观点认为被告提出现有技术抗辩，其实质在于主张原告专利属于现有技术，其提供的作为现有技术的对比文件，可以破坏原告专利的新颖性或创造性，因此原告专利应当被无效。比如在湘北威尔曼公司诉广州威尔曼公司案中，法院明确提出："发明专利应当具有新颖性、创造性和实用性。公知技术抗辩意在抗辩专利的新颖性。"法院还根据 2000 年《专利法》第二十二条的规定，将原告专利与现有技术进行对比。❷ 持这种观点的现有技术抗辩不再区别等同侵权还是相同侵权，因为直接关注的是原告专利的效力。

4. 作为侵犯专利权例外的现有技术抗辩：其理论基础在于，虽然被控侵权物落入原告专利的保护范围，但由于该技术属于现有技术而不构成侵权，并由此豁免相应的民事责任。比如在陈克诉神风厂案中，法院认为：被告使用原告专利申请日前已有的技术不构成对原告专利权的侵害，原告要求被告承担侵权责任的理由不能成立。❸

分析上述 4 种观点，可见对于现有技术抗辩的目的和性质区分不是很清楚，常常将目的和性质混在一起。几种观点主要的分歧在于现有技术抗辩是意在原告专利权的效力及保护范围，还是意在被告的行为的合法性或免责性。观点 1～3 虽然是从不同的角度认识现有技术抗辩，但其实质都是要部分或全部否定专利权

---

❶　见浙江省高级人民法院（2002）浙经二终字第 7 号民事判决书。

❷　见长沙市中级人民法院（2005）长中民三初字第 365 号民事判决书。

❸　吴玉和，"公知技术抗辩在中国司法实践中的运用和发展"，载《中国专利与商标》2007 年第 3 期。

的效力，将这些部分排除在原告专利的禁止权范围外，并认为既然不在原告专利的禁止权范围内，那么被告的行为显然不侵权。而观点 4 则不涉及原告专利的效力或保护范围，而是直接从被告行为的合法性入手，以使用现有技术是合法的为正当性基础，肯定被告行为的合法性和免责性，从而否定原告的主张。那么现有技术抗辩到底意在何处，性质如何？我们不妨从该制度的起源和发展过程加以分析。

（二）从现有技术抗辩制度的起源和发展分析其设置目的

通说认为现有技术抗辩起源于德国，制度的出现最初与德国的 1891 年专利法限定 5 年无效宣告请求除斥期间有关。因为根据该法规定，除斥期间经过后，即使专利存在瑕疵，比如将现有技术申请为专利，他人也无法申请将其无效。这就使得瑕疵专利的效力仍及于现有技术的实施者，显然不妥，存在救济的必要。现有技术抗辩（德国称之为"自由技术水准抗辩"）最初即是作为实现这种救济的"呼声"而出现的。❶ 可见，早期德国现有技术抗辩制度设置的原因在于法律上的障碍，使瑕疵专利无法撤销，妨碍了公众使用现有技术的自由，其设置目的是通过这种制度，使得使用现有技术的被告拥有了诉讼上的抗辩制度，为自己行为在法律上得到肯定提供制度基础。

但是，随着专利法的修改，1941 年德国删除了 5 年除斥期间的条款，撤销瑕疵专利已经不存在制度上的障碍了，可现有技术抗辩制度却仍然存续。同样的如日本，还有我国，制度上消除瑕疵专利并不存在障碍，却也设置现有技术抗辩

---

❶ 杨志敏，"专利侵权诉讼中'公知技术抗辩'适用之探讨——中、德、日三国判例、学说的比较研究"，载《专利法研究（2002）》，知识产权出版社 2002 年版，第 75～76 页。

制度。可见，现有技术抗辩制度的设置目的并不仅仅在于为受瑕疵专利侵权之苦的公众提供救济途径，该制度的设置还有其他原因和目的。

分析德国现有技术抗辩制度的起源和德国、日本及我国的现状❶，我们认为设置现有技术抗辩制度的起因在于瑕疵专利的存在妨碍公众使用现有技术的自由。而在上述国家中又采用职权分离原则，侵权诉讼中的法院不能裁决原告专利权的效力，无法采用美国的方法直接审理专利权的效力，从而恢复公众使用现有技术的自由。为了解决这个问题，各国专利法都设置了专利无效制度或撤销制度。但是此种制度会使得侵权诉讼效率低下，无法及时救济现有技术的实施者。为了及时救济，于是延续了最初为了应对瑕疵专利而设置的现有技术抗辩制度，扩大其适用空间，既为被告提供专利无效或撤销的制度，也允许被告在侵权诉讼中在一定的范围内径行抗辩，证明其行为的合法性，免除侵权责任，从而恢复其使用现有技术的自由。可见，设置现有技术抗辩制度的根本目的在于，使公众使用现有技术的自由得以简便、及时实现。现有技术抗辩制度是在要求启动无效宣告程序和直接救济之间取得一个比较妥帖的平衡。因此，瑕疵专利的存在仅是设置现有技术抗辩制度的起因，而非目的，其目的是以此救济使用现有技术的公众免受侵权纠纷之苦，保障使用现有技术的自由得以简便、及时实现。而公众使用现有技术的自由是该制度得以设置的法理基础和正当性依据。

我们再回过头来看剔除论、排除论等观点，它们恰好混淆了现有技术抗辩制度的原因和目的，误将本为该制度产生起因之一

---

❶ 关于该部分内容，可详见杨志敏，"专利侵权诉讼中'公知技术抗辩'适用之探讨——中、德、日三国判例、学说的比较研究"，载《专利法研究（2002）》，知识产权出版社 2002 年版，第 75～90 页。

的瑕疵专利当成制度设置的目的。而且剔除论在中国的专利执法体制中是没有法律依据的，因为中国的专利执法体制就是授权（包括确权——决定专利权的有无和大小）与侵权判定职权分离，审理侵权纠纷案件的法院不能审查专利权的效力的有无或大小❶，不能通过侵权程序将应属于现有技术的部分技术方案甚至是全部专利技术方案予以剔除。❷ 排除论、剔除论等观点将现有技术抗辩定位为审查原告专利权的效力，并在实践中将原告专利与现有技术进行对比，并给出相应结论，在这种观点指导下的做法是错误和危险的，因为其超越了司法职权，破坏了职权分离原则，更为严重的是其结论可能与专利复审委员会用同一对比文件评价原告专利新颖性、创造性的认定相矛盾，导致执法标准不统一。相反，如果仅是对公众是否是使用现有技术进行认定，而不涉及原告专利与现有技术的关系，在一般情况下不会出现专利复审委员会与法院认识不一的情形。而且通过公众有自由使用现有技术的法理，设置现有技术抗辩制度，给予使用现有技术的公众以救济，实现专利权人和社会公众的平衡，法院不必再碰授权和侵权职权分离的"高压线"，冒天下之大不韪。

因此，现有技术抗辩的目的不在于否定原告专利的新颖性，也不在于评价原告专利保护范围的大小，它无关原告专利权的效力或禁止权的大小，而是意在被告使用现有技术的自由在侵权诉讼中得以简便、及时地实现，其仅关乎被告行为是否合法，关乎被告行为是否具有免责性。正如德国学者奥勒认为："自由技术水准抗辩涉

---

❶ 在侵犯专利权纠纷案件中，大家都认可的观点是推定专利权有效原则，对于被告提出的原告专利属于现有技术，与引证技术相比没有新颖性、创造性的主张，法院都直接告知当事人不予审理，要求其去提起无效宣告请求。

❷ 虽然侵权判定的第一步骤是确定专利权的保护范围，但此时的确定仅考虑专利权的权利要求书、说明书、专利申请文件等与专利本身有关的文献，并不会也不能引入现有技术而重新审查其保护范围的大小。

及技术水准的自由利用，与瑕疵专利自身产生的实质无权利问题不同，它具有独自的构成要件，……表现为侵权诉讼中被告的对抗权主张。自由公知技术抗辩并非是将专利权问题化，而仅仅是在与技术水准对比中审视被控侵权行为。因此，专利权有效与否、专利权利范围怎样以及被控侵权行为落入权利范围与否都不是应关注和探讨的问题，单单是被控侵权行为为公知或潜在的技术水准的实施形式时，不能基于该专利权加以禁止而已。"日本学者中山也认为："公知技术抗辩与权利要求无关，即被告技术属于专利权的权利范围与否在所不问，只要被告自己实施的技术为公知技术就可以免除侵权。可见，该抗辩与专利权的有效性无关，因此，它是与有关专利局与法院间的权限分配议论无关联的问题。"❶

　　回过头来再看对等同原则限制的现有技术抗辩说。不能通过等同原则将专利权的禁止权范围扩大到现有技术是正确的，但现有技术抗辩显然不仅限于此种功能。既然公众有使用现有技术的自由，这种自由不仅在等同原则中适用，即虽然这种技术不属于原告专利的字面保护范围，但属于等同特征所确定的保护范围时，公众有自由享用的权利，而且即使该技术属于原告专利的字面范围，公众也同样享有使用的自由，公众使用现有技术的自由并不会因该技术是属于专利权字面保护范围还是属于其等同范围而有所改变，因此，现有技术抗辩可以用来限制等同原则的适用，但不仅仅限于此，且其目的也并非如此，对等同原则的限制仅是其实现制度设置目的的一种特殊实现方式而已。

（三）现有技术抗辩的性质

　　正如前面所述，现有的研究总是将现有技术抗辩的设置目的和其性质混为一谈，我们认为二者是存在区别的。从性质上看，

---

❶　转引自杨志敏，"关于'公知技术抗辩'若干问题的研究"，载《比较法研究》2003年第2期。

现有技术抗辩是被告行使的一种抗辩权（权利抗辩），是针对实体请求权而发生的一种对抗的权利，只有被告主张时，法院才予以审查。抗辩权的客体是他人的请求权，它是一种防御性而非攻击性的权利，是对请求权效力的一种阻却，并没有否认相对人的请求权，也没有变更或消灭相对人的权利。现有技术抗辩是一种抗辩权，它是被告针对原告依据专利权提出的停止侵害、赔偿损失请求权的一种防御和阻却，现有技术抗辩中抗辩成立的结果是认定被告的行为不构成侵权，被告不用承担相应的侵权责任，即不支持原告的诉讼请求，而非否定原告专利权的效力，原告的请求权和实体权利（即专利权）仍然存在。因此，现有技术抗辩是被告行使抗辩权的一种方式，其是一种侵权阻却，有如《专利法》所规定的先用权抗辩。❶

二、现有技术抗辩的适用范围

（一）相同侵权抑或等同侵权

关于现有技术抗辩的适用范围，主要的争议点在于是否能在相同侵权中适用。❷ 从前述现有技术抗辩的发展过程来看，早期作为等同原则适用的限制的现有技术抗辩显然只能在等同侵权中适用，不能在相同侵权中适用。但正如前面所述，随着对现有技术抗辩的进一步认识，我国司法实践中突破了对等同原则限制的

❶ 有学者提出："公知技术抗辩是专利侵权诉讼中被告对抗原告行使专利权的主张。其基本内涵是，在侵权诉讼中，只要被告能证明自己实施的技术为专利申请日之前的公知技术，方可否定侵权指控，免除侵权责任。该抗辩并非是要与专利权的效力相争辩而去否定原告专利权的存在，仅仅是通过审查被控侵权物与公知技术之间的关系来否定原告专利权的行使。换言之，公知技术抗辩是否认原告专利权行使的抗辩。因此，该抗辩与专利权无效制度存在本质的不同。"见杨志敏，"关于'公知技术抗辩'若干问题的研究"，载《比较法研究》2003年第2期。我们认为这种观点是正确的，但并没有从法律性质上明确提出现有技术抗辩是被告行使的一种抗辩权。
❷ 也有观点主张现有技术抗辩仅能在相同侵权中适用。

界限，将现有技术抗辩转向对被告使用现有技术行为的法律支持。但是即使在这种情况下，仍有观点主张只能在构成等同侵权时才能进行现有技术抗辩。这种观点的典型例证就是《北京专利侵权判定若干意见》，其第一百零二条明确规定："已有技术抗辩仅适用于等同专利侵权，不适用于相同专利侵权的情况。"按照该意见制定者的观点，把现有技术抗辩限定在等同侵权，并不是因为现有技术抗辩是对等同原则的限制，而是从政策和导向上考虑，赋予相同侵权的被告有提起无效宣告的义务。在司法实践中，也有判决采用此观点。比如在张委三与北京八方一鸿科贸有限公司案中，法院指出："已有技术抗辩应在被控侵权产品与专利权利要求所记载的专利技术方案等同的情况下才适用。"本案被控涉案产品的技术方案完全落入了原告专利保护范围内，故不适用已有技术抗辩。❶

　　我们认为将现有技术抗辩限制在等同侵权的上述考虑有其合理的一面，但是将等同侵权和相同侵权分别予以对待，强加相同侵权者务必提起无效宣告请求的义务，显然是过于严格的，也不符合现有技术抗辩制度设置的初衷——简便、及时地实现公众使用现有技术的自由。而且，如果在相同侵权中被告已证明其所使用的技术是现有技术，但被告没有提起无效宣告请求时，简单判决被告构成侵权，也是不公平的。这种要求也会使得相同侵权案件大量中止或诉讼效率低下。从实践操作来看，如果要中止侵权诉讼，一般要求被告在答辩期内提出无效宣告请求，但由于此时还没有进行实体审理，被告很难判断是构成相同侵权或是等同侵权，也就难以判断是否能适用现有技术抗辩，也就难以在法律规定的答辩期内决定是否提出无效宣告请

❶　见北京市第二中级人民法院（2007）二中民初字第 2534 号民事判决书。本案中，法院还对比了被控产品与现有技术，二者也不同。

求。这就造成被告的两难境地。出于保险，只能启动无效宣告请求程序。如果所有被告都如此，现有技术抗辩制度也就难以实现简便、及时的设置目的。因此，仅能在等同侵权中适用现有技术抗辩是不妥的。

从前面的分析也可以看出，现有技术抗辩解决的是被控技术与现有技术的关系，因此，其能否适用也不应受被控技术与原告专利关系的影响，即不管被控技术相对于原告专利是构成相同侵权，还是等同侵权，甚至是不构成侵权，均存在现有技术抗辩适用的空间。因此，只要是侵犯专利权纠纷，被告均可以提出现有技术抗辩，其适用范围不受相同侵权抑或等同侵权的限制。

从司法实践来看，很多判例已经支持在相同侵权中适用现有技术抗辩。即使作为含反对观点的《北京专利侵权判定若干意见》的制定者的北京市高级人民法院，从2006年开始，也已经突破了《北京专利侵权判定若干意见》的限制，在相同侵权案中适用现有技术抗辩成功，从而认定被告不构成侵权。❶ 最高人民法院在审理施特里克斯有限公司诉宁波圣利达电器制造有限公司、华普超市有限公司侵犯"用于煮沸水器皿的整体无线电器连接器和热敏过热保护控制器组件"发明专利权纠纷申请再审案中，明确了相同侵权亦可适用现有技术抗辩原则。❷

最后，回到法律规定上。《专利法》只是规定在侵犯专利权

---

❶ 详见北京市高级人民法院（2006）高民终字第571号民事判决书。该判决指出：被控产品虽然落入原告专利的保护范围，构成字面侵权，但其技术方案与已有技术构成等同技术方案，被告正当使用已有技术的行为未侵犯原告专利权，其有关已有技术的抗辩理由成立。在北京市高级人民法院知识产权庭撰写的《2006年知识产权审判新发展》中，将之作为新发展的一点予以介绍。见《北京市知识产权审判》2007年第4期。

❷ 见最高人民法院（2007）民三监字第51−1号驳回再审申请通知书。

纠纷案中，被控侵权人有证据证明其实施的技术或者设计属于现有技术或者现有设计的，就不构成侵权，并没有限定现有技术抗辩的适用范围，因此，在侵犯专利权纠纷中，被告均可以提出现有技术抗辩，其适用范围不受相同侵权抑或等同侵权的限制。

（二）依主张还是可以依职权

关于现有技术抗辩适用的范围，还引申出适用现有技术抗辩是否以被告提出抗辩主张为前提的问题，亦即法院是否可以依职权主动适用的问题。在实践中，有些案件的被告在提出中止诉讼申请的同时会提交或者应法院的要求提交提出无效宣告请求的对比文件，法院在审查是否中止诉讼时可能会发现被告所采用的技术可能与对比文件中的某个现有技术相同或非常接近❶，但被告在侵权诉讼中又没有提出现有技术抗辩，那么在这种情况下，法院是否能依职权引入对比文件审查现有技术抗辩是否成立呢？对此，正如前面在分析现有技术抗辩的性质时所强调的，现有技术抗辩是一种被告的抗辩权，它不同于权利障碍抗辩和权利毁灭抗辩等事实抗辩，它的适用必须以被告的主张为前提，法院不能依职权主动调查适用。当然，法院不能主动适用并不排斥法院在一定范围内行使释明权。我们认为在前述情况下，法院可以行使一定程度的释明权，让被告了解可以进行现有技术抗辩，同时也要告知其风险，而且法院也不能未审先定，告知其抗辩的结果。如果释明后被告仍不主张现有技术抗辩的，则法院不宜主动适用现有技术抗辩。从另一个侧面讲，现有技术抗辩是救济被告的，既然被告在了解相关规则后，仍不主张现有技术抗辩，而愿意提出无效宣告请求，寻求中止，可见其意在否定原告专利权的效力，这是当事人的处分权范围，法院不宜干涉。

---

❶　根据《专利案件适用法律若干规定》第九条，如果被告使用的是现有技术的，可以不中止。

（三）一审未主张，二审能否主张

在司法实践中，有些案件的被告在一审时没有提出现有技术抗辩，但在二审中提出该抗辩并提交了相应证据。在这种情况下，人民法院是否对此进行审理，是否能据此认定被告的行为不侵权？对此，我们认为现有技术抗辩是被告行使的一种抗辩权，以被告的主张为适用前提，按照大陆法系的一般观点，实质性抗辩要求在一审期间提出，被告在一审时未主张，视为被告放弃了抗辩的权利，因此，对于被告在二审期间提出的现有技术抗辩一般不予审理，避免诉讼突击和审级损失。

三、可以援引进行现有技术抗辩的技术范围

现有技术是专利法上的专有概念。根据 2000 年《专利法》而制定的《专利法实施细则》第三十条规定，现有技术是指原告专利申请日（有优先权的，指优先权日）前在国内外出版物上公开发表、在国内公开使用或者以其他方式为公众所知的技术。因此，现有技术包括国内外出版物上公开的技术方案和在国内公开使用或者以其他方式为公众所知的技术。2008 年《专利法》修改了专利新颖性、创造性的标准，变相对标准为绝对标准，即不管是出版物公开，还是使用公开或者其他方式公开，其地域范围均不受限制。因此，现有技术/设计是指申请日以前在国内外为公众所知的技术/设计。❶ 根据《专利法》第六十二条规定，只要被控侵权人证明其实施的技术或者设计属于现有技术或者现有设计的，即不构成侵犯专利权。根据法律条文概念一致性的原则，现有技术/设计抗辩中的现有技术/设计也应当是指在原告专利申请日以前在国内外为公众所知的技术/设计。因此，在侵犯专利权纠纷中，被告可以援引符合上述定义的技术进行现有技术

---

❶ 见《专利法》第二十二条、第二十三条。

抗辩。虽然《专利法》已经对现有技术给出明确的定义，可以援引进行抗辩的技术已经有了法定范围，但是在学理上对可以援引抗辩的技术范围仍存在一些不同看法。

（一）是否必须是进入公有领域的现有技术

是否必须是进入公有领域的现有技术才能援引进行抗辩，在现有技术抗辩中一直存在争论。尤其是在现有技术抗辩制度早期，很多观点认为只能援引进入公有领域的现有技术进行抗辩，不能援引属于他人专有范围内的现有技术进行抗辩。随着对现有技术抗辩制度认识的深入，现在主流的观点是认为即使处于另一专利权等垄断权范围内的现有技术，也可以援引进行抗辩，主要的理由是本案处理的是原告专利的禁止权，该请求权与其他专利权无关。我们认为这种观点是正确的，根本理由在于现有技术抗辩是一种抗辩权，是针对特定请求权的阻却，因此，即使被告使用的是另一项专利技术，也不在原告专利的请求权范围内，被告以此进行抗辩，符合抗辩权的构成要件。❶

（二）可否援引与原告专利可能构成抵触申请的专利文献进行抗辩

近几年，关于可援引进行抗辩的技术范围的一个热点问题是关于是否可以援引抵触申请进行抗辩。抵触申请是专利确权程序中进行专利新颖性判断的一个特定概念，它指相对于原告专利而

---

❶ 有学者从保障善意第三人的可得利益立论来研究现有技术抗辩制度的本质，区分自由公知技术和在先公开专利两种不同情形，认为由于自由公知技术属于社会公众的共有财产，任何民事主体均有权自由使用，在被控侵权人善意获得原告专利申请日之前公开的自由公知技术的可得利益应获得专利法的保护。对于在先公开的专利而言，被控侵权人具有通过获得原告专利申请日之前公开的专利的专利权人实施许可等方式，合法使用在先专利的可得利益，现有技术抗辩制度的制度价值同样在于保障善意第三人的这种可得利益。详见张鹏，"现有技术抗辩制度本质论"，http://www.chinaiprlaw.cn/file/2009111615950.html，2009 年 11 月 16 日。

言，他人在本专利申请日之前向专利局提出过申请并且记载在本专利申请日之后公开的专利申请文件中的同样的发明或者实用新型技术方案。❶ 应当注意的是，在讨论是否可以援引抵触申请进行抗辩时，所指的抵触申请是指形式上相对于原告专利可能构成抵触申请的专利文献，即申请在先、公开在后（含当日）的专利文献，至于是否实质上构成抵触申请，在所不论。对于可否援引抵触申请进行现有技术抗辩，目前有以下四种观点：

观点1：可以。因为抵触申请和现有技术都是判断新颖性的依据，二者在各自被限定的情形内，对判断是否是同样的发明或实用新型所起的作用是相同的。二者在现有技术抗辩中所起的作用一样，因此，在同样发明或实用新型的情形下，针对具体的案情，抵触申请有可能作为相同侵权中现有技术抗辩的依据，也有可能成为等同侵权中现有技术抗辩的依据。❷

观点2：在判断被控侵权人实施的技术相对于引证技术是否具有新颖性时，该引证技术可以是抵触申请，且引证技术应当包括抵触申请文件记载的全部内容，而不限于其权利要求记载的技术方案；但在判断被控侵权人实施的技术相对于引证技术是否明显无创造性时，该引证技术不能是抵触申请。其理由是在判断专利是否具有新颖性时，可以援引抵触申请，而在判断是否具有创造性时，不能援引抵触申请，因此在现有技术抗辩时也应当采用同样的标准。❸

观点3：不可以。首先，抵触申请不包含在现有技术的范围内；其次，现有技术抗辩的基础是该技术被在先公开，抵触申请

---

❶ 《专利法》第二十二条的规定。

❷ 黄敏，"浅谈现有技术抗辩中的抵触申请"，载《中国专利与商标》2008年第3期。

❸ 张晓都，"现有技术抗辩的认定——以'防伪铆钉'实用新型侵权纠纷案为例"，载《中国专利与商标》2007年第2期。

不具有这种属性，不可以作为抗辩的依据。❶

观点 4：有条件的可以。该观点体现在《最高人民法院关于审理专利侵权纠纷案件若干问题的规定》（会议讨论稿2003.10.27～29）第四十条："已经公开的专利抵触申请视为本规定所称公知技术。"即已经公开的专利抵触申请可援引进行现有技术抗辩，而未公开的抵触申请则不能援引进行现有技术抗辩。

对此，我们认为正如前文所述，现有技术抗辩并不是审查原告专利的新颖性，它评价的是被控技术与引证技术之间的关系，因此不能以抵触申请可以评判专利新颖性为由，主张可以援引与原告专利可能构成抵触申请的技术方案进行现有技术抗辩。观点1和观点2也没有论述为什么在现有技术抗辩时要采用与专利新颖性、创造性判断一样的标准。在判断专利新颖性还要考虑抵触申请的原因在于避免重复授权，但在判断现有技术抗辩是否成立时，根本不涉及重复授权问题，只是判断被告使用的技术是否有正当性基础，因此，观点1和观点2至少从论证的理由和逻辑上是不能成立的，而且从实践操作看，观点2也是难以操作的。观点4是以是否公开为可否适用的标准，但判断是否公开的时间点如何确定，是被控侵权行为发生之日，还是原告专利授权之日或者公开之日，不甚明了。此外，以是否公开为标准可能意在考察被告的主观状态，但主观状态的判断在侵犯专利权纠纷案中也缺乏理论依据和实践价值。因此观点4至少在论证上和实务操作上存在缺陷。

那么，到底是否可以援引抵触申请进行现有技术抗辩呢？回答此问题之前还要回到现有技术抗辩的性质和法理基础上去考

---

❶　张荣彦，"也谈现有技术抗辩的认定"，载《中国专利与商标》2007 年第4 期。

察。正如前面所述，现有技术抗辩的法理基础是公众有使用现有技术的自由，公众能自由使用的技术应当是在原告专利申请日之前已经公开的，即在他人取得禁止权之前已经拥有了自由使用的在先权利，只有拥有了该种在先权利，才能对抗他人的禁止权，才能成为免责的基础。如果是在他人取得禁止权之后才知晓这种技术，则显然不拥有所谓的在先权利，也就不能援引进行不侵权抗辩。可见，从现有技术抗辩的性质和法理基础去考察，可以援引进行抗辩的技术应当是在原告专利申请日之前已经公开。而抵触申请显然不满足该条件，因此，不能援引抵触申请进行现有技术抗辩。从现有法律规定上看，现有技术也不包含抵触申请，所以不存在适用的法律依据。

那么，为什么在可否援引抵触申请进行现有技术抗辩上有如此大的争议，我们认为还是对现有技术抗辩认识有模糊之处。很多观点认为原告专利既然存在抵触申请，那么该专利就可能被无效，即不能将与抵触申请相同或等同的技术方案纳入原告专利的禁止权范围，为了解决此问题，及时救济被告，因此就将抵触申请也纳入现有技术抗辩的范畴。这种观点从出发点来看，有一定道理，但其实质仍是将现有技术抗辩定性为审查原告专利的专利性，是剔除论、排除论等重新确定原告专利权的保护范围或专利权效力的观点的产物，是不符合现有技术抗辩的真正性质的。我们不否认原告专利如果存在一项抵触申请，那么该专利不应当被授权或者应当被无效。但这不是现有技术抗辩要解决的问题，而是属于专利权效力问题，该问题需要通过确权程序而非侵权诉讼程序进行解决，将抵触申请援引进行现有技术抗辩有僭越职权之嫌。因此我们认为不管从现有技术抗辩的性质，还是从实践操作出发，均不宜将抵触申请纳入现有技术抗辩的范畴。如果被告认为有抵触申请可以否定原告专利的专利性，则应当提出无效宣告请求，通过确权程序审查原告专利的禁止权范围，从而确定被告行为的合法性。这种观点也得到了一些判例的支持。比如在邱则有、南京建研科技有限公司诉南京图缘贸易有限公司案中，原告专利申请日为 2002 年 5 月 29 日，公告日为 2004 年 10 月 6 日。被告据以抗辩的 ZL00136046.9 号发明专利的（判决中没有交代，但从专利号来看申请日应该是在 2000 年）公开日为 2002 年 7 月 31 日，迟于原告专利申请日。因此，被告据以抗辩的专利有可能构成原告专利的抵触申请。但是法院认为由于被告援引的专利的公开日晚于原告专利申请日，直接认定该专利不能作为公知技术的证据。

司法实践中，有被告以其自己申请的与原告专利可能构成抵触申请的专利文献进行抗辩。对此，我们认为如前面分析，即使被告使用的是其专利文献所揭示的技术方案，法院也不宜援引进行抗辩，而应要求被告提起无效宣告请求。当然如果被告能证明其在原告专利申请日之前已经制造相同产品、使用相同方法或者已经做好制造、使用的必要准备的，则可以进行先用权抗辩，但这已是另外一个问题了。

综上所述，侵犯专利权诉讼中，可以援引进行现有技术抗辩的技术方案就是专利法意义上相对于原告专利的现有技术，即在原告专利申请日以前在国内外为公众所知的技术，既不局限于自由公知技术，又不包括抵触申请。以此为范围，也符合现有技术抗辩的称谓。

（三）现有技术的认定

在侵犯专利权诉讼中，被告主张现有技术抗辩，并提交据以抗辩的技术，此时法官就需要判断是否构成原告专利的现有技术。现有技术应当在原告专利申请日之前处于能够为公众获得的状态，并包含有能够使公众从中得知实质性技术知识的内容。因此，处于保密状态的技术内容不属于现有技术，这种保密，不仅包括受保密规定或者协议约束的情形，还包括在社会观念或者商业习惯上被认为应当承担保密义务的情形。当然，如果负有保密义务的人违反规定，导致技术内容公开，则也构成现有技术。现有技术可以是专利技术方案，也可以是其他技术方案；既可以是通过出版物公开，也可以通过公开使用、销售及其他方式公开。现有文献中能够毫无疑义推导出的内容亦应当予以考虑，而不能简单、机械地划定技术特征。❶ 对于如何认定是否公开，公开的时间以及公开的内容，可以参照《专利审查指南》第二部分第三章的相关规定。比如在朱炳仁诉上海康宇铜门设计工程有限公司侵犯专利权纠纷一案中，被告认为早于原告专利申请日之前，案外人武汉重工铸锻有限责任公司就已经在桂林的杉湖铜塔上设计、建造、安装了除支撑条外与原告专利技术特征一致的斗拱，而使用支撑条是普通技术人员的常识，并且上述斗拱在施工现场以及此后的景区开放中都已经向公众公开，因此成为公知技术。根据被告提供的证据，其所称的技术方案公开：一是指向施工人员公开，二是指向参观景区的游人公开。对于前者，法院认为，在被告没有证据表明施工过程中有非施工人员进入施工场地的情况下，由于施工人员是特定人员，不属于专利法意义上的"一般公众"，因此施工行为并不构成公开使用，所实施的技术方案并不处于为公众所知的状态。对于后者，被告为证明桂林杉湖景区开放后许多游人已经参观了杉湖铜塔，列举了大量相关新闻报道以证明该技术已经能为公众所知悉，但法院认为铜斗拱产品作为

---

❶ 比如在郭丰玉诉伍曼华、翁莹彪侵犯实用新型专利权纠纷一案中，被告提交的现有技术抗辩证据《CJ 电视购物（2004 夏季特刊）》上介绍翘臀女内裤的图文信息，公开了一种翘臀女内裤的结构，其有呈整体连接的裤腰、裤裆及裤脚管，臀部面料内设置有海绵袋，海绵垫可随意放入/取出。在此基础上，法院认定由于使用该翘臀女内裤能体现女性丰满美丽的臀部，所以其海绵袋必定是对称设置，且海绵垫的形状与海绵袋的形状必定相匹配。其实本案就是考虑了公知常识。见广州市中级人民法院（2007）穗中法民三初字第 19 号民事判决书。

建筑构件，安装后是无法从外形来得知其具体结构的，即系争专利的"中空敞口""斗底"等技术特征是普通游人在欣赏塔的外观时无法用肉眼观察得知的，因此，不能导致涉及的技术方案处于公众中任何一个人都可以得知的状态，不应视为公开。因此，法院认为被告的公知技术抗辩不成立。❶

与之前的《专利法》相比，2008 年《专利法》扩大了现有技术的范围，由此产生了新、旧法过渡过程中现有技术采用何种标准的问题。2008 年之前的《专利法》没有规定现有技术抗辩，实践中一般都是按照 2002 年《专利法实施细则》规定的现有技术的标准来判断是否构成原告专利的现有技术，进而判断现有技术抗辩是否成立。显然，对于在 2008 年《专利法》施行（2009 年 10 月 1 日）之前已经审理的案件，按照 2002 年《专利法实施细则》规定的现有技术标准进行审理是没有问题的。问题在于新《专利法》扩大了现有技术的范围，那么新《专利法》施行（2009 年 10 月 1 日）之后审理的案件，如何考虑现有技术的范围，是否以被控侵权行为发生时间为界限，2009 年 10 月 1 日之前的被控侵权行为适用原来的标准，2009 年 10 月 1 日之后的被控侵权行为适用新的标准？如果是这样的，对于被诉行为发生在新《专利法》施行之前，但持续到新《专利法》施行之后的，如何考虑现有技术的范围，更具体说，在这些案件中，被告举出在原告专利申请日之前在国外使用公开或以其他方式公开的技术，能否据以进行现有技术抗辩？《最高人民法院关于学习贯彻修改后的专利法的通知》（2009 年 9 月 27 日法发［2009］49 号）指出："人民法院审理侵犯专利权纠纷案件，对于 2009 年 10 月 1 日以前的被诉侵犯专利权行为，适用修改前的专利法；对于

---

❶ 见上海市第二中级人民法院（2005）沪二中民五（知）初字第 131 号民事判决书。

2009 年 10 月 1 日以后的被诉侵犯专利权行为，适用修改后的专利法；对于发生在 2009 年 10 月 1 日以前且持续到 2009 年 10 月 1 日以后的被诉侵犯专利权行为，依据修改前和修改后的专利法侵权人均应承担赔偿责任的，适用修改后的专利法确定赔偿数额。"从该通知看，并未明确是否包括现有技术抗辩，但也并未排除现有技术抗辩，因此，形式上好像可以根据此通知来审理，并且对于持续到新《专利法》施行日之后的侵权行为，在审查现有技术抗辩时，一并按照扩大后的标准认定现有技术。但是，问题好像没有这么简单。现有技术扩大了，显然对于被告是有利的，而对于专利权人是不利的。那是不是意味着新《专利法》施行之前是构成侵权的，但如果持续到新《专利法》之后，反倒不构成侵权了。这好像也不妥。

其实这个问题在专利授权和无效程序中也存在。对此，国家知识产权局颁布《施行修改后的专利法的过渡办法》（第 53 号令，2009 年 9 月 29 日），该办法第二条规定："申请日在 2009 年 10 月 1 日前的专利申请以及根据该申请授予的专利权，除该办法另有规定的外，适用修改前的专利法的规定；申请日在 2009 年 10 月 1 日以后的专利申请以及根据该申请授予的专利权，适用修改后的专利法的规定。"这就表明，对于 2009 年 10 月 1 前受理但在 2009 年 10 月 1 日尚未授予专利权的专利申请，其授权条件、审查程序以及将来可能出现的无效宣告等，原则上仍然适用修改前的规定。这一规定符合《立法法》第八十四条关于"法不溯及既往"的原则规定，也有利于保障专利申请人和专利权人的合法权益。那么如果按照国家知识产权局的办法，申请日在新《专利法》施行之前的都采用旧标准，那么新《专利法》施行之前申请的专利的新颖性、创造性均不受国外公开的技术的影响，就意味着这些专利在其保护期限内在我国具有垄断权，他人不能以国外公开使用的技术来对抗其垄断权，是否意味着在现有技术抗辩时，所采用的现有技术的范围标准也应当以原告专利的申请日为判断时间点标准。对于申请日在新《专利法》施行之前的专利提出现有技术抗辩，现有技术仍采用修改前的《专利法》的标准，申请日在新《专利法》施行之后的专利提出的侵权之诉的现有技术抗辩，采用新《专利法》的标准。当然，规则的制定都是各方利益平衡和相互妥协的结果，但司法实践需要作出比较妥当的选择。

四、现有技术抗辩的具体适用

在侵犯专利权案件中，如果被告提出现有技术抗辩，则存在原告专利、被控技术和引证技术三者之间的关系（如图1所示）。那么法院在审理时，如何处理呢？这主要涉及对比对象、对比方式和顺序以及抗辩是否成立的实质标准等几个问题。对比对象是前提；顺序主要是讨论应先判断被控技术是否落入原告专利权的保护范围，然后才判断现有技术抗辩是否成立，还是应先判断现有技术抗辩是否成立；标准是最后定性。适用顺序和对比方式是紧密联系的，不同的适用顺序决定着不同的对比方式。

关系图

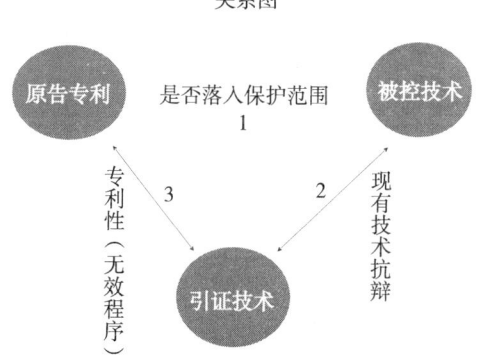

图1 原告专利、被控技术和引证技术的关系

（一） 对比对象和适用顺序

正如图 1 所示，首先，步骤 3 涉及的是引证技术与原告专利之间的关系，解决的是原告专利是否具有新颖性、创造性，是否符合授予专利的条件。但正如前面的分析，我国是采用职权分离原则，专利的授予属于专利管理行政机关的职权，审理侵权诉讼的人民法院不能予以审查。现有技术抗辩不是审查原告专利的新颖性、创造性，因此，禁止直接将引证技术与原告专利进行对比。❶ 但是，在实践中仍存在将原告专利与引证技术进行对比的做法。比如在原告梁东诉被告红豆油箱厂一案中，一审法院针对被告提出现有技术抗辩，将被告提供的引证专利文件之一与原告专利对比，并得出两者的区别，认定两者具有完全不同的结构，引证技术不构成对专利权利要求创造性、新颖性的否定。之后又将引证专利之二与原告专利进行对比，认定两者所解决的技术问题、所产生的技术效果不同，从整体来看两者技术方案不同，技术解决手段不同，也不是惯用手段的直接置换，两者是不同的实用新型专利。因此，该专利权利要求相对对比文件具有突出的实质性特点和显著的进步，即具有创造性。在此基础上，法院认为被告提供的两份对比文件中的任何一份文件均未能否定原告专利的新颖性、创造性，被告认为原告专利为现有技术的主张显然不能成立。❷

在司法实践中，还有不少的案例在被控技术与原告专利构成

---

❶ 有观点认为应当在对比被控技术和原告专利的前提下，再比对现有技术和诉请专利，认为这样可以判断诉请专利的新颖性、创造性，并认为这代表了我国现有技术抗辩制度技术对比规则的发展方向。见何怀文，"现有技术抗辩中的技术比对规则"，载《中国专利与商标》2008 年第 3 期。

❷ 见广东省佛山市中级人民法院（2006）佛中法民三初字第 220 号民事判决。我们认为这种做法是不妥的，也是危险的，该案二审期间原告专利就被宣告无效，可能使用的也是此对比文件，就有可能导致矛盾。

相同侵权的情况下，直接将引证技术与原告专利进行对比。比如在原告无锡开普动力有限公司与被告上海扬科公司一案中，被告以欧洲专利文献进行现有技术抗辩。由于被控侵权产品与原告专利的必要技术特征相同，为便于比对，原、被告双方均提出以原告专利文件确定的技术方案与被告提供的欧洲专利公开的技术方案进行比对。法院也将原告专利与欧洲专利进行对比，并认定两者技术方案不同，因此，认定被告提出的公知技术抗辩不能成立。❶ 还比如在原告陈强与被告宁波市江北美第琦文具厂、王伟刚侵犯专利权纠纷一案中，被控侵权产品与原告专利构成相同侵权，被告提出现有技术抗辩，法院认为：由于被控侵权产品的技术特征与原告专利的技术特征完全相同，被告如要证明所使用的是公知技术，其所提交的证据应当能够证明原告专利所保护的技术方案已经在申请日前被公开或在该行业领域内被广为知悉。将被告所提供对比专利文献与原告专利权利要求进行对比后认为，被告所提供的专利文献与原告专利既不相同也不等同。被告所提供的证据均不能证明原告专利的技术方案属于已有的公知技术，其提出的公知技术抗辩不能成立。❷

对于上述做法，我们认为由于被控技术与原告专利构成相同侵权，在此基础上将引证技术与原告专利进行对比似乎是可行的，结果也可能没有问题，但是逻辑上是不能成立的。因为专利法意义上的相同侵权，并不是两者完全相同，根据相同侵权的判定规定，很多情况是上、下位概念，在这种情况下，拿引证技术与原告专利对比和拿引证技术与被控技术相比，二者的结果并不一定一致。而且这种做法有越权审查原告专利专利性的嫌疑，最

❶　见上海市第一中级人民法院（2008）沪一中民五（知）初字第 21 号民事判决书。

❷　见青岛市中级人民法院（2006）青民三初字第 129 号民事判决书。

好避免。

其次，步骤 1 涉及的是被控侵权物与原告专利之间的关系，即被控侵权物是否落入原告专利的保护范围，这是侵犯专利权纠纷案件审理中最为重要的判断，如果被控侵权物没有落入专利权保护范围，则侵权无从说起。因此步骤 1 的判断，即将被控侵权物与原告专利进行对比，看被控侵权物是否全面覆盖了原告专利的全部技术特征（包括其等同特征），是否落入专利权的保护范围，是原告的诉讼请求得以支持的前提。

最后，步骤 2 涉及的是被控侵权物与现有技术之间的关系，即被控侵权物是否源于现有技术，被告的现有技术抗辩是否成立。如果被控侵权物与现有技术相符合，满足现有技术抗辩成立的标准，则被告的抗辩成立，其行为具有合法性、正当性，原告的诉讼请求同样不能成立，人民法院也可以作出判决。

那么在现有技术抗辩中，到底是先判断现有技术抗辩（即步骤 2）是否成立，还是按照侵权判断的一般逻辑，即先审查被控技术是否落入原告专利的保护范围（即步骤 1），在被控技术落入原告专利保护范围的情况下才审查被告的抗辩是否成立（步骤 2）呢？

早期，将现有技术抗辩定位在对等同原则的限制，因此，在适用顺序上显然是要先判断被控技术与原告专利之间的关系，在二者构成等同的情况下，再考察现有技术抗辩。但随着现有技术抗辩适用范围的扩张，现有技术抗辩不仅适用于等同侵权，还适用于相同侵权，那么是先判断现有技术抗辩是否成立，还是一定要按照侵权判断的一般逻辑，即先审查被控技术是否落入原告专利的保护范围，在落入的情况下才审查被告的抗辩是否成立，或者一定要先审查现有技术抗辩是否成立，以上顺序存在争议。

一种观点认为先审查现有技术抗辩是否成立。此观点还以最高人民法院知识产权庭于 2001 年 2 月 2 日发布的（2000）知监字第 32 号《关于王川与合肥继初贸易有限责任公司等专利侵权纠纷案的函》为依据，该函指出："不管神电公司技术与王川专利是否相同，在神电公司提出公知公用技术抗辩事由的情况下，只有在将神电公司技术与公知公用技术进行对比得出否定性结论以后，才能将神电公司技术与王川专利进行异同比较。"由此，认为应先进行抗辩是否成立的审查，在抗辩不成立的情况下，再判断被控侵权物是否落入原告专利的保护范围，是否构成侵权。

另一种观点认为，应当先就被控技术与原告专利的关系进行判断，如果被控技术落入原告专利权的保护范围，才审查现有技术抗辩是否成立，如果被控技术不落入原告专利权的保护范围，不构成相同或等同侵权，则无需审查现有技术抗辩。此种观点的例证之一是《北京专利侵权判定若干意见》，其中在定义已有技术抗辩时，明确是指在专利侵权诉讼中，被控侵权物（产品或方法）与专利权利要求所记载的专利技术方案等同的情况下，如果被告答辩并提供相应证据，证明被控侵权物（产品或方法）与一项已有技术等同，则被告的行为不构成侵犯原告的专利权。可见，从该定义可以看出，先判断被控技术与原告专利的关系，在需要的情况下，再审查现有技术抗辩是否成立。

对此，我们认为正如前面所述，现有技术抗辩是被告使用的一种抗辩权，是对原告请求权的阻却，最符合逻辑的顺序应当是先判断被控侵权物是否落入原告专利权的保护范围，如果落入则再审查被告的抗辩是否成立。但是，逻辑是为审判实践服务的，所谓的对比顺序应当是服务于侵权判定。如果能够直接判断被告所使用的是现有技术，被告的现有技术抗辩明显成立的，则为何不直接得出不侵权的结论呢？此时还对比被控侵权物与原告专利并界定二者关系，判断是否落入专利权保护范围对于侵权与否的判断已没有意义。因此，我们认为经过审查能够直接判断被告所使用的是现有技术，则可以认定现有技术抗辩成功，无需再审查被控技术是否落入原告专利权的保护范围。❶ 当然，在司法实践中，一审法院如果直接认定现有技术抗辩成立可能要冒一定的风险。作为一审法官，常常不仅要考虑逻辑，还要考虑二审改判发回的可能性。如果一审法官在判决中仅论述现有技术抗辩成立就驳回原告的诉讼请求，二审法官可能对此有不同认识，认为现有技术抗辩不成立，但由于一审法院对于被控技术是否落入专利权保护范围没有进行论述，二审法院可能会发回一审法院重新审理，就是否落入专利权保护范围再作判断，从而导致诉累。

更进一步的是，要直接认定现有技术抗辩成立也有一些难度。实践中，原告专利保护的常常是若干技术方案的集合，采用的是上位概念限定，被控技术常常是具体的技术方案，采用的是下位概念，而引证技术既有可能是一篇专利文献，提出了若干技术方案，也有可能是在先公开的某一具体产品，因此，如何将其与被控技术进行对比，以判断被控技术和现有技术的关系，在实践中是个难题。我们认为在对比现有技术和被控技术时，实际上一般无法脱离原告专利的技术特征的。当然有特例，比如被控侵权物与已有产品是一模一样的，比如被控侵权物就是完全按照现有技术的技术方案生产、制造的，此时，很容易得出二者相同的结论。但是，更多的情况是被控侵权物是具体的，而现有技术和原告专利是抽象的、上位的，此时技术对比就不同于实体物的对

---

❶ 对此有反对意见，认为直接比对被控技术和现有技术，将使得专利权实际上被边缘化，没有获得尊重，会给法院很大的自由裁量权，容易导致司法标准的混乱和冲突。因此建议应当以对比被控技术和原告专利为前提。详见何怀文，"现有技术抗辩中的技术比对规则"，载《中国专利与商标》2008年第3期。对此，我们认为既然已经能够确定原告的诉讼请求不能成立，所谓的尊重专利权又有何意义？

比，不管是被控技术，还是现有技术，其所涉及的技术特征都是相对的，在案件审理时我们需要从具体的被控侵权物和现有技术中抽象出技术特征并进行对比，此时抽象的标准就是构成原告专利权利要求的技术特征。因此，即使想抛开原告专利而直接对比被控技术和引证技术，难度也很大。因此，一般的顺序，同时也可能是比较合理的顺序是先审查被控技术与原告专利之间的关系，通过目前已经相对成熟的相同、等同规则来判断是否落入专利权的保护范围，如果落入专利权的保护范围，此时实际上已经以原告专利的技术特征为基准，抽象出被控技术的相应技术特征，在此基础上，再以原告专利的技术特征为基准，抽象出引证技术的相应技术特征，然后再将其与被控技术进行对比，以判断被控技术和引证技术的关系。❶

（二）现有技术抗辩成立的标准

现有技术抗辩成立的标准，就是说在什么情况下现有技术抗辩成立。关于成立标准，主要有以下几个问题。

1. 当被控侵权物与引证技术处于什么关系时❷，才能判定现有技术抗辩成立。关于此，目前有多种观点和做法：

---

❶ 实践中，还有一些判决在被控产品没有落入专利权保护范围的情况下，就现有技术抗辩是否成立也进行审查。比如在金鹏公司诉国东公司一案中，被告提出现有技术抗辩，一审法院经过审查发现被控产品并未落入专利权保护范围，又同时认定被控产品与现有技术相同，现有技术抗辩成立。见上海市第一中级人民法院（2005）沪一中民五（知）初字第376号民事判决书。我们认为一审判决虽然逻辑上可能有些问题，但符合实践操作需要，因为要顾及二审法院的认定。如果一审法院仅认定未落入保护范围就直接判决驳回原告诉讼请求，而二审法院认定落入专利权保护范围，则二审法院只能发回重审，由一审法院再审查被告的现有技术抗辩是否成立。而发回重审是一审法院最不愿意看到的事。一审法院现在的做法是最为保险的，二审法院即使认定落入保护范围且抗辩不成立，也可以直接改判，无需发回重审。

❷ 需要强调的是此种关系是指被控技术相对于现有技术而言的，不能弄反了，不是现有技术相对于被控技术。

观点 1：被控技术与引证的现有技术相同或等同。这种观点在司法实践中处于主流观点。《北京专利侵权判定若干意见》就采用了等同标准。❶ 在司法实践中，很多案件都采用此相同或等同标准。比如在东方京宁等诉北京锐创伟业等案中，法院认为："根据专利侵权判断原则，如果被告能够证明被控侵权产品与一项公知技术相同或者等同，则被告的行为不构成侵权。在具体运用上述抗辩原则时，只需要对被控侵权产品与公知技术是否构成相同或者等同作出判断。"❷

观点 2：被控技术与引证技术相比没有新颖性或明显没有创造性。当被告有证据证明被控技术属于专利申请日前的现有技术时，人民法院应当在作出专利等同侵权结论之前，将被控侵权技术与现有技术进行对比分析，看其相对于这些现有技术是否具有新颖性和创造性。如果缺乏新颖性和创造性的话，则不允许将等同性范畴专利侵权扩大到现有技术范围，则应判决被告不构成侵权。❸

观点 3：被控技术与引证技术相比没有新颖性或明显没有创造性，并且在评价创造性时，对比文献应限于一份对比文献，当然可以结合所属领域技术人员公知的技术常识。❹

---

❶ 《北京专利侵权判定若干意见》第一百条规定：已有技术抗辩，是指在专利侵权诉讼中，被控侵权物（产品或方法）与专利权利要求所记载的专利技术方案等同的情况下，如果被告答辩并提供相应证据，证明被控侵权物（产品或方法）与一项已有技术等同，则被告的行为不构成侵犯原告的专利权。

❷ 在该案中，法院将被控产品以原告专利的技术特征为基准，划分出特征 abc，然后又抽象出引证技术的特征 AB，并认定 A 特征与被控侵权产品的 a 特征相同，B 特征与被控侵权产品的 b、c 特征之间是不需要付出创造性劳动就可以联想到的，构成等同。因此法院认定抗辩成立。详见北京市第二中级人民法院（2008）二中民初字第 120 号。

❸ 程永顺著：《中国专利诉讼》，知识产权出版社 2005 年版，第 258 页。

❹ 张晓都，"现有技术抗辩的认定"，载《中国专利与商标》2007 年第 2 期。

观点 4：被控技术与引证技术相同或相似或十分接近。[1]

观点 5：被控技术与引证技术相比没有新颖性。这种观点认为"十分接近""明显相似"的标准难以把握，缺乏可预见性，等同标准说以及有限的创造性标准说在司法实践中也难以操作，且不适合我国当前国情。而新颖性标准有利于保证专利的公信力与确定性，有利于充分利用现有的行政资源和司法资源，还有利于司法实践操作，且符合 2008 年《专利法》"属于"的措辞和立法原意。[2]

2. 引证技术的份数或能否组合对比。

关于在现有技术抗辩中用于抗辩的引证技术的份数或能否组合对比问题，目前多数观点是只能单独对比，逐一判断引证技术与被控技术之间的关系[3]，而不能组合两份甚至多份引证技术，主要的原因在于将两份或者多份引证技术组合起来本身就有可能构成一项能够授予专利权的发明，组合而成的技术既不属于现有技术，也不与任何一份单独引证的技术相似。[4]

在此基础上，也有一些不同看法，主要认为在一些特殊情况下，可以考虑进行组合。这些特殊情况主要有：本领域普通技术人员认为是已有技术的显而易见的简单组合成的技术方案[5]；一

---

[1] 尹新天著：《专利权的保护》，知识产权出版社 2005 年第 2 版，第 494～495页。

[2] 张鹏、崔国振，"现有技术抗辩的对比方式和对比标准探析"，载《知识产权》2009 年第 1 期。

[3] 《审理侵犯专利权案件问题解释》（征求意见稿）明确强调"与一项现有技术方案的相应技术特征相同或者等同的"。

[4] 尹新天著：《专利权的保护》，知识产权出版社 2005 年第 2 版，第 491 页。

[5] 《北京专利侵权判定若干意见》第一百零一条规定："用已有技术进行侵权抗辩时，该已有技术应当是一项在专利申请日前已有的、单独的技术方案，或者该领域普通技术人员认为是已有技术的显而易见的简单组合成的技术方案。"

份引证技术与所属领域技术人员公知常识的简单组合❶；国家知识产权局出具的检索报告中导致原告专利丧失创造性的两份引证技术组合抗辩❷。

3. 是否以被控技术离引证技术更近为成立的要件。

如果被控技术与引证技术相同，现有技术抗辩成立不存在争议。但如果被控技术与引证技术存在差异，在这种情况下，是否以被控技术更接近现有技术为抗辩成立要件，实践中也存在不同的做法和观点。

一种观点认为只有更接近现有技术才能判定抗辩成立，否则就认定构成侵权。❸ 赞成该观点的还以 2002 年最高人民法院曹建明副院长的讲话为依据。❹ 实践中，也有不少判决采用此种观点。比如浙江省高级人民法院在一份判决书中明确指出："应比较被控侵权产品的技术是否为对比文件所披露，而且在两者有关技术特征有所不同的情况下，还要比较被控侵权产品的区别技术特征更接近于专利技术还是公知技术。法院认为现有技术抗辩审查的是被控侵权产品的技术方案是否来源于公知技术。"❺ 在原告卓有惟诉被告北京凌盛体飞科贸有限公司一案中，法院也明确指出："在适用公知技术原则作专利侵权判断时，应综合分析被

---

❶❷袁滔，"现有技术抗辩适用中的若干问题"，载《人民司法·应用》2009 年第 21 期。

❸ 刘继祥，"论专利侵权诉讼中等同原则的适用"，载《专利侵权判定实务》，法律出版社 2002 年版，第 87～88 页；周根才、高毅龙，"由公知技术抗辩原则若干问题探讨"，载《判解研究》2004 年第 1 期。

❹ 该讲话指出："被控侵权人以现有技术抗辩成立的，应当认可该抗辩理由……对于更接近现有技术而与专利技术有一定差别的，应当认定不构成侵权。"详见曹建明，"确实施知识产权法律，促进科技进步和经济发展加快推进社会主义现代化建设——在全国法院知识产权审判工作座谈会暨优秀知识产权裁判文书颁奖会上的讲话"，载《科技与法律》2002 年第 4 期。

❺ 见浙江省高级人民法院（2005）浙民三终字第 219 号民事判决书。

控侵权的技术方案与公知技术方案和专利技术方案三者关系，参考其各自的差别，着重考虑被控侵权的技术方案是更接近公知技术方案还是更接近专利技术方案。"❶

与此相反的观点认为只要被控技术与引证技术的关系达到成立标准，即可判定现有技术抗辩成立，而无需再比较被控技术离何种技术更近。❷

对于上述三个问题作何回答，抗辩成立标准到底界定到哪里，我们认为还得从现有技术抗辩制度的设置目的和正当性基础去考虑。正如前面的分析，现有技术抗辩制度设置的正当性基础在于公众使用现有技术的自由，设置目的是以此救济使用现有技术的公众免受侵权诉讼之苦，保障使用现有技术的自由得以简便、及时实现。因此标准的确定应当满足以下要求：

首先，要符合该制度的正当性基础。如果被告使用的就是现有技术，显然具有正当性。除此之外，如果被告使用的技术与引证技术存在一些差别，但是这种差别是本领域普通技术人员在引证技术的基础上，无需付出创造性劳动就容易想到的，则对于公众而言，在现有技术上作出这种改进并生产、制造出被控侵权物，也应当是正当的。❸ 因此，从正当性角度考量，只要被控技

---

❶ 该案中，经整体对比，被控侵权的技术方案更接近专利技术方案。因此，法院判定被告提出的公知技术抗辩主张不成立。见北京市第二中级人民法院（2003）二中民初字第 07187 号民事判决书。

❷ "法院或者专利行政部门应当进行的只是被控侵权产品或者方法是否与其举证的一项公知技术相同或者与之十分接近的判断，而不是'靠谁更近'的判断。"见尹新天著：《专利权的保护》，知识产权出版社 2005 年第 2 版，第 495 页。

❸ 这也可以实现侵权中对专利权人和社会公众同样的平等扩张，既然专利权人能通过等同原则将保护范围扩大到与专利某个或某些技术特征相等同的技术特征组成的范围，作为最公平的对等原则，社会公众当然也可以将其使用现有技术的自由适当扩张到与现有技术的某个或某些技术特征相等同的技术特征组成的技术方案，最为关键的是该技术方案是本领域普通技术人员不经过创造性劳动就可以联想到的。

术是本领域普通技术人员从引证技术中能够直接得到或者无需付出创造性劳动而容易得到，对这种技术的使用就是正当的，也就具有抗辩的基础。当然判断是否容易从现有技术中得出，要考虑时间点，这个时间点既不应是现有技术的公开时间，也不应是原告专利的申请日或授权日或提起诉讼日，而应当是以被控侵权物制造日为判断的时间点，以本领域的普通技术人员为判断主体，以此来判断是否能从现有技术中直接得到或容易从现有技术中得出。

其次，标准的确定要尽量满足该制度设置的目的，使得满足正当性基础的被告尽量能在侵权之诉中通过抗辩的方式简便及时免除侵权责任。

最后，作为全国审理侵犯专利权案件的法院都可能面对的标准，应当尽量具有可操作性，便于理解和操作。❶

以上述 3 点来考察上述 3 个问题，我们认为：

关于被控技术与引证技术之间关系的 5 种观点，不管是较窄的"相同"或新颖性标准，还是较宽的创造性标准或"等同"标准❷，都是本领域普通技术人员从现有技术中能够直接得出或者

---

❶　对此，张荣彦先生提出建议："一是尽量不要再引入新的概念来确定标准，二是专利授权与专利侵权属于专利制度中的两个独立程序，要将两者的标准严格区分，不要混用，尽量不要采用专利授权中的新颖性、创造性标准作为侵权判定的标准。"见张荣彦，"也谈现有技术抗辩的认定"，载《中国专利与商标》2007 年第 4 期。

❷　需要强调的是，侵犯专利权中的"相同"与专利确权中的新颖性有紧密的联系，但"相同"不等于新颖性，同样"等同"也不等于创造性。"相同""等同"判断时更多是技术特征的对比和技术特征之间的相同、等同，而在新颖性、创造性判断时虽然会将现有技术与本专利的相关技术特征进行对比，但最终判断的是技术方案整体之间的关系，尤其是创造性是考虑整体技术方案之间的非显而易见性。而且新颖性中，不仅包括与相同侵权常见的完全相同、上下位概念，而且还包括惯用手段的直接替换等。因此，有观点认为新颖性的概念宽于相同的概念。但是，总体上，创造性标准、"等同"标准是宽于新颖性、"相同"标准。

无需付出创造性劳动容易得到的，因此都符合抗辩的正当性基础。那么在目前，现有技术抗辩究竟采用较严的标准还是采用较宽的标准，我们认为主要考虑简便、及时及可操作性。较严的"相同"或新颖性标准，标准严格且规则较为成熟，可操作性强，执法标准比较容易统一，但是如果采用此种标准，现有技术抗辩成立的情形较少，很多被告行为具有正当性但却不能直接在侵权诉讼中否定侵权之诉，免除责任，使得现有技术抗辩制度简便、及时的设置目的大打折扣。但如果采用较宽的标准，通过现有技术抗辩直接解决的多，但也会增加侵权纠纷的审理难度，存在标准较宽、标准不容易统一的问题。在这种情况下，困惑主要体现在是倾向于仅通过侵权程序就解决问题，还是倾向于让当事人提起无效宣告请求来解决纠纷。如果倾向于后者，那么凡是被控侵权物无法直接从现有技术中得出的，就不予适用现有技术抗辩，则无形中增加了被告的侵权危险，这种政策会促使被告积极提起无效宣告请求，但侵权案件的审理周期因涉及案件的中止审理可能被延长；反之，如果把握的标准较为宽松，则被告更多会选择提出现有技术抗辩，纠纷会在相对较短的周期内得以解决。总之，需要在效率和公正之间找到最好的平衡点❶，这需要立法和司法解释部门从政策导向、价值取向层面考虑和抉择。❷ 对此，《审理侵犯专利权案件问题解释》第十四条规定："被诉落入专利

---

❶　前述观点 3 即无新颖性和明显无创造性，应该就是一种平衡的观点，其意图在新颖性的基础上，尽量扩大现有技术抗辩适用的范围，但又想将范围限定在明显无创造性，但是这种标准没有画出明显无创造性标准与无创造性标准之间的界线，实践中难以把握。

❷　有观点认为 2008 年《专利法》对此也给出 3 个答案。关于现有技术/设计抗辩成立的标准，2008 年《专利法》规定是"属于"现有技术或者现有设计，对于该条所用的"属于"一词，应与《专利法》第二十二条和第二十三条所用的"属于"采同义，采用同样的判断标准。具体地说，就是发明或实用新型专利的新颖性判断标准和外观设计专利的类似新颖性标准。

权保护范围的全部技术特征，与一项现有技术方案中的相应技术特征相同或者无实质性差异的，人民法院应当认定被诉侵权人实施的技术属于专利法第六十二条规定的现有技术"，从而明确了"相同"或者无实质性差异的标准，为上述观点的争论暂时画上一个句号。但是，无实质性差异又是个不确定的法律概念，如何把握其标准，仍需要进一步研究和探讨。

至于引证技术的份数或组合对比问题，我们认为，将两份引证技术组合对比可能缺乏正当性，组合以后的技术已经不属于现有技术，而且组合本身就可能需要付出创造性劳动。因此，不能将多份引证技术组合对比，即使是国家知识产权局的检索报告中的两份现有技术，也不能组合，更何况该两份现有技术是针对原告专利的创造性，而不是与被控技术的关系。当然，被告可以提出多份引证技术进行抗辩，法院则应当逐一进行对比，并逐一得出结论。❶ 至于有观点提出一份引证技术与公知常识的结合，我们认为从逻辑上讲，公知常识应当是本领域普通技术人员掌握的知识，因此在这种情况下，公知常识的证据只是用于证明本领域普通技术人员的认知，并站在这种认知下来考察从引证技术中得出被控技术是否容易想到，而不是将公知常识当作另一份引证技术，因此，这种情况其实不属于组合对比。用于证明公知常识的证据应当充分，必须能够证明是公知常识，而不能是某一技术方

---

❶ 比如在虞荣康诉欧普公司侵犯实用新型专利一案中，被告提出现有技术抗辩，认为被控侵权产品使用的技术是一份公知技术（即"92专利技术"）与本领域常识的简单组合，并提供"93专利文件"以证明被控侵权产品使用定位槽这一技术属于本领域常识。一审法院审查现有技术抗辩是否成立时，经过逐一对比，认为被控产品与两个专利均存在差别，抗辩不成立。见江苏省高级人民法院（2006）苏民三终字第0138号民事判决书。

案，否则又变成组合对比了。❶

至于在被控技术与引证技术存在差异的情况下，是否还需要以更接近现有技术为抗辩成立要件，我们认为从正当性考虑是没有必要的，因为只要达到被控技术是本领域普通技术人员能从现有技术中直接得出或容易得到即可，不管是更接近原告专利，甚至与原告专利相同，都不能否认其正当性基础。因此，我们认为更接近论没有依据。

最后，我们认为需要强调的是，在进行现有技术抗辩是否成立的判断过程中，务必站在本领域普通技术人员的视角，应当从本领域普通技术人员的角度来认知引证技术公开的技术内容以及引证技术与被控技术之间的关系。

五、现有设计抗辩

现有设计抗辩是针对外观设计专利侵权诉讼而提出的。从性质、适用规则来看，现有设计抗辩与现有技术抗辩基本没有差别。但是，由于外观设计专利本身具有的一些特性，导致在现有设计抗辩是否成立的判断上也存在一些特殊性。就以下两个问题再作一些说明。

（一）产品类别

外观设计专利，保护的是产品的外观设计，必须与具体的产品相结合。同理，如果提出现有设计抗辩，现有设计所使用的产品必须与被控设计产品是相同或相近产品。如果产品不同也不相

---

❶ 比如前述的虞荣康诉欧普公司侵犯实用新型专利一案中，二审法院认为，判断公知技术抗辩能否成立，一般仅将被控侵权技术与单独一份公知技术进行对比，如果属于一份公知技术与所属领域的公知常识的简单组合，当事人应当对此举证证明。本案中，欧普公司仅提供了"93专利文件"，仅此不足以证明定位槽属于本领域的公知常识。故欧普公司以公知技术进行抗辩不能成立。见江苏省高级人民法院（2006）苏民三终字第0138号民事判决书。

近，即使该外观设计是已有设计，现有设计抗辩也不成立。比如在创意发公司诉宇宝数码公司一案中，易拉罐饮料的产品形状被广泛使用，属于公知设计。但涉案外观设计专利产品借鉴了易拉罐饮料产品的形状并赋予其储存 CD 碟的新用途，属于对产品的色彩与形状作出的富于美感并适用于工业应用的新设计，已不属于公知设计。法律对这种经过创造性劳动所形成的外观设计专利产品应当给予保护。❶

（二）现有设计抗辩成立标准

1. 被控设计与现有设计之间的关系及其判断主体

《审理侵犯专利权案件问题解释》第十四条规定："被诉侵权设计与一个现有设计相同或者无实质性差异的，人民法院应当认定被诉侵权人实施的设计属于专利法第六十二条规定的现有设计。"在目前的研究和实践中，普遍认为当被控设计与现有设计相同或相近似时，现有设计抗辩成立。实践中，很多案件均采用此标准。比如在原告株式会社普利司通诉被告浙江杭廷顿公牛橡胶有限公司一案中，被控产品 BT98 型轮胎与原告专利产品属于相近似的外观设计。但被控产品与现有设计 Delta Z38（P）外观设计进行比较，二者构成相近似的外观设计。因此，法院认为被告提出的公知设计抗辩主张成立，其不构成对原告外观设计专利权的侵犯。❷ 司法实践中，在判断是否构成相近似时，大多数也以《专利审查指南》中关于外观设计相近似判断的规定为参照进行认定。

问题在于现有设计抗辩审查被控设计与现有设计关系时，是以一般消费者为判断主体，还是以普通设计人员为判断主体，我们认为值得研究。外观设计确权案件相近似判断主体本身就曾有

---

❶ 见广东省高级人民法院（2006）粤高法民三终字第 67 号民事判决书。
❷ 见北京市第二中级人民法院（2007）二中民初字第 391 号民事判决书。

过争论❶，相对于 2000 年《专利法》，2008 年《专利法》对于外观设计修改内容较多，但对于外观设计确权案件中和侵权案件中相近似的判断主体如何界定，目前仍没有相应的规定。目前以一般消费者为判断主体的主要法理基础是一般消费者决定着外观设计专利的市场，从而确保外观设计专利价值的实现。但是，在现有设计抗辩中，要判断的是被告行为的正当性，即被告所使用的被控设计是来源于现有设计，是从现有设计中容易得到的。因此我们认为，从法理上，此时的评判主体不应是一般消费者，而应当是行业的设计人员，即普通设计人员。只要本行业的普通设计人员在现有设计的基础上，能够直接得到被控设计或容易得到被控设计，则被告的行为就具有正当性。当然，以普通设计人员为判断主体，与以一般消费者为判断主体，在相近似判断上可能会存在差异，也可能会导致在确认侵权和专利确权的不一致。对此问题如何解决以及判断主体到底如何界定，还需要进一步研究。

2. 是否需要更接近

正如前面所述，在现有技术抗辩中，存在是否要更接近现有技术的争论，在现有设计抗辩中，这种争论更为激烈。有观点认为在现有设计抗辩中，必须考虑被控设计离原告外观设计专利更近还是离现有设计更近，只有在离现有设计更近，抗辩才能成立。我们认为，与现有技术抗辩同样的道理，"更接近"论没有法理上的依据。实践中，比如在陈敬福诉故城建立水泥制品制造有限公司一案中，被告生产、销售的涉案红彩瓦、白瓦产品的外观与涉案外观设计相同。但在涉案外观设计专利申请日前已颁行

---

❶　详见张广良编：《外观设计的司法保护》，法律出版社 2008 年版，第 18～22 页。

的涉案国家标准和企业标准中已公开了由多个半波形相连而成的半波板产品的横截面图形，而此图形与涉案外观设计专利的左视图（横截面图）基本相同。要说离何者更近，应当是离原告专利更近，但是法院还是认定现有设计抗辩成立，而没有考虑被控产品是更近似于原告专利。❶

3. 关于现有设计省略一些视图的问题

在涉及外观设计专利的现有设计抗辩中，当事人提交的证据很多时候是广告宣传册、杂志、产品照片等，这时，现有设计证据并非专利文件，往往不会给出全部视图，往往仅体现为立体图或某个主要视图。例如，桌子的四条腿有可能只显示出两条腿、汽车的四个侧面只显示出两个侧面、电视机只显示正面视图等，此时如何认定未公开部分存在不同的看法。有的观点认为，外观设计保护的是立体形状，而现有设计证据中被省略的那些视图的形状不是唯一的，因此，现有设计与原告的外观设计专利无法比较，此时应认定现有设计抗辩不成立。另一种观点认为，现有设计证据并不只包括专利文献，对于广告宣传册、杂志、照片等证据，通常省略的部分都是对称设计或设计的次要部分，因此，根据整体观察、综合判断的原则，是可以判断现有设计抗辩是否成立的。❷

对此，我们认为正如现有技术抗辩一样，在认读现有设计时，应当从普通设计人员的视角，结合其所掌握的知识来分析现有设计。在某些部位没有被公开时，不能拒绝对比，而应当根据常识来认定被控设计是否可以根据现有设计直接得到或容易被得

---

❶ 见北京市第二中级人民法院（2008）二中民初字第 15141 号民事判决书。

❷ 见北京市第二中级人民法院民五庭："关于现有技术抗辩原则适用的调研报告"，来自北京市高级人民法院内部网。

到，如果因为视图的缺失不能由现有设计得到被控设计，则现有设计抗辩不成立。❶

（撰稿人：周云川）

❶ 关于此部分，可参考北京市第一中级人民法院著：《知识产权审判分类案件综述》，知识产权出版社 2008 年版，第 363 页。

第四章　权利用尽抗辩

随着商品流通速度的加快，在专利产品售出后，专利权人是否仍然可以对该售出产品行使专利权，即专利权是否延及售出的专利产品？此即权利用尽抗辩制度的核心问题。

我国自第一部专利法，即 1984 年 3 月 12 日起颁布的《专利法》（以下简称 1984 年《专利法》）正式规定了权利用尽抗辩制度。1984 年《专利法》中权利用尽抗辩制度见于其第六十二条第一款，具体规定为："专利权人制造或者经专利权人许可制造的专利产品售出后，使用或者销售该产品的。"1992 年 9 月 4 日第七届全国人民代表大会常务委员会第二十七次会议修正的《专利法》（即 1992 年《专利法》）延续了上述规定。

2000 年，我国第二次修改专利法后，专利权的具体权能增加了许诺销售、进口两项权能，与之相适应，对权利用尽抗辩的规定也作出了一定的变化：首先，由于专利法体例的调整，将该制度调整到了《专利法》第六十三条第一款；其次，售出产品不但限于专利权人制造或仅专利权人许可制造的产品，而且增加了专利权人进口或经专利权人许可进口的产品；再次，由于间接侵权制度的引入，规定"依照专利方法直接获得的产品售出后"同样适用权利用尽抗辩制度；最后，增加了许诺销售亦不视为侵权的规定。但是对于进口售出的专利产品是否属于侵权问题没有明确规定，原因在于对于进口行为是否视为不侵犯专利权行为，理论与实践中均存在巨大的争议，核心问题在于其涉及是否允许平行进口的问题，而平行进口问题不但属于一个法律问题，更重要的是在于贸易政策和产业政策的考量。

　　2008 年，经过第三次修改的《专利法》，权利用尽抗辩制度明确允许平行进口，此为第三次专利法修改的一大亮点。原因在于目前我国的经济实力和科研实力与发达国家相比还有相当的差距，高技术领域的专利权绝大多数由外国专利权人掌握，我国的产业发展在相当程度上仍依赖于对国外技术的引进，且 TRIPS在此问题上留给了各国相对的自由空间，我们应当充分利用；且允许平行进口使我国在必要时可以从国外进口我国目前尚不能制造或者制造能力不足的专利药品，有利于我国解决公共健康问题。❶ 同时，对于其中涉及的法律术语进行了梳理，将适用前提明确为："专利产品或者依照专利方法直接获得的产品，由专利权人或者经其许可的单位、个人售出后"；并根据专利法体例的调整，将该制度调整到了《专利法》第六十九条。

　　通过对上述权利用尽抗辩制度的沿革的分析，我们可以发现，其随着时间的变化，其自身内容也在不断地改变。虽然经过历次的法律修改，但该规定属于权利用尽抗辩制度的一般性规定，实践中对于权利用尽抗辩制度的具体适用仍然存在诸多的问题，归纳起来，主要体现在以下几个方面：

　　第一，权利用尽抗辩制度的具体含义，其用尽的权能仅包含其使用权能，还是也包含其他权能。

　　第二，如果专利权人在售出专利产品时，对于售出专利产品的使用及再销售存在限制性条件，当买受人违反上述限制性条件的情况时，在制度选择上，是选择侵权法上的救济？还是选择专利权人只能通过合同法上的救济渠道来维护其设置的限制条件将给其带来的经济利益？此即相对用尽与绝对用尽的选择问题。

---

　　❶　国家知识产权局条法司编：《〈专利法〉第三次修改导读》，知识产权出版社2009 年 3 月第 3 版，第 87～88 页。

第三，权利用尽抗辩制度的具体适用条件，包括销售的认定、专利权人自愿售出的认定、强制许可是否可以认定为权利人的自愿行为等。

第四，未经授权的进口商将专利产品从一国进口（或出口）到另一国的行为是否仍然构成侵犯进口国专利权的行为，即平行进口是否应当获得法律的认同？此即国内用尽与国际用尽的问题。

我们认为上述问题的产生，主要是对权利用尽抗辩制度的性质及设置目的没有弄清而造成。本章将在分析权利用尽抗辩制度产生的理论、比较分析各国权利用尽抗辩制度相关规定异同的基础上，厘清权利用尽抗辩制度的性质及设置目的，并对上述问题进行相应的分析。最后，结合美国 Quanta 案对权利用尽抗辩制度的影响，提出了我国权利用尽抗辩制度的体系构建设想。

一、权利用尽抗辩制度的性质及设置目的

专利制度最早源于 13 世纪英国皇家开始的以特许令的方式奖励在技术上的创新行为[1]，是随着社会的不断发展而逐渐得以完善的。专利权作为国家通过法律形式赋予专利权人的一种专有权，即专利权人可以在一定的期限内自己独占实施专利及排除他人未经授权实施专利的权利，其一经产生就与"自由流通相矛盾"[2]，因此，各国法律在赋予专利权人专有权的同时，在考虑公共利益的基础上，一般会对这种专有权附加各种限制，包括：保护期限、先用权、现有技术、临时过境、非生产经营目的、强

---

[1] 郑成思著：《知识产权论》，社会科学文献出版社 2007 年版，第 3 页；刘春田主编：《知识产权法（第二版）》，中国人民大学出版社 2000 年版，第 150 页。

[2] 郑成思著：《知识产权论》，社会科学文献出版社 2007 年版，第 239 页。

制许可等。权利用尽抗辩制度也是上述限制中的一种。真正意义上的权利用尽抗辩制度最早起源于普通法系的判例，由美国1873 年的 Adams v. Burke 案所确立❶；在大陆法系国家，最早由德国于 19 世纪确立了权利用尽原则。无论普通法系国家还是大陆法系国家，最初确立权利用尽抗辩制度所考虑的基础都是商品的自由流通问题。

（一）从权利用尽抗辩制度的理论基础看其性质及目的

目前，权利用尽抗辩制度的理论基础主要有以下两种：

一是起源于英国的"默示许可"（Implied License）理论，此种理论基础在于专利权人对于首次售出的产品仍然享有相应的专利权，其权利可以延续到专利产品售出后的一切再使用及销售行为。根据该理论专利权人在首次售出产品时，对于专利产品的后续利用必须设置明确的售后限制条件，否则推定买受人可以对该售出专利产品行使任何法律许可的权利。

二是起源于德国的"权利用尽"理论，根据相关研究，就在英国法院于 1871 年作出有关"默示许可"的判例后不久，德国著名法学家科勒就将英国有关"默示许可"的判例引入了德国，但很快发现"默示许可"理论在德国很难发挥作用。于是科勒提出了"权利用尽"理示论。按照这种理论，当专利权人第一次将体现有关专利技术的产品销售之后他就用尽了自己的专利权。从法律上说，他不得再以明示或默示的方式，控制或限制专利产品的进一步流通，包括对于专利产品的处置。❷ 该种理论认为专利

---

❶　此即最早的首次售出导致权利用尽的案例，当然，本案的权利用尽主要是指向使用权，后面将有详细论述。

❷　李明德、闫文军、黄晖、郃中林著：《欧盟知识产权法》，法律出版社 2010年版，第 75 页。

权人在出售其专利产品时已经用尽自己的权利且获得了必要的报酬，因此买受人获得了自由处置所购买专利产品的权利，其主要目的在于平衡专利权人与社会公共利益，以实现在维护专利权人正当利益的基础上，保证自由贸易的顺利开展，因此，又称为"利益平衡"理论。

分析上述两种理论学说，我们可以发现，二者的基本目的均是保证商品的自由流通，维护正常的市场秩序。这也正是设置权利用尽抗辩制度的基本目的。如果专利产品在其专利权人或其许可人将其售出后，仍然可以干预该产品的进一步流通，或者可以干预买受人对该产品的正常使用，不仅会造成市场的困惑，而且会影响正常的商业活动，造成妨碍市场竞争的严重后果。

而"默示许可"理论虽然充分尊重了专利权人的利益，得到了一些知识产权力量雄厚的国家的认可。但是，该理论存在两个缺陷：一是某些国家规定对于专利的授权许可使用必须通过签订书面合同的形式进行，否则视为无效，如2000年《专利法》第十二条规定："任何单位或者个人实施他人专利的，应当与专利权人订立书面实施许可合同，向专利权人支付专利使用费。"❶另外法国也有类似的规定。也就是说，在此类国家，"默示许可"理论肯定是无法适用的。二是"默示许可"理论将是否限定售后限制条件的权利完全交由专利权人决定，这样虽然充分维护了专利权人的利益，但是却忽视了社会公众的利益，如采取上述理论，专利权人完全可以对专利产品的销售区域进行划分，这与目前贸易自由化的趋势明显不符而不利于商品的流通，同时也不符合专利制度设立的目的。

从专利制度设立的目的来看，专利制度的设置不但在于保护专利权的利益，更重要的是鼓励发明创造，推动发明创造的应

---

❶ 当然，2008年《专利法》取消了对于书面合同的强制性规定。

用，提高创新能力，促进科学技术进步和经济社会发展。更进一步讲，保护专利权人的目的在于维护社会公共利益，保护专利权人只是实现社会公共利益的一种手段。同时，如果将专利权人的专有权延及售出产品，必然会妨碍商品的正常流通，买受人在处置合法购得的专利产品时仍然需要获得专利权人的许可，这样将大大增加社会的交易成本，不利于市场的正常运行，亦有违目前世界贸易自由化及市场一体化的大趋势。

另外，专利权是一种排他性的权利，这种权利从本质上讲是因为专利权人的发明创造给社会带来了贡献，国家因此通过法律的形式给予权利人的一种奖励，这种奖励只能在每个产品上获得一次。专利权人在第一次出售专利产品时，已经得到了相应的回报，也就是说这种奖励已经完成，因此，对于售出的专利产品，专利权人的专利权已经行使穷尽。

而且，国家并没有排除专利权人设置合法的售后限制条件的行为，并且给其提供了相应的救济途径。对于未违反关于自由竞争法律的相关规定或者损害社会公众利益而是违反可执行的售后限制措施，权利人可以依据合同的相对性原则，向首次买受人主张违约之诉以维护其合法利益。

综上所述，我们认为用"利益平衡"理论来解释权利用尽抗辩制度更具合理性，其逻辑上更符合专利制度设置的目的，而且避免了"默示许可"理论的两大缺陷。从"利益平衡"理论的角度来看，权利用尽抗辩制度的核心在于平衡专利权人利益及社会公共利益，以实现在维护专利权人正当利益的基础上，对专利权的行使附加必要的限制，以保证专利权保护的适度性，并保证自由贸易的顺利开展。因此，从本质上讲，权利用尽抗辩制度是在专利权人利益得到回报的基础上，对专利权的一种限制制度。

（二）从各国的实践❶看权利用尽抗辩制度的性质及目的

英国是较早采用权利用尽原则的国家，该原则在英国被称为"默示许可"，英国人认为专利权人所享有的专利权不同于传统的物权等财产权利，专利权不会随着专利产品的转移而转移，因此，专利权不会因为首次销售行为而用尽，其延及售出后的使用与再销售等对该专利产品的再处置行为。但是，为了维护市场的正常进行，不会因为专利权人享有对售后产品的控制而影响随后买受人的利益，导致交易的不稳定性，英国法律规定在专利权人首次售出专利产品时，在其没有明确限制售后条件时，法律推定买受人可以自由地处分已买得的专利产品。

如上面所述，德国最初采取的是与英国类似的"默示许可"理论。但是，随着社会的发展，其认为采取"默示许可"理论尚不足以维护社会公共利益，仍然会妨害商品的自由流通，随后即采用了"利益平衡"理论。

美国的权利用尽抗辩制度由 1873 年的 Adams v. Burke 案所确立的。在该案中，美国最高法院认为："当专利权人或者其被许可人销售一种设备或装置时，如果该设备或装置的价值仅在于使用，专利权人已经获得对于这种使用的回报，从此该产品不再受到专利独占权的控制。"❷ 也就是说，一件专利产品在首次售出后，专利权人的利益已经得到回报，其权利已经用尽，买受人可以对专利产品进行自由地使用而不受专利权人的控制或约束。此案涉及的主要是售后使用权的问题。在 1895 年的 Keeler v.

---

❶ 详见尹新天著：《专利权的保护》，知识产权出版社 2005 年 4 月第 2 版，第 69～70 页；汤宗舜著：《专利法解说（修订版）》，知识产权出版社 2002 年版，第 76 页；任军民，"我国专利权权利用尽原则的理论体系"，载《法学研究》2006 年第 6 期，第 39～52 页。

❷ See Adams v. Burke, 84 U. S. 453.

Standard Folding Bed Co. 案中将权利用尽的范围扩展至售后的再销售问题，从而奠定了美国权利用尽抗辩制度的基础。其后，美国也有判例支持允许专利权人附加一定的售后限制条件，同时对于售后限制条件的设定进行了详细的论述。❶ 然而，随着美国专利爆炸时代的来临，在 2008 年 6 月 9 日的 Quanta Computer, Inc. v. LG Electronics，Inc. ❷ 专利侵权纠纷案后，美国又有走回"利益平衡"理论的趋势，即认为对于违反售后限制条件的问题，专利权人可以寻求违约之诉以维护其合法权利，而不存在侵犯专利权的问题。

　　法国作为大陆法系国家，其专利权利用尽抗辩制度与德国近似，但是其将权利用尽的前提由销售扩大至了首次投入市场，其目的依然是维护商品的正常流通。这里的市场指的是商业流通的第一市场，一旦专利产品进入该领域，不论是否售出，专利权均告用尽。根据法国的一个司法判例，"投入流通领域的（专利）行为是指将产品实际投放到市场使顾客便于获得；在母公司和子公司之间进行的（专利产品）销售活动不是实际投放市场的行为"❸。依此判例我们可知，投放市场指的是包括销售在内的所有便于顾客获得产品的行为；顾客是一般意义上的公众，而非特殊的群体。可见，首次投入市场不但包括销售，而且包括免费发放、将专利产品陈列于货架等，只要使专利产品便于一般公众获取，均可以视为市场投放，甚至包括盗窃行为。

　　从上述各国的实践来看，各国权利用尽抗辩制度的具体适用上虽存在不同，但其目的都是为了维护商品的自由流通，维护正

---

　　❶　尹新天著：《专利权的保护》，知识产权出版社 2005 年 4 月第 2 版，第 69～70 页。

　　❷　See Quanta Computer, Inc. , et al. , Petitioners v. LG Electronics, Inc. , 128 S. Ct. 2109；170 L. Ed. 2d 996；2008 U. S. LEXIS 4702（2008）.

　　❸　任军民，"我国专利权利用尽原则的理论体系"，载《法学研究》2006 年第 6 期。

常的市场秩序；其本质仍然是对专利权的一种限制，即对专利的保护以其获得合理的回报为限度。同时，从美国权利用尽抗辩制度适用条件的不断变化，我们可以看出，权利用尽抗辩制度不但是一种法律制度，其更多的涉及国家政策考量，我们应当看到发达国家对知识产权的保护更多的是结合自身国情的政策考量，以追求自身利益的最大化。尤其"美国在国内十分谨慎地调整权利人与社会公众之间的利益平衡，绝不一味强调知识产权的保护力度；在国际上对其他国家却始终强调知识产权保护，从来不讲利益平衡，两者形成了鲜明的对照。其实，美国上述两方面的立场也具有一致性，两者都有利于保持美国的优势地位，都符合美国自身利益最大化的根本目标。"❶ 因此，在分析权利用尽抗辩制度时，我们不能简单地追求法律逻辑的严密性，同时应当结合我国的国情考虑国家的贸易政策等因素。

二、权利用尽抗辩制度的具体含义

我国对于权利用尽抗辩制度的含义主要有以下几种不同的表述方式。

第一种：产品使用权的穷竭。经专利权人同意而投放市场的产品在销售之后，该权利人无权控制对产品的使用方式。❷

第二种：当权利人自己制造或者许可他人制造的专利产品上市经过首次销售之后，专利权人对这些特定产品不再享有任何意义上的支配权，即购买者对这些产品的再转让或者使用都与权利人无关。❸

---

❶ 尹新天，《美国专利政策的新近发展动向》，载《中国知识产权评论（第3卷）》，商务印书馆2008年版，第299页。

❷ 郑成思著：《知识产权论》，社会科学文献出版社2007年版，第243页。

❸ 刘春田主编：《知识产权法（第二版）》，中国人民大学出版社2000年版，第237页。

第三种：公众中的任何人在购买合法售出的专利产品，也就是专利权人自己售出的专利产品或者经专利权人许可的被许可人售出的专利产品之后，其应当享有自由处置该产品的权利。此后，无论该购买者以何种方式使用该产品，或者进一步转卖、出让、捐赠该产品，均不应当构成侵犯该项专利权的行为。❶

分析上述各种表述方式，三者的主要分歧在于对权利用尽抗辩制度中的权利用尽指向的对象的认识不同。第一种表述认为是使用权的用尽；第二种表述认为是再转让与使用的权利；第三种认为包括所有的权能。我们认为权利用尽抗辩制度所指向的权利为"对产品在市场上流通所拥有的控制权"。❷专利权人行使权利的方式主要包括制造、使用、许诺销售、销售、进口等。制造发生在权利用尽抗辩制度所要求的"售出"行为之前，因此，一切未经专利权人授权的制造行为均应当认定为侵犯专利权的行为。虽然使用并非市场流通行为，但是使用是对该特定售出专利产品的价值的一种利用行为，是物权对于专利权的一种天然的限制，因此，使用行为应当属于权利用尽的范畴之内。而许诺销售、销售及进口等均属于市场流通行为，考虑到权利用尽抗辩制度的存在主要是为了维护商品的正常的市场流通，因此，上述行为均属于权利用尽抗辩制度应有的规制范畴之内。也就是说，权利用尽抗辩制度中所指向的权利包括除制造以外的使用、许诺销售、销售、进口各项权能的集合。

综上，我们认为权利用尽抗辩制度的核心含义在于专利产品合法地进入市场并被售出后，专利权人的专有权不再及于该特定的被售出的产品。买受人可以像对待一般的物权所及的普通物品

---

❶　尹新天著：《专利权的保护》，知识产权出版社 2005 年 4 月第 2 版，第 63 页。

❷　任军民，"我国专利权权利用尽原则的理论体系"，载《法学研究》2006 年第 6 期。

一样自由地处置该产品，❶ 以维护被售出商品在市场上的自由流通。

三、相对用尽原则与绝对用尽原则

根据是否认可专利权人可以自由地设置售后条件，将权利用尽抗辩制度分为相对用尽原则与绝对用尽原则。即如果专利权人在首次销售时附加了售后限制条款，而上述条款内容并不违反关于自由竞争法律的相关规定或者来损害社会公众利益、而且是可执行的，对于买受者后来违反上述售后条件的行为，如果仍然认定为侵犯专利权的行为，则称之为"相对用尽原则"，即专利权人的专利权由于售后限制条件的存在仍然及于该售出的专利产品；反之，则称之为"绝对用尽原则"，即该专利产品一经售出，专利权人即丧失了对该专利产品所有的支配权，专利权人的专有权在产品售出后而彻底终结，该专利产品可以像其他一般产品一样在市场上自由地流通。

在最初确立权利用尽抗辩制度时，德国采用的即为相对用尽原则，即买受者违反专利权人的售后限制条件进行使用或销售该特定的专利产品时，专利权人仍然可以以侵犯专利权为由提起侵权之诉。后来，随着社会的发展，商品的流通日益频繁，德国法院发现此种规定对于专利权人的限制尚不足以维护社会公众利益，对专利权人的限制尚不充分。1902 年，在一份德国帝国法院的判决中首次确认了绝对用尽原则，此后德国转向了绝对用尽原则的方向。德国认为，专利权用尽原则是对专利权的一种本质性限定，不论专利权人在售出其专利产品时是否提出了限制条

---

❶ 为便于本书的编著，下面的讨论权利用尽原则主要是指产品专利的权利用尽，对于方法专利的权利用尽将在本章第七节中详细讨论。

件，这样的限定都是存在的。[1] 专利权人可以针对买受人之后违反售后限定条件的行为提起违约之诉，但是不能寻求侵权之诉。

美国的权利用尽原则比较复杂，其根据国家经济形势的不同对于权利用尽的态度一直在发生变化，地方法院、美国联邦巡回上诉法院的判决一直不能达成一致，没有确定的结论，但是自1992 年美国联邦巡回上诉法院针对 Mallinchrodt Inc. v. Medipart Inc. 案[2]作出判决以来，相对用尽原则在美国司法界占据了主导地位。在 2008 年 6 月 9 日的 Quanta Computer，Inc. v. LG Electronics，Inc. [3]专利侵权纠纷案后，美国联邦最高法院的判决中似乎对此予以了纠正，在该判决的注 7 中其表示："我们注意到，对 Quanta 的授权销售并不必然限制 LGE 的其他合同权利的行使。即使权利用尽的认定排除了专利侵权损害赔偿，由于 LGE 没有提起违约之诉，对于其获得违约赔偿的问题，我们不发表任何意见。"同时引用了在 Keeler v. Standard Folding Bed Co. 中的意见，认为售后限制条件，"显然属于一个合同问题，而不是专利侵权所应评判的问题"。可见，美国法院现在正在转向绝对用尽原则。这同样与美国的实际情况相符，目前在美国由于"专利丛林"问题，美国正在转向限制专利权的政策，美国作出上述选择也属于现实的需要。

2000 年《专利法》第六十三条第一款的规定："专利权人制造、进口或者经专利权人许可而制造、进口的专利产品或者依照

---

[1]　尹新天著：《专利权的保护》，知识产权出版社 2005 年 4 月第 2 版，第 63页。

[2]　Mallinchrodt Inc. v. Medipart Inc.，976 F. 2d 700（Fed. Cir. 1992）案的相关案情及判决要义参见：和育东，"美国专利权穷竭原则的演变"，载《电子知识产权》2008 年第 9 期。

[3]　See Quanta Computer，Inc.，et al.，Petitioners v. LG Electronics，Inc.，128 S. Ct. 2109；170 L. Ed. 2d 996；2008 U. S. LEXIS 4702（2008）.

专利方法直接获得的产品售出后，使用、许诺销售或者销售该产品的行为，不视为侵犯专利权。"上述规定即为权利用尽原则在我国专利制度中的具体体现。2008 年《专利法》第六十九条第一款是对上述规定的修订，其内容为："专利产品或者依照专利方法直接获得的产品，由专利权人或者经其许可的单位、个人售出后，使用、许诺销售、销售、进口该产品的，不视为侵权行为。"比较两个条款可见，2008 年《专利法》主要是对 2000 年《专利法》没有规定平行进口问题进行的完善，对于采取相对用尽原则还是绝对用尽原则没有给出明确的答案。我们认为从维护国家利益的角度出发，我国采取绝对用尽原则更为适宜，理由如下：

第一，专利权是一种受限制的权利，权利用尽抗辩制度是对专利权的一种本质性限定。诚如德国学者科勒（Kohler）所言，专利法授予专利权人排他性专属权的奖励，这种奖励只能在每个产品上获得一次。只要专利权人自己已经在产品上使用过专利发明，他便不能再对该产品行使专利权。由于不同的使用方式是互为结果的，因而这种限制不限于专利权人已经选择的使用方式，而是所有随后的对该产品的商业使用行为。❶ 而且，专利权人在第一次出售专利产品时，已经得到了相应的回报，也就是说这种奖励已经完成，因此，对于售出的专利产品，专利权人的专利权已经行使穷尽。

第二，正如美国人瑞奇则所言："专利权是一种消极的排他权。专利产品授权售出后，购买人获得了专利权人'不向购买人

---

❶　克里斯托夫·海尔斯，"权利穷尽与平行进口"（Christopher Heath：Legal Concepts of Exhaustion and Parallel Imports. Parallel Imports in Asia. Editor Christopher Heath 2004 Kluwer Law International/13)，转引自：严桂珍，"权利穷尽原则在美国专利产品平行进口领域中的适用及其重大调整"，载《比较法研究》2008 年第 4 期。

提起专利侵权诉讼的保证'，专利权人放弃了针对该售出产品的排他权，专利权人针对该产品的专利权是绝对地穷竭了。"❶ 基于诚实信用原则，买受人在购买专利产品时即得到了专利权人不向其提起侵权诉讼的承诺，此种潜在的义务是专利权人必须履行的。

第三，根据我国 2008 年《专利法》第一条的规定："为了保护专利权人的合法权益，鼓励发明创造，推动发明创造的应用，提高创新能力，促进科学技术进步和经济社会发展，制定本法。"专利制度的目的在于通过授予专利权人一定期限的受保护的专有权，以鼓励发明创造，进而实现科学技术的进步与经济社会的发展。保护专利权的最终目的在于维护社会公共利益，其只是实现社会公共利益的一种手段。基于此，在专利权人因为发明创造而给社会作出的贡献已经为首次售出产品所获得的利益予以体现时，社会公共利益即维护正常的商品流通秩序，是我们应当优先考虑的问题。

第四，对于未违反关于自由竞争法律的相关规定或者未损害社会公众利益而且是可执行的售后限制措施，权利人可以依据合同的相对性原则，向首次买受人主张违约以维护其合法利益。违约之诉相对于侵权之诉，对于买受人的打击力度要小一些，有利于我国出口型经济的顺利发展，而且符合我国的基本国情。

四、权利用尽抗辩制度的适用条件

2008 年《专利法》第六十九条第一款是对 2000 年《专利法》第六十三条第一款没有规定平行进口问题进行的完善。而用

---

❶ See Giles S. Rich. The Relation Between Patent Practices and the Anti—Monopoly Laws ［J］. 24 J. Pat. Off. So'cy, 1942：241. 转引自：任军民，"我国专利权利用尽原则的理论体系"，载《法学研究》2006 年第 6 期，第 39～52 页。

"专利产品"替代"专利权人制造、进口或者经专利权人许可而制造、进口的专利产品",主要是为了避免将平行进口简单地理解为"返销"行为。根据上述规定适用权利用尽抗辩制度进行抗辩,必须满足:第一,存在合法有效的专利权;第二,专利产品被专利权人或其许可人售出;第三,买受人对售出专利产品的处置权仅限于使用、许诺销售、销售、进口该专利产品。

(一) 存在合法有效的专利权

正如本书总论部分所言,专利侵权抗辩是一种侵权抗辩制度,简单地讲是指被告据以主张原告诉讼请求不成立或不完全成立,从而免除或减轻其民事责任的事实,是对原告请求权的对抗。抗辩权乃"请求权之权利也,其作用在于防御,而不在于攻击,因而必待他人之请求,始得对之抗辩"❶。有请求权,方有抗辩权,抗辩权不仅以对方请求权的存在为前提,而且其行使也必须以对方行使请求权为前提。请求权行使的基本条件在于合法有效的基础权利的存在;而在专利权侵权案件中,行使请求权的基础权利即为合法有效的专利权的存在。

(二) 专利产品合法来源于专利权人或其许可人

市场上的专利产品并非都是由专利权人或者许可人制造或销售,专利产品还包括非专利权人未经专利权人的许可制造或销售的在技术方案上相同,或者相近似但没有实质性差别的产品。如果否定未经专利权人的许可制造或销售的在技术方案上相同,或者相近似但没有实质性差别的产品为专利产品,结果将是任何人在未经权利人许可的情况下,均可以使用专利权人通过专利权所保护的技术方案,那么专利制度的存在就毫无意义了。

而根据前述"利益平衡"理论,权利用尽原则适用的必要条

---

❶ 王泽鉴著:《民法总则(增订版)》,中国政法大学出版社 2001 年版,第 95 页。

件是专利权人已经获得相应的回报以奖励其创造性劳动对社会作出的贡献。因此，适用权利用尽抗辩制度，专利产品必须来自于专利权人或其许可人。

根据现行《专利法》的规定，专利产品是指专利权人制造、进口或者经专利权人许可而制造、进口的产品或者依照专利方法直接获得的产品，此即明确了适用权利用尽原则，专利产品必须源自专利权人或其许可人。但是2008年《专利法》将售出产品直接规定为"专利产品或者依照专利方法直接获得的产品"，这样即扩大了专利产品的范围，主要是考虑到平行进口中的"返销"行为，同时，对于专利产品的出处不仅限于专利权人或其许可人亦可扩展至与专利权人有经济上或法律上联系的其他人，从而对允许平行进口的分析更为符合逻辑。由于专利权的地域性原则，在不同的国家就完全相同的技术方案可以存在不同的权利人，比如就同一专利技术，在中国与美国由甲、乙二人分别申请了专利，此时，由甲处购得的专利产品在美国销售，当乙在美国提起侵犯专利权诉讼时，乙尚未得到相应的回报，买受人是否同样可以引用权利用尽抗辩制度对乙的起诉进行抗辩？此问题将在本章第五节平行进口部分详细论述。但是我们强调的是产品无论来自甲或者乙，此产品必须来自于有权人的销售，即必须是由专利权人或者经其许可的单位、个人售出。

同时，盗窃而来的专利产品是否仍然适用权利用尽抗辩制度也是一个值得探讨的问题。根据法国"第一次市场投放"理论，专利权人在权利用尽抗辩制度中用尽的权利只是将产品投放市场的权利，其市场投放行为的完成只要是专利人使一般公众便于得到专利产品即可。根据此理论将专利产品摆放于货架而待销售时，专利产品被他人盗走的情况同样适用权利用尽抗辩制度，因为专利权人将产品摆放于货架而待售的行为已完成将专利产品投放市场。有一种观点认为："如根据我国专利法该产品的专利特权没有用尽，理应适用专利法的有关条款，既然行为人的使用和销售未经权利人同意，那么应属侵权行为。我们可以发现这样的推论是可笑的。实际上，行为人的盗窃行为只是对专利产品的所有权造成了侵害，并没有涉及专利特权，因为此时该特权已随产品的上市而用尽。"❶ 我们认为此种观点值得商榷。首先，由于专利权人的回报没有因为将产品摆放于货架或者被盗走而得以任何形式的实现，此时适用权利用尽抗辩制度的必要条件并没有实现，当然专利权人的专利权也没有用尽。其次，我们认为盗窃专利产品属于侵犯专利产品所有权人对该产品的所有权的行为；但是，如果盗窃者对该专利产品进行使用或者再销售行为则侵犯的是专利权人的专利权。权利人可以根据盗窃者的不同行为方式而主张不同的侵权之诉，以获得应有的利益保护。

（三）专利产品已被售出

我国《专利法》仅规定了专利产品由专利权人或其许可人售出，买受人再使用或销售等处置该产品的行为不视为侵权行为。但是对于销售的具体认定没有详细说明，比如销售的地域范围、是否必须为对一般公众的销售、销售的具体方式等，下面将详细讨论上述问题。

1. 销售的范围

第一，销售的地域范围。

如前面所述的，由于专利权的地域性原则，在不同的国家就完全相同的技术方案可以存在不同的权利人。如果买受人在一国专利权人或其许可人那里取得专利产品，买受人是否可以在世界其他各国对该专利产品自由地行使权利，而不受他国专利权人的约束？对此问题有不同的答案，即形成权利用尽抗辩制度的国内

---

❶ 任军民，"我国专利权利用尽原则的理论体系"，载《法学研究》2006 年第 6 期。

用尽与国际用尽的区别。此问题将在本章第五节平行进口部分详细论述。

第二，销售对象的范围。

根据法国"第一次市场投放"理论，市场投放所针对的顾客是一般意义上的公众，而非特殊的群体。只要使专利产品便于一般公众获取，均可以视为市场投放。但是，根据前述"利益平衡"理论，权利用尽抗辩制度适用的必要条件是专利权人已经获得相应的回报以奖励其创造性劳动对社会带来的贡献。专利权人可以从自己的直接销售中获得回报，也可以以许可他人使用专利技术而获取许可费或提成费的方式获得回报。另外，确立权利用尽原则的另一个目的在于保证商品的正常市场流通，以维护正常的市场交易秩序，促进经济社会的较快发展。因此，我们认为对于专利产品的销售不应当必须要求面向一般公众，即要求专利产品便于一般公众获取作为权利用尽原则的适用条件。专利权人或其许可人与特定公众之间基于买卖合同而实现对专利产品的销售，我们认为同样应当认定为权利用尽抗辩制度中的"售出"。❶

2. 销售的具体认定

第一，销售的方式。

销售是指将专利产品的所有权从一方（卖方）转移给另一方（买方），而买方则将相应的价款付给卖方。❷ 即专利权人或其许可人将专利产品的所有权转移给买受人，而由买受人支付对价的行为。我们将其称之为狭义的"销售"行为。

我们认为在权利用尽抗辩制度中，销售不但包括狭义的销售行为，而且应当将销售行为作一个更加广义的理解。权利用尽抗

---

❶ 当然，对于母子公司间的销售是否应当认定为权利用尽原则中的"售出"，实际上为真假销售的问题，此处不再展开论述。

❷ 汤宗舜著：《专利法解说（修订版）》，知识产权出版社 2002 年 7 月，第 76 页。

辩制度的基础在于，一件专利产品由于专利权人或其许可人合法地出让并在其中得到应有的回报后，而导致专利权在该专利产品上的用尽。在交换过程中，专利权人或其许可人让渡专利产品，而获得了其他对等价值的物品，亦应认定专利权人已经得到回报；而在免费发放专利产品或者赠与专利产品等过程中，专利权人自动放弃了其获得回报的权利，这种对权利抛弃的行为，我们仍然应当将其视为权利人的利益已经得到回报。因此，免费发放专利产品、赠与专利产品、交换等应当视为销售，而导致专利权人或其许可人对于该特定专利产品的权利用尽。也就是说，权利用尽抗辩制度的适用以专利权人或其许可人得到实际的经济利益作为最终的评判标准，当然专利权人对于此种利益的自动抛弃应当视为专利权人或其许可人的经济利益已实际实现。

第二，销售的准备行为不可以认定为销售行为。

如前述将货品摆放于货架而待销售的行为，由于权利人没有得到相应的回报，不适用权利用尽抗辩制度。同样，许诺销售应当认定为对于专利产品销售的一种要约，即明确表示愿意出售具有权利要求所述特征的专利产品，因此，在许诺销售行为中，由于权利人没有得到相应的回报，亦不认定为销售行为已经完成而适用权利用尽抗辩制度。

总之，对于销售的具体认定应当以专利产品合法地脱离专利权人或其许可人的控制，而转移至他人，同时专利权人或其许可人在其中获得了相应的回报为判断标准，当然这种回报可以因专利权人或其许可人的自动抛弃而视为已经实现。

3. 专利产品脱离专利权人的控制应当源自于专利权人或被许可人的自愿行为，即属于权利人的真实意思表示

根据通说，专利权从本质上讲是一种受限制的私权利。而对于私权利的行使原则为"法无明文禁止即可行"，因此，专利权人只要没有违反法律的强制性规定即可以自由地行使其专利权。

同时，对于私权利的处分必须源于权利人的真实意思表示。销售作为一种合同行为，如果不是出于权利人的真实意思表示，将会导致合同的无效或被撤销。因此，一般来讲适用权利用尽抗辩制度应当以专利权人或被许可人的自愿出售行为为基础。

但是，如上面所述专利权是一种受限制的私权，权利人在行使其权利时应当遵守法律对专利权人的法律限制。强制许可即为我国《专利法》对于专利权人的权利的一种合理限制。根据我国《专利法》第四十八条至第五十一条的规定，在具备实施条件的单位以合理的条件请求发明或者实用新型专利权人许可实施其专利，而未能在合理的时间内获得这种许可时；国家出现紧急状态或者非常情况时，或者为了公共利益的目的；一项取得专利权的发明或者实用新型面比前面已经取得专利权的发明或者实用新型具有显著经济意义的重大技术进步，其实施又依赖于前一发明或者实用新型的实施等三种情况下，向国务院专利行政部门根据该单位的申请后，可以给予实施该发明专利或者实用新型专利的强制许可。在强制许可的情况下，专利产品的售出为合法地投入本国市场，且专利权人已经在国家强制许可中获得了相应的报酬，其专利权将会带给其的利益已经获得补偿，第三人使用、许诺销售或者销售该产品，都不应视为侵犯专利权。

另外，当专利产品成为法律文书的强制执行对象而被强制执行时，此时同样不是出于专利权人的自愿而使专利产品流入市场；但是，将专利产品作为强制执行的对象而予以强制执行，是国家公权力机关采取一种公开、公正的方式对专利权人或其许可人之前取得利益而不履行义务的一种衡平措施，此种情况下我们认为应当视为专利权人或其许可人的利益已经得到回报，而导致专利权的用尽。

（四）买受人对售出专利产品的处置权范围的探讨

如前面所述，权利用尽原则中所指向的权利包括除制造以外的使用、许诺销售、销售、进口各项权能的集合。其中值得讨论的问题在于使用的认定。

使用是指专利产品按照其技术功能得到应用。一般产品专利并没有限定于某种使用。因此，产品专利的效力可以具有各种用途，无论是专利说明书中说明的还是没有说明的，也不论在专利申请时是否预见到的，不问是用它的哪一种用途，也不问是反复连续使用还是只用了一次，都是这里所说的使用。但是，对于使用的认定涉及修理与再造的区别。一般认为对于产品的修理属于合理的适用，由于专利权人在该产品上的权利已经用尽，不应当认为专利侵权行为。而对于再造行为，已经超出了对于专利产品的合理使用，属于对专利技术方案的使用，即制造了新的专利产品，如果落入了专利所要求的权利要求保护范围，应当认定属于侵犯专利权行为。❶

五、国内用尽原则与国际用尽原则——平行进口问题

根据主张权利用尽范围的不同，我们将权利用尽分为国内用尽原则与国际用尽原则。国内用尽原则是指专利产品合法地进入市场并被售出后，专利权人的专有权不再及于该特定的被售出的产品，但是该售出产品的再使用或销售必须以该专利权有效的国家或地区为界，强调权利用尽的地域性。即权利用尽原则只适用于专利权存在的范围内。而国际用尽原则，即将专利权的地域界限放到了整个世界范围，即只要买受人的专利产品合法地来源于专利权人或者其许可人，包括售出、赠与、免费发放等多种形式，买受人即可以在世界其他各国对该专利产品自由地行使权

---

❶ 关于修理与再造的区别，具体参见：胡开忠，"专利产品的修理、再造与专利侵权的认定——从再生墨盒案谈起"；张玲，"专利产品的修理与专利侵权问题探讨——从日本再生墨盒案谈起"；张蕾，"专利侵权判定中修理与再造的界定——以Canon v. RecycleAssist 再生墨盒案为背景"。

利，而不受他国专利权人的约束。例如，一项专利分别在 A、B、C 三国享有专利权，权利人是甲，买受人在甲处合法地购得专利产品，然后将该产品出口到 B 国，此时甲依照其在 B 国享有的专利权主张专利侵权，买受人即可以权利用尽进行抗辩，而免于承担侵权责任。

同时，随着欧盟一体化的发展，出现了一种介于国内用尽与国际用尽之间的模式，即区域用尽。区域用尽原则是不具有普遍性的，它通常只出现在一些经济共同区域或自由贸易区，这是随着贸易自由化和市场一体化的不断发展而产生的。典型的例子即欧盟，其将专利权的地域界限限定在欧盟这样一个范围内。实质上来看，区域用尽与国内用尽的核心含义一致，只是范围不同。因此本书讨论的主要是国内用尽与国际用尽的选择问题。

随着国际贸易自由化的不断加强，平行进口成为国际贸易中较常见的一种现象，同时也是与知识产权密切相关的一个国际贸易问题。平行进口与权利用尽是一个问题的两个方面。由于 TRIPS 第六条明确规定："本协议的任何规定均不得用于涉及知识产权的权利用尽问题"，也就是说，TRIPS 对于平行进口的合法性既没有给予肯定，也没有予以否定。各国根据其具体国情在不同的发展阶段也制定了不同的规则。如前面所述，依照国内用尽原则，平行进口行为将被视为侵权行为；反之，依照国际用尽原则，平行进口将成为一种正常的国际贸易行为。

根据我国 2008 年《专利法》第六十九条第一款的规定，可以直接得出我国《专利法》已经"把专利权权利用尽扩大至进口行为，即允许所谓的'平行进口'"[1]。但是，对于"售出"的理解，是否既包括国内市场的售出，亦包含国际市场的售出？如何

---

[1]　周云川，"《专利法》第三次修改对专利侵权诉讼的影响"，载《电子知识产权》2009 年第 3 期。

理解专利产品？是否是对原有"未经许可"的突破？对于上述问题的不同理解将直接影响我国专利领域权利用尽抗辩制度的适用。本节将详细分析上述问题。

（一）平行进口的概念

如上述分析，目前没有相关国家的法律规定或者相应的国际公约对平行进口的含义给出明确的定义。下面将结合国际平行进口的具体情形，总结归纳法律意义上的平行进口的内涵及外延。

1. 平行进口的具体情形

"平行进口"一词译自英语。英语中使用的相关词汇包括：parallel import、parallel importation、parallel importing、parallel trade、gray market 等。❶

在进口国存在合法有效的、受进口国法律保护的专利权是讨论平行进口是否构成侵犯专利权问题的前提。因此，我们将根据在出口国是否存在对应的专利权，对平行进口的具体情形进行具体的分析。

（1）在出口国相同的技术方案没有获得相应的专利权保护，没有保护可能是由于各国政策取舍的原因，如在意大利药品是不受专利法保护的；也有可能是知识产权法律制度的不完善造成的。第三人在市场上通过公开销售渠道获得了相应的专利产品，然后通过合法的渠道将该专利产品进口到存有专利权的国家。此时，第三人的专利产品来源有三种情况，需要分别讨论：

第一，第三人的专利产品来源于进口国专利权人或其许可人的公开销售；

第二，第三人的专利产品来源于享有先用权（由于出口国缺乏相应的专利保护制度，此处的先用权可以依照进口国的专利法

---

❶ 严桂珍，"关于界定'平行进口'依据的探究"，载《政治与法律》2008 第1期。

予以判断）的制造商或者该专利产品在出口国是利用现有技术
（自由公知技术）制造而销售的；

第三，第三人的专利产品来源于其他一般制造商。

（2）在出口国及进口国对相同的技术方案均提供了相应的专
利权保护，第三人将通过公开销售渠道在市场上获得的相应专利
产品，通过合法的渠道进口到存有专利权的国家。此时，第三人
的专利产品来源亦有三种情况，需要分别讨论：

第一，第三人的专利产品来源于进口国专利权人或其许可人
的公开销售，即进口国与出口国的专利权人为同一权利人❶；

第二，当进口国与出口国的专利权人非同一权利人时，出口
国专利人的专利权来源于进口国专利权人的转让或者进口国专利
人的专利权来源于出口国专利权人的转让；

第三，出口国的技术方案与进口国的技术方案相同或者实质
相同，但是出口国专利权人的专利权由其独立开发并申请获得的
相对独立的专利权，即出口国与进口国的专利权分属于不同的权
利人。

上述两种情况下的平行进口情形，有几个情形是我们专利法
领域中无需讨论而可以直接定性的。

首先，在出口国相同的技术方案没有获得相应的专利权保护
的情况下，如果第三人的专利产品来源于一般的制造商，该制造
商与进口国的专利权人没有任何经济上或者法律上的联系，因
此，在没有得到进口国权利人许可的情况下，将该含有专利权的
产品直接进口到进口国，显然构成对进口国专利权人专利权的
侵犯。

---

❶ 同一权利人的理解不但局限于完全相同的单个的法律主体，在与权利人存在
契约上或者经济上联系的其他独立的法律主体，例如关联公司、母子公司等，可以
借用破产法上的"揭开法人面纱"制度而视为同意主体。

其次，随着专利制度的国际协调，现在绝大多数国家不再对现有技术的地域范围加以区分，而采用了国际上通行的绝对新颖性标准，即现有技术的范围扩展为申请日之前在国内外为公众所知的技术。因此，在出口国相同的技术方案没有获得相应的专利权保护，而第三人的专利产品来源于享有先用权的制造商或者该专利产品在出口国是利用现有技术（自由公知技术）制造商；以及出口国的技术方案与进口国的技术方案相同或者实质相同，但是出口国与进口国的专利权分属于不同的权利人的情况，将由于绝对新颖性标准的普遍适用而会日益减少。

因此，我们讨论的平行进口的情形主要集中于以下两种，一是专利权人及其许可人的公开销售，包括在出口国有专利权保护制度和无专利权保护制度两种；二是出口国与进口国的专利权分属于不同的权利人，但是一方的专利权来源于另一方专利权人的转让而获得。

2. 平行进口的含义

对于平行进口的定义，学术上由于侧重点不同，存在不同的理解。

一种观点是侧重强调知识产权的平行，认为"平行进口是指在国际货物买卖中，一国未被授权的进口商，在某项知识产权已获进口国法律保护，且知识产权人已在该国自己或授权他人制造或销售其知识产权产品的情形下，从国外知识产权所有人或其被许可人手中购得该种产品，并输入该国销售的行为。"❶

另一种观点在于强调进口渠道的平行。如"平行进口是与授权进口相对应的概念，当同一专利产品在一国市场与他国市场间存在价格差时，在高价位的市场中往往存在未经授权的第三人的

---

❶ 王廷熙，"平行进口中的知识产权保护问题"，载《民商法论丛（16）》，金桥文化出版社（香港）有限公司 2000 年版，第 48 页。

进口行为及进口国专利权人或其被授权人的正常进口行为两种相平行的进口行为，其中没有授权的第三人的进口行为即被称为'平行进口'行为。"❶

我们认为，首先，对于平行进口的理解应当从权利的角度理解，具体到专利平行进口的问题，之所以对于专利平行进口合法性的认定存在较大分歧，抛开各国经济利益的考量来看，更为主要的原因在于世界各主权国家的存在，不同国家具有不同的法律制度，各国均强调自我司法主权的独立性和不可侵犯性，导致了就同一技术方案在不同的国家，根据不同的法律而产生了权利保护范围基本一致的不同的专利权。随着科技的不断进步，贸易方式的增多，商品流通的频率日益加快；同时，由于世界贸易组织等世界组织的不断努力，贸易自由化及市场一体化的步伐也在不断地加快，导致含有相同技术方案，即相同知识产权的产品在不同的国家相互流通。此时便发生了不同的权利主体针对相同的权利客体同时主张权利的可能，亦即产生了专利平行进口合法性的争议。因此，在对专利平行进口进行合理地定义和概括时，我们应当认真考虑专利平行进口是否具备合法性的这个基础性问题，即焦点在于专利平行进口合法性的争议，实质上是两种不同知识产权制度的冲突问题。

其次，我们还应当注意到，经济贸易形势的多样化，如前面分析，平行进口的表现形式有多种多样；同时，根据各国对于专利客体保护范围的不同规定，在有些国家对于某些客体是不提供专利保护的，或者由于知识产权保护水平的不同，各国的知识产权保护力度的差异也是不容忽视的事实。因此，在对专利平行进口进行定义时，我们还应当看到贸易形式的多样化与各国法律制

❶ See GALLINI, NANCY T. & HOLLIS, AIDAN. A Contractual Approach to the Gray Market. 19 Int'l Rev. L. & Econ. , 1999, (1): 3-7.

度的差异所带来的复杂性。

根据美国乔治·华盛顿大学知识产权研究中心 Wegner 教授的说法，专利平行进口通常是指"一国未经授权的进口商，在某项专利已获进口国法律保护的情况下仍从国外购得专利权人或其专利被许可人生产制造或销售的此项专利产品输入该进口国销售的行为。"❶ 我们认为上述观点既准确地反映了专利平行进口的实质，又兼顾了专利平行进口外延复杂性的实际情况。

综合上述分析，我们认为专利平行进口应为未经进口国专利权人授权的进口商，将专利权人或其许可人在其他国家或地区销售的专利产品，输入进口国的行为。

3. 特征

依据上述定义，我们认为专利平行进口具有以下特征：一是平行进口的专利产品为"真品"，即来源于专利权人或其许可人，此处的专利权人既包括与进口国同一的专利权人，也包括不同一的专利权人即一方依另一方的转让获取的专利权；二是平行进口行为未经进口国专利权人的许可；三是平行进口的范围存在于不同的法域，包括不同的国家和地区，但是并不要求每个国家都存在完善的知识产权法律制度；四是在进口国必须存在合法有效的专利权，此为讨论专利平行进口问题的基础性条件。

（二）平行进口产生的原因

产生平行进口的原因是多方面的，但核心在于制度及经济两个方面的原因。下面简要分析以便后面分析我国对平行进口合法性问题应当采取的态度。

1. 制度原因——法律的地域性

专利平行进口是伴随自由贸易发展的全球化、知识产权保护

---

❶ 曹建明，陈卫东主编：《国际经济法专论（第 5 卷）》，法律出版社 2000 年版，第 390 页。

的国际化以及专利国家授权的广泛化而出现的一种法律现象。❶
如前面分析，由于世界市场一体化，含有相同技术方案的专利产
品在不同国家间的流通成为可能并且变得日益频繁。但是，知识
产权源于封建特权，本质上属于一种法律所创设的权利，同时作
为知识产权之一的专利权也是由法律所创设的一种特权，即权利
的产生因为法律的创设，而不是一种自然权利。同时，由于国际
社会中国际法所确立的国家主权原则，不同的国家均会主张其司
法主权的独立性及不可侵犯性。因此，基于不同国家法律针对同
一或实质相同的技术方案产生了不同的权利，而由于世界市场一
体化进程的不断推进，此种权利客体的跨法域流通，必然会造成
不同知识产权之间的法律冲突问题。专利平行进口问题就是此种
法律冲突的集中体现。也就是说，世界市场一体化、贸易自由化
与权利的地域性是对平行进口问题合法性提出异议的根本的制度
性原因。

2. 经济原因——价格差的存在

众所周知，不但是专利平行进口，产生一切平行进口的根本
原因均在于不同国家、不同市场之间价格差的存在。而产生价格
差的原因是多种多样的。

第一，由于文化传统、风俗习惯等历史、文化原因，不同的
产品在不同的国家和区域受欢迎的程度是不同的，即不同的产品
在不同地域的需求弹性是完全不同的。需求弹性越高，产品的价
格越高；反之，需求弹性越低，产品的价格就越低。比如适用于
春节的产品，在具有春节传统的地域，必然会高于没有春节传统
的地域；就像在具有圣诞节传统的地域，专门用于圣诞节的产品
价格会更高一样。

---

❶ 王学先，"刍议我国专利平行进口的立法选择"，载《牡丹江大学学报》2009
年第1期。

第二，不同国家的原材料成本、生产力成本、宣传成本、交易成本等差异，也是导致产品价格差异的主要原因。这也是比较优势理论鼓励平行进口的主要原因。

第三，不同国家的政策不同，比如税收政策、汇率等差异，更为显著的是某些国家知识产权法律制度的差异，比如是否保护相应客体以及保护的程度。

第四，跨国企业的价格歧视（price discrimination）策略。价格歧视是指跨国企业运用对市场的控制力量，以国家为单位来细分国际市场，根据市场弹性的不同制定不同的商品价格，以求全球收入的最大化。● 一般而言，市场越大、经济发展水平越高，市场的需求弹性就越大；反之亦然。这样在不同的国家或区域必然会形成不同的价格差。当然这种差别定价的原因不但在于需求弹性的变化，还包括不同国家交易成本的不同等多种因素。如果一家跨国企业的地位在各国足以形成垄断地位，而因为其垄断地位而制定了相应的垄断价格策略，在妨碍或限制竞争时，就构成了滥用知识产权的行为，必然会受到反垄断法或自由竞争法的规制。

（三）单纯的依据法律理论解决专利平行进口合法性的困惑

分析专利平行进口的合法性，存在两种不同的角度，一个是进口国专利权人的权利保护角度分析；另一种角度是出口国专利权人权利行使的角度。第一种角度即为利用"进口权"理论分析专利平行进口的合法性；第二种角度即现在通用的分析平行进口问题的理论——"权利用尽"理论。

● 李扬，"《知识产权协定》在我国实施的几个特殊问题"，载吴汉东主编：《知识产权国际保护制度研究》，知识产权出版社2007年版，第251页。

1. 进口权与平行进口

所谓"进口权"，是指权利人享有自己进口或者禁止他人未经许可，为生产经营目的进口其知识产权产品的权利。❶ 关于专利权中的进口权问题，一般会追溯到 TRIPS 第二十八条第一款的规定，该款规定："一专利授予其所有权人下列专有权利：（a）如一专利的客体是产品，则制止第三方未经所有人同意而进行制造、使用、标价出售、销售或者为这些目的而进口该产品的行为；（b）如一专利的客体是方法，则制止第三方未经所有权人同意而使用该方法的行为，以及制止使用、标价出售、销售或为这些目的而进口至少是以该方法直接获得产品的行为。"❷

分析上述规定，进口权的权能主要包括两个方面，一是专利权人有权自己进口相关专利产品；二是专利权人有权禁止他人未经其许可进口相应的专利产品。反映到专利平行进口问题上，主要涉及第二项权能，即禁止他人未经许可的进口行为。因此，有人认为专利权人享有进口权的规定即包含了禁止平行进口行为的含义。❸ 对此种观点的分析，"学术上已经展开了比较充分的批判"。❹ 我们下面进行简要的总结❺：

首先，我们需要考虑 TRIPS 签订的背景，作为知识产权大国的发达国家对于专利权的保护问题往往比较重视，这不但涉及专利权人的利益，还涉及国家利益的维护，TRIPS 关于进口权

---

❶ 严桂珍，"论进口权与平行进口的关系"，载《同济大学学报》2008 年第 6 期。

❷ 《世界贸易组织乌拉圭回合多边贸易谈判结果法律文本》，法律出版社 2000 年版，第 333 页。

❸ 尹新天著：《专利权的保护》，知识产权出版社 2005 年 4 月第 2 版，第 69～70 页。

❹ 周哨龙，"再论平行进口"，载《科技与法律》2009 年第 2 期。

❺ 严桂珍，"论进口权与平行进口的关系"，载《同济大学学报》2008 年第 6 期；尹新天著：《专利权的保护》，知识产权出版社 2005 年 4 月第 2 版，第 101～102 页。

的规定正是发达国家努力的结果。

其次，TRIPS 第二十八条关于进口的规定有一个注释，即进口权的规定与使用、销售等其他所有权利一样，均应当符合 TRIPS 第六条的规定，而 TRIPS 第六条的规定为："本协议的任何规定均不得用于涉及知识产权的权利用尽问题。"也就是说，TRIPS 并不是没有关注专利平行进口问题，最终是由于各国不能达成相应的妥协，而采取了回避态度。

最后，单纯地分析 TRIPS 第二十八条第一款的规定，亦不能当然地得出 TRIPS 对权利用尽抗辩制度持否定的态度。TRIPS 第二十八条第一款关于专利权人专利权的规定，对侵权行为的定性均包含"未经同意"的前提条件。如何理解"未经同意"是一个值得探讨的问题，而 TRIPS 并没有给出唯一的指向性答案。

综合上述分析，我们不能依据 TRIPS 对于进口权的规定，当然地得出对专利平行进口行为的否定性的结论；同样，对于专利平行进口的定性问题，亦无法得出肯定性的结论。TRIPS 最终将上述问题交给了各国国内法进行处理。

2. 权利用尽原则与平行进口

权利用尽抗辩制度是解释专利平行进口合法性问题的另一个角度。根据前面的分析，专利权的权利用尽的核心含义在于专利产品合法地进入市场并被售出后，专利权人的专有权不再及于该特定的被售出的产品。也就是说，从出口国专利权人的角度而言，专利产品一经售出，权利人对该产品的专有权已经用尽。但是，涉及专利平行进口问题，我们就不得不将专利法的另一基本原则，即专利的地域性原则引入而加以讨论。

如前面所言，权利用尽原则分为国内用尽与国际用尽两种不同的理论学说及实践做法。国内用尽原则是在专利权地域性原则的基础上发展起来的学说。其强调售出产品的再使用或销售必须以该专利权有效的国家为界，即权利用尽抗辩制度只适用于专利权存在的范围内，即权利用尽抗辩制度同样具有地域性。我国的郑成思教授即坚持此种观点，认为："从我个人的观点来看，知识产权权利穷竭与知识产权权利本身一样，都是具有'地域性'的。就专利权与版权来说，权利（例如销售权）在一国的穷竭，并不导致它在国际市场上穷竭。例如，一位中国专利权人许可将其专利产品在中国制造并销售，并不导致他的权利在美国穷竭。如果他在美国也获得了该产品的专利，则该专利权人在中国的被许可人没有获得该权利人许可而在美国销售，肯定会侵犯该权利人的（就同一产品享有的）美国专利。反过来，如果一个美国专利权人在向中国进行有关专利产品的贸易时，情况也是如此。中美两国在专利法中都规定了专利权人享有'进口权'，这实际上就是以立法形式承认了权利穷竭的地域性理论。"[1]

专利权的地域性原则，即专利权"只能依一定国家的法律产生，又只在其依法产生的地域内有效"[2]；或者"依据不同的法律于产生的知识产权是相互独立的，不依赖与其他国家的法律"[3]。无论何种解释，专利权的地域性原则一般均认为其渊源在于《保护工业产权巴黎公约》第四条之二的规定："（1）本联盟国家的国民在本联盟各国申请的专利，与在其他国家，不论是否为本联盟的成员，就同一发明所取得的专利是相互独立的。……"亦有学者认为上述规定既可以推断出专利平行进口的违法性，因为同一人就同一技术方案在不同国家取得的专利权是相互独立的，不

---

[1]　郑成思，"私权、知识产权与物权的权利限制"，载《法学》2004年第9期；郑成思著：《知识产权论》，社会科学文献出版社2007年5月第一版，第244页。

[2]　郑成思著：《知识产权论》，社会科学文献出版社2007年5月第一版，第61页。

[3]　李扬，"《知识产权协定》在我国实施的几个特殊问题"，载吴汉东主编：《知识产权国际保护制度研究》，知识产权出版社2007年版，第251页。

能因为在一国的权利用尽，而得出在另一国的权利也已经用尽。❶

但是，随着经济的不断发展，为适应贸易自由化的不断完善，学者们从不同的角度，试图通过对权利地域性原则的合理解释来实现通过利用对权利用尽抗辩制度的合理解释来解决专利平行进口的合法性问题。

首先，有的学者认为权利的地域性原则仅针对权利的"获得、维持和保护期"，而对于专利权的行使不具有约束性，即专利权的行使不受权利地域性原则的约束。并引用了日本最高法院1997年对BBS一案的判决❷，认为地域性原则只与权利的授予、转让、有效性等有关。❸ 实际上该学说源于欧盟在处理其欧盟范围内平行进口时的最初做法，即将专利权分为"权利的存在"与"权利的行使"两方面加以论述，但是该学说"仅仅存在了一段短暂的时间，很快就被欧共体法院放弃了"。❹

同时该学说有一个较大的缺陷，我们姑且不论权利的整体性，即权利的产生与行使的统一性。我们可以通过举例说明上述理论的缺陷。例如某人在 A 国和 B 国分别申请并获得不同的专利 A 和专利 B，由于专利权的地域性原则仅限于权利的取得等，因此，专利 A 在 A 国的用尽，也构成其在国际市场上的权利用尽，但我们应当注意到，当含有专利 A 所要求保护的技术方案的产品 C 进入 B 国时，此时，专利 B 在 B 国至少应当是有效的，

---

❶ 汤宗舜著：《专利法解说（修订版）》，知识产权出版社 2002 年版，第 82 页。

❷ See Norio Komuro. JAPAN＇S BBS JUDGMENT ON PARALLEL IMPORTS. International Trade Law & Regulation. 1998. pp. 27 – 28.

❸ 尹新天著：《专利权的保护》，知识产权出版社 2005 年 4 月第 2 版，第 103～106 页。

❹ 李明德、闫文军、黄晖、郃中林著：《欧盟知识产权法》，法律出版社 2010 年版，第 67 页。

而专利 B 所要求保护的技术方案与专利 A 的技术方案一致，此时即便专利 A 已经国际用尽，但是，该产品 C 在 B 国的销售同样会涉嫌侵犯专利 B。

第二，"默示许可"理论❶，依据同样是日本最高法院 1997 年对 BBS 一案的判决，该判决一方面确认了专利地域性原则与专利平行进口无关，同时确立了近期日本对于专利平行进口的基本态度，即有限制的国际用尽原则，即专利权人售出相应的专利产品，如果其没有明确对售后的区域等限定相应的条件，即推定没有相应的限制条件，第三人即获得了自由处置该专利产品的权利，专利权人在首次出让后其专利权已经用尽。

但是该理论，如前面所述同样存在将是否限定售后限制条件的权利完全交由专利权人决定，这样虽然充分维护了专利权人的利益，但是却忽视了社会公众的利益，如专利权人完全可以采取"默示许可"理论，对专利产品的销售区域进行划分从而不利于商品的流通，而有悖于专利制度设立的目的。

综上，从上述两种不同角度对于专利平行进口的分析，均没有充分的理由让人信服专利的平行进口行为属于违法行为而应被禁止，抑或属于合法行为而应当被允许。也就是说，单纯的寻求法律理论的支持以获得对于专利平行进口合法性的解释是比较困难的。

（四）目前各国的法律实践

正是由于没有完美的理论支撑，专利平行进口合法性的定性问题一直存有争议；同时由于各国经济发展水平的不同，其所需求的经济利益必然存在一定的差异。因此，实践中，对于专利平行进口的定性，各国均是随着经济发展水平的不同而逐渐改

---

❶ 严桂珍，"我国专利平行进口制度之选择——默示许可"，载《政治与法律》2009 年第 4 期。

变的。

1. 美国

美国曾经很长一段时间使用修正的国际用尽原则，类似上述所称的"默示许可"理论，即在专利权人售出相应的专利产品时如果没有明确对售后的区域等限定相应的条件，即推定没有相应的限制条件，其他第三人即获得了自由处置该专利产品的权利，专利权人在首次出让后其专利权已经用尽。

美国专利领域修正的国际穷尽原则的适用在 2001 年裁判的 Jazz Photo Corp. v. International Trade Commission 案❶中发生了变化。联邦巡回上诉法院认为，关于权利穷尽原则是否适用的问题，法院分为两种情况考虑：对于在美国国内首次销售的专利产品"整新"后进口到美国销售，法院认为，权利人的权利基于在美国的首次销售的事实而穷尽，权利人的权利包括对商品的修理权等发生转移，被告的进口和销售行为不构成侵权；针对首次在国外销售的专利产品"整新"后进口到美国销售，法院认为权利人的权利没有穷尽，权利人有权阻止随后的进口、销售或者使用行为。被告欲援引权利用尽抗辩制度予以抗辩，就必须证明首次的合法销售发生在美国。从上述分析可知，美国又回到了国内用尽的方向。

2. 欧盟

欧洲法院在 1974 年通过 Cettrafarm v. Sterling 案确立了专利权人不能通过工业产权阻止在一个成员国首次销售的专利产品进口到另一个成员国，从而解决了欧盟内部专利平行进口的一般性问题。但是，对于我们所说的第一种类型，即如果专利权人在一个不能获得专利保护的国家首次销售其产品后，专利权人能否通过其在其他国家的专利权阻止专利产品的平行进口？欧洲法院

---

❶ See 264 F. 3d 1094 (Fed. Cir. 2001)，cert. denied，122S. Ct 2644（2002）.

于 1981 年通过 Merck v. Stephar 案中给出了否定性的答案，即为了自由贸易，专利权人同样不能再凭借其专利权对其首次售出的产品予以控制。另外，通过 1985 年的 Pharmon v. Hoechst 案认定对于专利权人因强制许可而首次销售的产品，如果允许上述产品的平行进口，对专利权人显然是不公平的，从而给出了否定性答案。❶

通过上述判例，欧盟确定了以其为代表的区域权利用尽的原则，其准许欧洲经济区（EEA）成员国之间的平行进口、禁止来自成员国之外的第三国的平行进口的政策❷。这一区域用尽原则也有一些例外情况：（1）平行进口的专利产品是经强制许可而生产和投放市场的；（2）产品在出口国不受专利保护，且首次投放市场未经进口国专利权人许可；（3）由于权利人将其专利权在某一个成员国转让给一个独立的第三方，导致在不同成员国存在着彼此独立的专利权人。在这些情况下，专利权没有用尽，来自另外一个成员国的产品的平行进口将被阻止。

3. 日本

如前"默示许可"理论部分所述，在 1997 年 BBS 案后即走向了有限制的国际用尽原则，即在专利权人售出相应的专利产品时如果没有明确对售后的区域等限定相应的条件，即推定没有相应的限制条件，第三人即获得了自由处置该专利产品的权利，专利权人在首次出让专利产品后其专利权已经用尽。而在此之前，日本更多的是坚持权利用尽的国内用尽原则，即对平行进口行为采取的是禁止的态度。

比较上述国家对于平行进口的态度，我们可以发现各国均是

❶　上述案件的案情可参阅：尹新天著：《专利权的保护》，知识产权出版社 2005 年 4 月第 2 版，第 113～119 页。
❷　参见：余翔，"专利权穷竭与专利产品平行进口——欧共体法律、实践及相关理论剖析"，载《国际贸易》2000 年第 2 期。

根据其经济发展的现实情况，而不断调整其平行进口政策的。

（五）我国对专利平行进口问题应当采取的态度及其具体适用

1. 我国目前的法律规定

我国《专利法》直接或间接涉及专利平行进口问题的条款，主要是第十一条关于进口权的规定和第六十九条第一款关于专利权权利用尽抗辩制度的规定。

首先，根据《专利法》第十一条的规定："发明和实用新型专利权被授予后，除本法另有规定的以外，任何单位或者个人未经专利权人许可，都不得实施其专利，即不得为生产经营目的制造、使用、许诺销售、销售、进口其专利产品，或者使用其专利方法以及使用、许诺销售、销售、进口依照该专利方法直接获得的产品。外观设计专利权被授予后，任何单位或者个人未经专利权人许可，都不得实施其专利，即不得为生产经营目的制造、许诺销售、销售、进口其外观设计专利产品。"上述规定相比第三次修改前的《专利法》基本没有变化，只是在外观设计专利权增加了关于许诺销售的相关规定。

该条款类似于 TRIPS 第二十八条的规定，是我国对国际公约要求在我国国内法上的具体化。从前面分析可知，根据 TRIPS 第二十八条的规定不能必然地得出对专利平行进口的否定性答案。同样，我国《专利法》第十一条关于专利人权利的规定，也规定了"未经专利权人许可"的前置性条款，同样不能作为评判专利平行进口合法性的法律规定。

其次，《专利法》第六十九条第一款的规定。在《专利法》第三次修改之前，我国没有相关平行进口的规定，在 2000 年《专利法》中，关于权利用尽的规定主要见于第六十三条第一款的规定："专利权人制造、进口或者经专利权人许可而制造、进口的专利产品或者依照专利方法直接获得的产品售出后，使用、

许诺销售或者销售该产品的，不视为侵犯专利权。"第三次修改
后的《专利法》在第六十九条第一款对上述问题进行了完善，并
加入了关于平行进口的规定，从字面含义来讲，我国采用的为国
际用尽原则，即只要是专利权人或其许可人售出的专利产品，其
他任何第三人合法取得以后，再将其进口到国内的行为，均不视
为侵犯专利权的行为。

从《专利法》的立法本意来讲，此处的单位、个人，既可以
包括中国的单位和个人，也可以是外国的单位和个人；对专利产
品或者依照专利方法直接获得的产品的售出范围，不但包括专利
权人或其许可人在我国境内的销售行为，也包括专利权人或其许
可人在我国境外的销售行为。❶

2. 我国采取国际用尽原则的原因

从上述分析可知，专利的平行进口问题不单是一个简单的知
识产权保护问题，而且还涉及竞争法及国家贸易政策的考量等问
题。因此，在对待专利平行进口的合法性问题时，我们应当充分
考虑国际条约中立法态度给我们留下的空间，并考虑我国知识产
权的现状及贸易的结构来尽量维护我国的国家利益。

首先，TRIPS 第六条规定："对依照本协议的争端解决而
言，本协议的任何规定均不得用于涉及知识产权的权利用尽问
题。"世界贸易组织 2001 年在多哈举行的部长级会议上通过的
《关于 TRIPS 与公共健康的宣言》再次声明，各成员有权自行决
定其对知识产权权利用尽问题的立场。也就是说，国际公约将权
利用尽及平行进口的问题交由各国国内法自己解决，因此我们应
当充分利用国际公约给予我国的此项权利以维护我国的正当
利益。

---

❶ 国家知识产权局条法司编：《〈专利法〉第三次修改导读》，知识产权出版社
2009 年版，第 88 页。

其次，目前我国的经济实力和科研实力与发达国家相比还有相当差距，高技术领域的专利权绝大多数由外国专利权人掌握，我国的产业发展在相当程度上仍依赖于对国外技术的引进，我国的产品目前仍然处于国际市场的低价位态势。采取国际权利用尽原则，有利于我国产品的出口，维护我国的经济利益。同时，根据比较优势理论，国际自由贸易将使一个国家将其生产集中到本国最具有相对优势的产品上来，从而有利于提高全球生产能力而造福全球市场的所有参与者❶。美国学者 FrederickM. Abbot 教授认为，倘若没有平行进口，低价格产品所形成的竞争就会影响发达国家资源的有效定位。导致发达国家许可发展中国家实施其专有技术或者开办工厂的因素很多，这种技术许可对发达国家也是有利的，不会仅仅因为担心有关产品回流到发达国家而受到影响。❷

此外，允许平行进口使我国在必要时可以从国外进口我国目前尚不能制造或者制造能力不足的专利药品，有利于我国解决有关公共健康问题。国家知识产权局在其制定的《涉及公共健康问题的专利实施强制许可办法》中依照世界贸易组织总理事会的决议，已经作出了在规定条件下允许平行进口专利药品的规定。

最后，根据我们上述权利用尽部分的讨论，我们主张对于权利用尽原则采用"利益平衡"理论作为其依据，这在对待平行进口的合法性问题上显得更为合适。权利人的利益由于首次售出得到了报酬，获得了必要的补偿，从而促进科技的发明与创造；同时维护了正常的交易自由，顺应了世界贸易自由化的趋势，有利于世界市场一体化的形成。通过对平行进口进行分类，我们认为

---

❶ 姜军、武兰芬，"专利产品平行进口的经济分析及政策建议"，载《福州大学学报（哲学社会科学版）》2008 年第 6 期。

❷ 曹世华著：《后 TRIPS 时代知识产权前沿问题研究》，中国科学技术大学出版社 2006 年版，第 266 页。

在我们讨论的平行进口的类型中，权利人的利益已经通过第一次销售或者授权许可获得了补偿，考虑到我国的基本国情，我们确立知识产权保护制度时，应当将侧重点放到实现我国利益最大化的方向上来。

3. 平行进口的构成要件

根据我国 2008 年《专利法》第六十九条第一款的规定，适用国际权利用尽抗辩制度进行抗辩必须满足下述条件：

第一，在我国必须存在合法有效的专利权，此为适用专利权国际用尽的基础性条件。

第二，平行进口的专利产品为"真品"，即来源于专利权人或其许可人，而无论专利产品是专利权人或其许可人在我国境内或者我国境外将其投入市场的。

第三，平行进口行为未经我国专利权人的许可。如果是经我国专利权人或其许可人授权而进口的行为，根据 2008 年《专利法》第十一条的规定是不构成专利侵权行为，即无需使用权利用尽条款予以规制。

六、美国 Quanta 案对权利用尽原则适用的影响

2008 年 6 月 9 日，美国联邦最高法院关于 Quanta Computer，Inc. v. LG Electronics，Inc. 专利侵权纠纷案❶的判决，一方面显示美国的权利用尽抗辩制度向国际用尽原则的倾斜，前面已论述；同时对于专利权人或其许可人对"未完成产品"的出售是否可以导致权利用尽以及权利用尽抗辩制度是否适用于方法专利有了重大的突破。

第一，关于"未完成产品"的出售问题，Quanta 案肯定了

---

❶ See Quanta Computer, Inc. , et al. , Petitioners v. LG Electronics, Inc. , 128 S. Ct. 2109；170 L. Ed. 2d 996；2008 U. S. LEXIS 4702（2008）.

专利权人或其许可人对"未完成产品"的出售同样可以导致权利用尽，即将权利用尽抗辩制度的适用范围扩大到"未完成产品"的首次销售，而且对于对"未完成产品"的判断确定了"尤合理非侵权用途（not suitable for substantial non-infringing use）"标准。

2001 年 9 月 29 日《北京专利侵权判定若干意见》中关于间接侵权的规定，在第七十三条、第七十四条明确规定了间接侵权是指行为人实施的行为并不构成直接侵犯他人专利权，但却故意诱导、怂恿、教唆别人实施他人专利，发生直接的侵权行为，行为人在主观上有诱导或唆使别人侵犯他人专利权的故意，客观上为别人直接侵权行为的发生提供了必要的条件。间接侵权的对象仅限于专用品，而非共用品。这里的专用品是指仅可用于实施他人产品的关键部件，或者方法专利的中间产品，构成实施他人专利技术（产品或方法）的一部分，并无其他用途。同时《最高人民法院关于审理侵犯专利权纠纷案件应用法律若干问题的解释（征求意见稿）》也引入了间接侵权的概念，如该解释第十三条规定"组装专利产品的，人民法院应当认定属于专利法第十一条、第六十九条规定的'制造'。"根据上述规定，我国对于组装未完成产品的情况以帮助侵权论，这样就扩大了专利权人的权利范围。为平衡专利权人利益与社会公共利益之间的关系，我们认为有必要将买受人对专利权人售出的未完成产品的使用等行为，如通过专利产品的组成部件对专利产品的组装行为，也视为不侵犯专利权的行为。此种主张在北京市高级人民法院上述规定中也有体现，其选择的是"默示许可"理论，即在《北京专利侵权判定若干意见》第九十五条第（一）项明确规定："专利权人制造或者经专利权人许可制造的专利产品部件售出后，使用并销售该部件的行为，应当认为是得到了专利权人的默许。"该规定的出台，在 2000 年对《专利法》是一个巨大的突破，因为根据 2000 年

《专利法》的规定，专利许可必须签订的书面合同，此为专利授权的要式要件，否则会导致合同的无效。但是，现行《专利法》取消了上述限制，因此，依据"默示许可"理论将权利用尽原则扩大至未完成产品已经没有法律上的障碍。

另外，对于只出售专利产品的关键零部件，而此部件除了用于制造专利产品而别无其他商业上的用途时，我们认为同样可以依据"默示许可"理论，认定依据该关键零部件制造、使用、销售、许诺销售、进口专利产品的行为不侵犯关键零部件所体现的专利产品所含有的专利权。

第二，把权利用尽抗辩制度的适用范围扩展到了方法专利。美国联邦巡回上诉法院多年来并不承认方法专利上存在权利穷竭，这几乎成了人们的共识。[1] 但是 Quanta 案改变了这一点。

《北京专利侵权判定若干意见》第七十五条规定："对于一项产品专利而言，间接侵权是提供、出售或者进口用于制造该专利产品的原料或者零部件；对一项方法专利而言，间接侵权是提供、出售或者进口用于该专利方法的材料、器件或者专用设备的行为构成间接侵权。"同样，为了保持专利权人利益与社会公共利益之间的平衡，在《北京专利侵权判定若干意见》第九十五条第（二）项规定："制造方法专利的专利权人制造或者允许他人制造了专门用于实施其专利方法的设备售出后，使用该设备实施该制造方法专利的行为不视为侵犯专利权。"

这里涉及一个举证责任分配的问题，即买受专利产品而被控侵犯专利方法的买受人是无法完成证明设备仅是用于"专门实施专利方法"的，因此，此时由专利权人证明设备还有其他用途是更为适宜的。关于非专利用途判定，美国有关联邦地方法院提出

---

[1] 尹新天著：《专利权的保护》，知识产权出版社 2005 年 4 月第 2 版，第 70 页。

了一种判断标准，认为要认定一种产品具有非侵权用途，该用途必须是"商业上可行的"。所谓"商业上可行的"是指"能够使一种正在进行的商业得以继续和发展"。❶ 但是对于非专利用途的判定一直没有唯一确定的标准。

总之，我们认为在我国现行《专利法》对于授权实施许合同没有必须要求书面要件的情况下，依据"默示许可"理论作为"利益平衡"理论的补充，对于将权利用尽原则扩展至未完成产品、关键零部件、方法专利等，既符合《专利法》的立法初衷，也有利于实现专利权人利益与社会公共利益的平衡。但是对于何种零部件构成关键零部件、未完成产品的"尤合理非侵权用途"、专利设备的非专利方法用途的判定等均需要进一步的研究，以确定具体的适用标准。

七、结语——构建我国权利用尽制度体系的建议

根据上述分析，我们认为我国 2008 年《专利法》已经较为原则性地规定了权利用尽抗辩制度的基本问题。然而，对于一些具体的问题我们认为仍然需要司法解释的进一步规范。

第一，明确对于产品专利可以直接依据"利益平衡"理论适用绝对用尽原则。

第二，对于方法专利或者未完成专利产品及关键零部件等适用"默示许可"理论。我国 2008 年《专利法》第十二条已经排除了专利许可必须采用书面许可合同的形式，也就是说我国《专利法》目前并不排斥"默示许可"的采用，而对于方法专利或者未完成专利产品及关键零部件等专利产品，采用"默示许可"予以规制更符合实际。

---

❶ See Intel Corp. v. Cyrix, Inc., 174F. Supp. 525, 转引自：尹新天著：《专利权的保护》，知识产权出版社 2005 年 4 月第 2 版，第 74 页。

　　第三，对于平行进口问题选择适用国际用尽原则，这是我国目前《专利法》的立法本意，此处不再赘述。但是，对于平行进口的构成要件需要司法解释的进一步规范。

（撰稿人：王东勇）

第五章　先用权抗辩

先用权抗辩系侵犯专利权抗辩中较为重要的法定抗辩理由之一。但因实践中先用权抗辩成功的案例很少，因此，在学术及实务界对于该抗辩理由的研究尚不十分充分，可借鉴的资料亦较为有限。因此，本章更多的是在我们对于这一制度的理解的基础上予以探讨。

一、先用权制度的法律规定及含义

2000年《专利法》第六十三条第（二）项规定："在专利申请日前已经制造相同产品、使用相同方法或者已经作好制造、使用的必要准备，并且仅在原有范围内继续制造、使用的，不视为侵犯专利权。"此规定即为先用权制度。

在2008年《专利法》中有关先用权的规定体现在第六十九条第（二）项，具体内容与2000年《专利法》并无不同。

2009年最高人民法院的《审理侵犯专利权案件问题解释》中对于先用权制度进行了相对较为详细的规定。其第十五条规定："被诉侵权人以非法获得的技术或者设计主张先用权抗辩的，人民法院不予支持。有下列情形之一的，人民法院应当认定属于专利法第六十九条第（二）项规定的已经作好制造、使用的必要准备：（一）已经完成实施发明创造所必需的主要技术图纸或者工艺文件；（二）已经制造或者购买实施发明创造所必需的主要设备或者原材料。专利法第六十九条第（二）项规定的原有范围，包括专利申请日前已有的生产规模以及利用已有的生产设备或者根据已有的生产准备可以达到的生产规模。"先用权人在专利申请日后将其已经实施或作好实施必要准备的技术或设计转让或者许可他人实施，被诉侵权人主张该实施行为属于在原有范围内继续实施的，人民法院不予支持，但该技术或设计与原有企业一并转让或者承继的除外。

由上述规定可知，先用权是指某项发明创造在申请人提出专利申请以前，如果他人已经制造了相同的产品、使用相同的方法或者已经作好制造专利产品、使用专利方法的必要准备，则在该发明授予专利权后，他人仍有权继续在原有的范围内制造或者使用该项发明创造，该行为不被视为侵犯了专利权。因此，从性质上来看，先用权抗辩是一种不侵权抗辩。

二、先用权制度产生的渊源

先用权制度的出现，是由专利权的特性及专用权的授权原则所决定的。众所周知，专利权的核心特性为独占性，这一特性决定了一项专利只能属于一个民事主体，如果一项发明创造被授予两个以上专利权，具有两个以上的专利权人，即违背了专利权独占性的原则。所以当同一内容的发明创造分别由若干个单位或者个人申请专利时，只能对其中一个单位或者个人授予专利。但如何确定将该专利权授权给哪一个发明创造人，各国专利法采用了两种不同的原则：先申请原则和先发明原则。

从实践中看，两种原则各有利弊，先发明原则虽然理论上可以将专利权授权给最早发明该技术方案的人，从而更符合专利授权的本质。但这一原则同时可能会使得权利人将专利技术方案放在自己手中，不将其公开于社会公众。这一后果可能使整个社会公众无法从这一专利技术中获得利益，同时也无法促进整个社会的技术发展。为避免这一弊端，国家不得不考虑社会公众的利益而进行协调，于是先申请原则应运而生。相对而言，先申请原则虽然会避免前述所说的先使用原则的弊端，但其可能会使得获得专利权的人不一定就是最先作出该项发明创造的人，其他人有可能在申请人申请专利之前已经独立作出了同样的发明创造，并已经制造、使用或者做好了制造、使用的准备。在这种情况下，如果允许获得专利授权的专利权人禁止先用人继续使用该项发明创造，则不仅显失公平，与专利制度鼓励发明创造、促进技术进步和创新的宗旨相违背，同时更重要的是会造成先用人的先期投入无法获得应有的回报，造成社会资源的不合理浪费。鉴于此，在规定先申请原则的国家，为了避免这种不公平的现象，并最大限度地避免社会资源的浪费，大多规定了先用权制度，我国《专利法》亦不例外。由此可知，先用权制度是为了对利益冲突进行平衡而设计的一种制度，是对先申请原则的一种有效限制，是对"先申请制的一种必要的补救性措施"。❶

三、先用权制度的性质及范围

虽然先用权的名称中包含有"权"字，但其并非我们通常意义上的权利，并非是支配权或请求权，而仅仅是一种对抗侵犯专利权指控的抗辩权❷，只在侵权纠纷的解决程序中才有意义。具体而言，只有在专利权人认为先用人的实施行为侵犯了其专利权，并进而向人民法院起诉或要求专利管理机关予以处理的情况下，先用权才具有实际意义❸。同时，如果先用人的行为并不构成侵权，则其先用权抗辩亦没有进行审查的必要❹。

---

❶ 尹新天著：《专利权的保护》，专利文献出版社1998年版，第15页。
❷ 尹新天著：《专利权的保护》，专利文献出版社1998年版，第16页。
❸ 司法实践中对此亦无分歧。如在（2004）杭民三初字第370号民事判决中，法院明确指出："先用权是对专利权的一种限制，并不是一种单独存在的权利，仅仅是一种对抗专利侵权的抗辩权。"
❹ 在昆明市中级人民法院（2006）昆民六初字第31号民事判决书中，法院即指出："鉴于被告方生产、销售的被控侵权产品并未落入涉案专利权的保护范围，故被告义乌市制动阀公司提交的关于先用权的证据本院不再予以审查。"

由《专利法》第十一条关于专利权人的权利范围的规定可知，专利权人的权利包括制造、使用、销售、许诺销售、进口专利产品和使用专利方法等。那么，先用权的内容是否与专利权的范围相同，即包括《专利法》第十一条中的全部内容，目前实践中存在分歧。

有观点认为，鉴于《专利法》中仅规定了制造及使用的行为，因此，先用权的范围应仅限于此。但这一观点并未得到广泛支持，多数意见认为这一解释对于先用权的理解过于狭隘。司法实践中亦通常不采用该种观点❶。

对于先用权的内容，应该同时适用上述五种行为方式，即在符合先用权抗辩条件的情况下，先用人的制造、销售、许诺销售、进口和使用行为均应被认为属于先用权的内容，不被视为侵犯专利权的行为。

之所以持有此种观点，亦主要是着眼于先用权制度的立法目的。前面我们已提到，该制度的设立是为了在先用权人与专利权人之间寻求一个平衡点，即既不会过分保护专利权人的利益，同时亦会对先用人的利益予以合理的保护，避免过分挫伤先用人的技术创新积极性，造成社会成本的浪费。从该立法目的出发，我们通过分析可知，如果将先用权的范围仅限于《专利法》中所述的制造产品及使用专利方法的行为，而不包括销售、使用及进口产品的行为，则相当于对于先用人的利益未提供任何保障。因销售（许诺销售被吸收在销售行为中）、使用及进口行为，均是制

---

❶　见上海市高级人民法院（2006）沪高民三（知）终字第88号民事判决书。在该案中，一审法院认定："依法可以认定硕浦公司享有先用权，硕浦公司制造并向新联公司销售24工位缫丝机产品的行为依法不视为侵犯金盛公司的专利权。"另如在杭州市中级人民法院（2008）杭民三初字第137号民事判决书中，法院亦认为："被告提供的证据能够表明其在原告专利申请日之前制造、销售了涉案产品，其先用权抗辩成立。"由此可知，在上述判决书中均将先用权的范围扩展到销售行为。

造产品及使用方法的后续利用方式，也就是说任何一个企业制造产品的目的，基本上均是为了营利，极少情况下，会为了自己使用，而如果仅允许先用人自行制造产品或使用方法，却不允许其通过后续的利用行为营利，则这一抗辩权对于先用权人而言将无实际意义。由此可知，先用权的范围当然同时包括制造、销售、许诺销售、进口和使用行为。对此，《北京专利侵权判定若干意见》中亦持此种观点，该意见指出："对依据先用权产生的产品的销售行为，也不视为侵犯专利权。"其虽然未涉及其他行为，但相对于《专利法》中的规定，其显然已向前走了一步。

四、先用权制度的适用要件

我国《专利法》中虽然规定了先用权制度，但对于先用权的构成要件却并未进行详细的规定，而对于何种情况下的使用构成先用，实践中亦存在较大分歧。虽然 2009 年的《审理侵犯专利权案件问题解释》中对于先用权抗辩进行了较为具体的规定，但仍有进一步探讨的必要。

在确定先用权抗辩适用的要件之前，我们应首先明确的是该抗辩所适用的专利类型。鉴于《专利法》中对于先用权抗辩所适用的专利类型并未予以限定，因此，我们认为，先用权抗辩同时适用于发明、实用新型和外观设计。

在此基础上，我们认为，先用权抗辩的适用要件可以从以下几个角度进行考虑。

（一）在先技术方案（或设计）要件

对于在先技术方案（或设计）应符合何种要件，其判断关键在于如何理解《专利法》中所规定的"相同的"产品或方法。此处涉及三个被比对客体：专利技术方案（或设计）、在先技术方案（或设计）、被控侵权产品。鉴于先用权制度是抗辩制度，只有在被控侵权产品与专利技术方案或设计构成相同或等同（近似）时，才可以适用。因此，此处"相同"的比对，只涉及专利技术方案（或设计）与在先技术方案（或设计）的比对，以及在先技术方案（或设计）与被控侵权产品的比对。

鉴于法律中明确规定了"相同的"产品及方法，因此，实践中有相当一部分观点会认为，先用权抗辩不应适用于等同的技术方案及相似的外观设计。当然，亦存在与之对立的观点，即认为先用权抗辩同时适用于"等同"的技术方案❶。

对此，我们则认为，此处的"相同"应认为包括相同、等同及近似的情形。即包括专利技术方案（或设计）与在先技术方案（或设计）相同或等同（近似），且在先技术方案（或设计）与被控侵权产品相同或等同（近似）的情形。虽然《专利法》中明确将产品和方法限于"相同"，但我们在理解"相同"这一含义范围时，应着眼于先用权抗辩这一制度的立法精神。由侵犯专利权的判断原则可知，发明及实用新型侵犯专利权的构成不仅仅限于相同侵权，同时亦包括等同侵权，而对于外观设计而言，其同时亦包括相近似的外观设计。这一原则说明专利权的保护范围延及等同及近似的情形。在此基础上，结合考虑先用权抗辩的立法目的，将先用人的权利合理地延至等同及近似的情形符合先用权制度的设立初衷，否则，先用人所获得的侵权豁免的范围将过窄，无法达到先用权抗辩制度欲达到的目的。

此外，对于先用人在先用的技术方案或设计的基础上继续进行的研发，是否可以认定为相同的产品或方法，实践中亦存在分歧。对此，我们认为，这一问题的回答在两种不同情形下会有不同的结论，但不同的结论并非是来源于"相同的"产品或方法的

---

❶　见北京市第一中级人民法院（1996）一中知初字第 32 号民事判决书。该判决书中认定："被告虽主张其享有先用权，但被告并未有任何证据表明，其在原告专利申请日前所印制的宣纸印品，使用了与原告专利独立权利要求 2 相同或等同的方法，因此其先用权抗辩不能成立。"

制约，而是受制于"原有范围"的限制。

一种情形为，如果先用人在专利申请日之前，即已不仅研制出相应的技术方案或设计，同时亦在此基础上进行了进一步的研发，则如果此时其生产的产品或使用的方法符合原有范围的要件的话，则其当然应受到先用权抗辩的保护。另一种情形为继续研发过程处于专利申请日之后。对于后一种情形，我们认为，因为此时继续研发而得出的技术方案或设计，在专利申请日之前并未进行必要的准备，亦不存在原有范围，因此其并不符合先用权抗辩的要件，因此，此种情形下先用权抗辩不能成立。

（二）时间条件

依照《专利法》的规定，在先使用行为必须发生在该项专利的申请日（有优先权日的，优先权日视为申请日）以前，该日期之后的专利公告日、专利授权日或其他任何日期均不得作为判断先用权是否成立的时间要件。

（三）独立性及合法性条件

所谓"独立性"及"合法性条件"，是指先用人所使用的发明创造应该是独立完成或者合法获得❶。以非法途径得到的发明创造不能产生先用权。《审理侵犯专利权案件问题解释》第十五条亦规定，被诉侵权人以非法获得的技术或者设计主张先用权抗辩的，人民法院不予支持。

具体而言，所谓"独立性条件"，是指制造或者使用的技术是先用权人自己独立完成的，而不是抄袭、窃取专利权人或他人的技术，先用权人往往不知道他人已申请了专利。也就是说，该项发明创造，分别由不同的人独立完成，且其中的专利权人与先

---

❶ 在广东省高级人民法院（2004）粤高法民三终字第178号民事判决书中，法院即认定先用权抗辩适用的要件之一为："制造相同产品、使用相同方法是其在专利申请日前自己研究开发或通过合法途径获得的技术信息。"

用权人没有任何技术上的合作关系。对于该要件中，从他人处抄袭、窃取的技术无法适用先用权抗辩通常较易理解。而之所以对于与专利权人合作开发的技术，专利权人以外的其他技术使用开发者为何不可以主张先用权抗辩，主要原因在于对于此种技术开发者，《合同法》中设立了另外一种制度以保护其利益。《合同法》第三百四十条规定，合作开发完成的发明创造，除当事人另有约定的以外，申请专利的权利属于合作开发的当事人共有。合作开发的当事人一方声明放弃其共有的专利申请权的，可以由另一方单独申请或者由其他各方共同申请。申请人取得专利权的，放弃专利申请权的一方可以免费实施该专利。由该规定可知，对于合作开发的当事人一方其将会得较之于先用权抗辩更加有效的保护。即其不仅可以自由使用专利技术，且在无合同约定的情况下，可主张专利权共有。

所谓合法取得，是指即便使用人并非独立开发该技术方案，但如其所使用的技术方案是由其他独立开发人处合法取得，则其亦可以主张先用权抗辩。之所以此种合法途径取得的技术方案亦可以主张先用权抗辩，主要基于两层考虑：其一，此为对独立的技术开发者先用权利的合理延伸，因任何人对于其独立开发的技术方案，在未与他人在先专用权产生冲突的情况下，当然有权将其许可给他人使用，合法性的要件保护了该技术开发者所应享有的合法权益；其二，此合法性要件亦有利于保护交易安全，使得该技术的受让人或被许可使用人的合法利益能够得到保障。

实践中有观点认为，合法取得要件仅适用于对于技术方案附有保密条件的取得，而不包括公开转让或取得。因如属于公开行为，则此时相关专利的技术方案将不再具有新颖性，进而不具有专利性，先用权抗辩在此情况下已不再具有存在的基础。对此，我们认为，公开取得或转让专利的行为客观上属于使用公开，虽然在理论上会导致专利权不具有新颖性，但这并不影响先用权抗辩的成立。因为在我国专利授权及专利侵权是两个各自独立的程序，法院在审理侵犯专利权民事案件过程中对于专利的有效性无权进行审理并作出判决，也就是说，即便该专利实际上已不具有新颖性，但法院在该专利未在另一个行政程序中被宣告无效之前，均只能认定该专利有效存在，并在此基础上判定被告的行为是否构成侵权。如果此时仅因被告所获得的技术方案属于公开渠道获得，而不准许其主张先用权抗辩，显然对于被告而言并不公平。虽然此时可以要求被告向专利复审委员会提出无效宣告请求，在此基础上中止本案审理。但我们认为，首先，专利无效宣告程序的启动并不必然会导致侵犯专利权诉讼程序的中止，其次，该方法虽可以最终解决专利有效性问题，但就个案而言，其所解决的实际上仅是原被告双方之间的纠纷。因此，被告是应该有权予以选择，是提出无效宣告请求，还是仅是在该纠纷中主张先用权抗辩。

（四）使用性条件

从《专利法》规定中可以看出，该使用包括以下两种情形：

1. 已经制造相同产品、使用相同方法

在该情形下，先用人可以继续使用该技术方案，对此实践中并无分歧，其分歧点主要体现在如何认定"原有范围"，对此，我们将在后面予以阐述。

2. 已经做好制造、使用的必要准备

此种情形即我们通常所说的必要准备要件。但对于必要准备的认定，则是认定先用权抗辩分歧较大的问题之一。对此，我们认为，先用权抗辩制度设立的目的是在于专利权人与先用人之间寻求一个利益平衡点，因此，必要准备这一要件应尽量保证不会不合理地影响专利权人的利益及先用人的利益。鉴于此，必要准备这一要件应限于先用人已对该技术方案的实施进行了实质性的准备工作的情形，从另一个角度上说应是其在人力及物力上所进行的投入应已占其应投入份额的绝大比例。只有符合该实质性要求，才能够认定先用人符合了必要准备的要件。

虽然对于先用权抗辩中必要准备的认定是以其是否进行了实质性的准备工作为前提，但这一标准是相对原则，在判断时还须考虑实践中的具体情况❶。对此，2009 年的《审理侵犯专利权案件问题解释》第十五条第二款规定："有下列情形之一的，人民法院应当认定属于专利法第六十九条第（二）项规定的已经作好制造、使用的必要准备：（一）已经完成实施发明创造所必需的主要技术图纸或者工艺文件；（二）已经制造或者购买实施发明创造所必需的主要设备或者原材料。"

（1）技术准备

前面已提到，技术方案的研发成功是先用权抗辩成立的前提。但仅有技术方案并不能达到必要准备的程度。鉴于先用权抗辩所强调的是先用权人的使用或即发使用行为，且先用权抗辩保护的亦主要是先用权人所进行的前期投入，因此，先用权抗辩的成立还须有其他为生产而进行的投入，包括相应的技术任务书、产品的生产图纸或者为投入生产而具体设计的方案等。

对于是否需样品试制成功，须视不同行业而定。对于一些特定的行业，如药品行业，样品是否试制成功是验证其技术是否完善的必要程序，因此，对于这些行业而言，样品的试制成功应是

---

❶　在广东省高级人民法院（2004）粤高法民三终字第 252 号民事判决书中，法院认为："穗芳公司未能提供有关在专利申请日前完成图纸设计、准备好模具、生产样品的证据，其称享有先用权抗辩证据不足，法院不予支持。"在江苏省高级人民法院（2006）苏民三终字第 6 号民事判决书中，法院对必要准备的认定为："金力公司的现有证据不能证明在涉案专利申请日前其已经完成了专用模具的准备，也不能证明在涉案专利申请日之前其已经完成被控冲击钻的试制和各项技术性能的检测等准备，达到了技术标准。金力公司并没有作好制造的必要准备。"

必要的❶，但对于其他对此无实质要求的行业，是否有样品的试制则并不影响对其是否具有必要准备的认定。

（2）生产准备

生产准备通常指的是物质上的投入，包括厂房的建立、通用设备或专用设备的购买、主要原材料及工具模具等的购买等。

（五）原有范围条件

即先用权的制造或使用行为，只限于原有的范围之内，不得扩大范围。

对于何为"原有范围"，实践中亦有很大分歧。通常的观点是认为，应以申请日时的实际产量进行合理的预测。如在原告王孝忠、南宁市知新滑动轴承制造有限公司诉被告广西南宁市中高糖机设备制造有限公司侵犯"直冷式压蔗机轴瓦"实用新型专利权纠纷一案中，原告即认为，先用权范围应该以其在专利申请日前的年（或月）产量及其销售范围来认定，就目前事实来看，被告先用权的年产量应为四套压蔗机轴瓦，销售范围仅限于隆安南圩糖厂（两套）、田阳糖厂（两套）❷。有学者亦持此种观点，认为 2000 年《专利法》第六十二条第三款中"所说的'原有范围'是指继续制造相同的产品或者使用相同的方法，不过，不经专利权人许可所可以制造的产量一般不得高于提出专利申请时的产量。通常的解释是根据认真准备的情况，可以预测要达到的生产

---

❶ 在江苏省高级人民法院（2003）苏民三终字第 144 号民事判决书中，法院认为："如东农药厂（快达公司前身）在专利申请日之前确实试制了'50％异丙·苄WP（异丙隆＋苄嘧磺隆）'以供试验，也揭示了异丙隆与苄嘧磺隆混配的具体比例，但并未揭示所用的助剂和填料，所以不能说快达公司已经制造了与专利产品相同的产品。快达公司对于'50％异丙·苄WP（异丙隆＋苄嘧磺隆）'处于试制阶段，各项技术指标尚未定型，有关技术标准也未确定，更没有取得国家有关行政主管部门的登记许可，领取相关证照，因此也不能认为快达公司为制造相同的产品做好了必要的准备。因此，不应认为快达公司对涉案专利享有先用权。"

❷ 见广西壮族自治区高级人民法院（2002）桂民三终字第 3 号民事判决书。

能力"❶。实践中亦多持此观点。"对'已经制造'来说，应以先用权人每日、月、年制造的产品数量计算出生产数量；对'已经作好制造的必要准备'来说，可以根据先用权人所作的必要准备的规模，预测将达到的生产能力与规模。"❷ 司法实践中亦有法院采用此种做法❸。

但实践中亦有观点将原有范围进行了较为宽泛的理解。如有观点认为："因为许多产品都有从试制到投产、从小批量生产到较大规模生产的过程。……倘若我们对先用权人'原有范围'的使用作量的限制，那么势必造成先用权人在原有的产业领域实施某项发明创造在数量上不能增加，在能力上不能增强，……这种限制束缚了先用权人的手脚，使其在市场经济的条件下无法与专利权人等市场主体展开公平竞争。因此，我们认为对先用权行使的'原有范围'作量的限制偏袒了专利权人的利益，使先用权制度失去了其应有的意义。"❹ 而最高人民法院 2003 年 11 月的《关于审理侵犯专利权纠纷案件若干问题的规定（会议讨论稿）》第四十七条对"原有范围"亦作了扩大解释，该条第二款规定："专利法第六十三条第一款第（二）项所称'仅在原有范围内继续制造、使用'，是指先用权人为自身发展的需要在专利申请日以前已经实施技术或者外观设计的产业领域内自己继续实施。在专利申请日以后以合理的方式，如增加生产线、增设分厂等，扩大生产规模的，仍属于在原有范围内的实施。"

实践中，前述"直冷式压蔗机轴瓦"案件中，法院即采用适

❶ 汤宗舜著：《中华人民共和国专利法释义》，法律出版社 1986 年版，第 189 页。
❷ 程永顺著：《工业产权难点热点研究》，人民法院出版社 1997 年版，第 259 页。
❸ 如在安徽省高级人民法院（2006）皖民三终字第 0012 号民事判决中，法院认为："本案中'原有范围'应理解为涉案专利申请日前，第三人武汉福特公司为了制造'环山水战车'产品或使用与专利相同的方法所具有的正常生产能力达到的产量。"
❹ 陈子龙，"关于先用权原有范围的再思考"，载《法学》1998 年第 7 期。

当宽泛的理解,认为:"根据专利法的立法精神,对先用权原有范围的理解,应当维持先用权人原有的产量,如先用权人的产量并未达到设计能力的,使用原有设备达到的产量,也应当被认为是在原有范围之内。"❶

目前国外专利立法对先用权行使范围的规定有很大的不同。德国专利法第十二条规定:"任何人在专利申请时已经在国内实施了发明或者已经完成了其必要的准备的,专利权对该人不发生效力。该人有权为满足本企业的需要,在本企业或者其他企业实施该发明。"日本专利法第七十九条规定:"先用权人在已实施和准备实施的发明及生产目的的范围内,对专利拥有普通实施权。"可见,日本及德国的《专利法》将先用权并未简单地限制在"原有范围"内,而是落脚在企业的"生产目的",或"为满足本企业的需要",权利人可以在本企业,也可以在其他企业实施该项发明创造。

2009年的《审理侵犯专利权案件问题解释》中对于"原有范围"作了相应规定,该解释规定"原有范围,包括专利申请日前已有的生产规模以及利用已有的生产设备或者根据已有的生产准备可以达到的生产规模。先用权人在专利申请日后将其已经实施或做好实施必要准备的技术或设计转让或者许可他人实施,被诉侵权人主张该实施行为属于在原有范围内继续实施的,人民法院不予支持,但该技术或设计与原有企业一并转让或者承继的除外。"我们认为将原有范围进行上述较为合理的限制,符合我国先用权制度所追求的对于专利权人与先用人之间的利益平衡。

(撰稿人:芮松艳)

---

❶ 见广西壮族自治区高级人民法院(2002)桂民三终字第3号民事判决书。

第六章　临时过境抗辩

　　临时过境抗辩作为不侵权抗辩的一个法定事由，其含义及一般适用条件在世界各国已经形成客观的共识。我国虽然在 1984 年《专利法》中已将临时过境抗辩规定为侵犯专利权抗辩的法定事由之一，但司法实践中并没有遇到相应的实际案例，使得对这一法定抗辩事由的讨论缺乏实践的积累，因此本部分的阐述主要为学理上的讨论。然而，这并不意味着这一讨论就没有实际意义，理论上对于临时过境抗辩的具体认定仍然存在一定的争议。

一、临时过境抗辩概述

（一）临时过境抗辩的渊源

　　关于临时过境抗辩最早的判例为 1857 年美国的布朗诉达志公司案 ❶。在该案中，法国达志公司的一艘商船停靠在美国波士顿港口，该商船上使用有侵犯布朗公司专利权的产品，故而布朗公司将达志公司诉至法院，要求法院认定达志公司构成侵犯其专利权。美国法院在审理后认为，首先达志公司的临时停靠可能侵犯了原告的专利权，但是考虑到此种停靠行为仅是一种临时的行为，对美国专利权人的利益可能造成的损耗微乎其微，以致可以忽略不计；同时考虑到，判定被告侵权可能会影响到美法两国的关系。因此，认定被告不构成侵犯专利权。

　　1883 年缔结《巴黎公约》时，为了维护正常的交通运输，

---

　　❶　参见《美国联邦案例汇编》第 60 卷第 183 页，转引自：程永顺、罗李华著：《专利侵权判定——中美法条与案例研究》，知识产权出版社 1998 年版，第 295 页。

发展国际交通运输业，将临时过境抗辩作为一种不视为侵犯专利权的抗辩正式纳入了该公约，从而成为了对专利权限制的一项重要制度。其具体规定为《巴黎公约》第五条之三："在本联盟任何国家内，下列情况不应认为是侵犯专利权人的权利：1. 本联盟其他国家的船舶暂时或偶然地进入上述国家的领水时，在该船的船身、机器、滑车装置、传动装置及其他附件上使用构成专利主题的装置设备，但以专为该船的需要而使用这些装置设备为限；2. 本联盟其他国家的飞机或陆上车辆暂时或偶然地进入上述国家时，在该飞机或陆地车辆的构造或操纵中，或者在该飞机或陆上车辆附件的构造或操纵中使用构成专利主题的装置设备。"❶

抗辩权行使的基础在于请求权的行使，因此，结合上述规定，临时过境抗辩的含义可以归纳为，当经临国的专利权人向航运人主张侵犯经临国专利权时，航运人可以该运输工具为临时通过经临国，且在其装置或者设备中对于经临国专利产品或专利方法的使用均为该运输工具自身的需要为由，从而不被视为侵犯经临国专利权的一种抗辩制度。其核心含义在于临时通过经临国且对于专利产品或者专利方法的使用均为运输工具自身所必需。

（二）确立临时过境抗辩制度的原因

1. 发展国际自由贸易的必然要求

自亚当·斯密时代以来，自由贸易一直被大多数经济学家所推崇，视为贸易政策奋斗的目标。❷ 而随着国际贸易的发展，商品的流通频率日益加快，而商品的流通必然需要发达的交通运输业予以配合，否则商品的国际交易将无从谈起。同时，随着国际

---

❶　同时，《国际民航公约》第二十七条第三款亦有类似规定。

❷　乔生著：《知识产权保护与限制衡平研究》，中国检察出版社 2007 年版，第88 页。

知识产权制度的发展，各国知识产权保护的力度都在不断加强，同时"专利池"等的存在，知识产权保护的客体亦在日益扩大，而作为船运与航运的基本交通工具，船舶及飞机所含有的零部件的数量是巨大的，涉及的知识产权亦是众多的。这样，知识产权保护的加强与国家贸易的发展对于国际交通运输业需求的扩大之间形成了一种客观的矛盾。

而知识产权不是一种天然的权利，其起源于封建特权，是一种为法律所创制的权利。"知识产权法可以被看成是在知识产权人的垄断利益与社会公共利益之间的一种利益分配、法律选择和整合。"因此，"知识产权人的私权利益与公共利益之间的利益平衡，是知识产权法律制度的基石。"❶ 也就是说，对知识产权的必要限制是知识产权法律制度中的基本原则。临时过境抗辩制度即是对专利权进行限制的形式之一，以期实现专利权人利益与社会公共利益的平衡，从而解决知识产权保护与国际贸易发展之间的矛盾。试想如果没有临时过境抗辩制度，姑且不论知识产权人对于知识产权的滥用，仅考虑知识产权保护的不断加强，国际交通运输业的发展也将会出现举步维艰的情形。

2. 法律公平性的必然要求

首先，要求航运人对于运输工具上所使用的所有专利产品均需取得经临国专利权人的许可，即要求航运人了解所有经临国的专利权制度，并对其运输工具所使用的所有的零部件是否在经临国获得了专利保护进行检索，似乎对于航运人的要求过于苛刻，而有失公平。其次，船舶、飞机或陆路运输工具等所使用的零部件如果使用了相应的专利产品，在运输工具的制造过程中已经支付了相应的费用，专利权人的贡献已经获得补偿，其专利权已经

---

❶ 冯晓青，"利益平衡论：知识产权法的理论基础"，载《知识产权》2003年第6期，第16～19页。

用尽，专利权人再次获得救济亦有失公平。❶

3. 缺乏现实可操作性

如前面所述，船舶、飞机等大型运输工具所涉及的零部件的数量非常巨大，其涉及的专利数量查明和计数是非常困难的，航运人要在经临国征得所有专利权人的许可几乎不具有可操作性。

二、临时过境抗辩制度的比较法研究

《巴黎公约》作为一种国际条约性质的法律文件，其适用范围限于条约成员国内部，因此，其临时过境抗辩的适用亦限于《巴黎公约》成员国内部，这是由国际公约的自身性质所决定的。而国际公约在国内产生效力的方式一般有两种：一种是内国法规定国际公约在国内直接具有法律拘束力，即可以直接引用，作为法院裁判的依据；另一种是将国际公约通过国内立法的形式转换成内国法，从而作为国内法加以引用。随后，为了适应该项国际公约的要求以及促进本国交通运输业的发展，世界大多数国家均结合本国国情在其相应的法律制度中对于临时过境抗辩制度作出了明确的规定。但是在具体内容和适用上仍存在一定的区别。

(一) 几种不同的立法模式

第一，英国专利法。英国关于临时过境抗辩制度的规定见于其专利法第 60 条第 5 款第 (d) 项、第 (e) 项、第 (f) 项以及第 7 款："凡有下列情况者不作侵害论：……(d) 此行为是为了纯粹关系到一艘有关轮船的需要而采取的，即当该船暂时或偶然驶入联合王国内河或领海时，在此船船上或其他器、具、器件或其他附件内使用的产品或工艺；(e) 此行为属于使用于暂时或偶然进入联合王国或穿越联合王国（包括联合王国上空和其领海）

---

❶ 当然，对于权利用尽的问题可能会涉及平行进口的问题，如在制造国可能没有提供相应的专利权制度保护等，可参见本书"权利用尽抗辩"章节的相应论述。

的有关飞机、气垫船或车辆的体内或操纵中使用的产品或工艺，或使用于此类飞机、气垫船、车辆的附件上；（f）此行为属于使用一架合法进入或飞越联合王国的有豁免权的飞机，或向联合王国进口或在联合王国使用或贮存此类飞机的零件或附件。……（7）在本条中，'有关轮船'以及'有关飞机、气垫船或车辆'分别表示属于联合王国或在其注册的任何国家的飞机、气垫船或车辆，而这些国家是1883年3月20日巴黎公约的成员国。'有豁免权的飞机'指的是1949年民用航空法案第53条（触犯专利权被扣飞机的豁免）中所规定的那类飞机。"

第二，美国专利法。美国专利法在第272条规定了临时过境抗辩制度，即"凡外国给予美国之船只、航空飞机或车辆享有与该国家相同特权者，在该国家所属船只、航空飞机或车辆暂时或偶然进入美国境内时，在此交通工具上所使用之发明物将不构成对任何专利权之侵害，但以该发明物为专供船只、航空飞机或车辆之使用为限，且该发明物不得在美国境内要约销售、销售或使用于制造完成在美国境内贩卖，或由美国输出之任何产品。"

第三，日本专利法。日本关于临时过境抗辩制度的规定见于其专利法第69条第2款："专利权的效力，不涉及下述物品：……仅仅是通过日本国内的船舶或航空飞机或它们所使用的机械、器具、装置及其他物品。"

（二）临时过境抗辩制度适用的一般性条件要求

比较上述三国法律对于临时过境抗辩制度的规定，可以发现以下不同：

首先，适用范围不同。根据英国专利法，临时过境抗辩制度适用于《巴黎公约》成员国之间；而根据美国专利法的规定，适用临时过境抗辩制度的国家可以是世界上任何一个国家，但前提是"给予美国之船只、航空飞机或车辆享有与该国家相同特权者"，即以互惠原则作为基础；日本的临时过境抗辩制度可以是世界上的任何国家，而没有附加任何限制。

其次，适用的具体要件不同。英国专利法对于"飞机"的适用条件增加了"合法进入"或"有豁免权"的要求。在美国是临时过境抗辩制度需要以互惠原则为基础。而根据日本专利法的规定，既没有明文规定"临时性"的要求，同时也可以适用于所有的国家，而且不要求提供相应的互惠待遇；但是运输工具限于船运与航运，对于陆路运输没有相应的规定。

各国专利法对于临时过境抗辩制度的不同规定，与各国交通运输业的发展状况、科学技术发展水平以及知识产权的保护力度等因素密切相关，一般均是在遵守国际条约对于知识产权最低保护标准的基础上，结合自己国家的国情而发展起来的。比如，日本排除了陆路运输，主要是由于其地理状况的原因，其交通运输主要依赖于航运与船运；而美国规定以互惠原则为基础，是以其强大的交通运输业为后盾的。

比较各国专利法关于临时过境抗辩制度的规定，虽然有一定的差别，但总体上与《巴黎公约》的规定相一致，对于临时过境抗辩制度的适用均要求具有以下条件：

第一，属于临时通过。此种临时通过一般表述为暂时或者偶然进入。暂时进入包括定期进入。例如，关于固定航班是否属于临时经停的问题，目前世界上已经达成共识，虽然固定航班的停靠行为属于经常性的行为，但是为了国际航空运输的正常运行，仍然可以认定为临时经过。这最早由美国 1974 年的凯力诉日本航空公司案所确立。❶ 这亦符合确立临时过境抗辩制度的最初目的，即保证国际交通运输业的顺利发展。而偶然进入一般是因为躲避风暴、机械故障或者船舶失事等不可抗力所致的不得已而为

---

❶ 参见《美国联邦案例汇编》第 60 卷第 183 页，转引自：程永顺、罗李华著：《专利侵权判定——中美法条与案例研究》，知识产权出版社 1998 年版，第 295 页。

之的情形。

第二，为交通运输工具所自身需要。现实中运输工具所使用的产品或方法是多种多样的，但适用临时过境抗辩而确认不侵权的使用只限于交通运输工具本身的需要而进行的使用行为。

第三，此处的使用为狭义的使用行为，即指实现某种专利产品的用途，所以不包括制造、销售、许诺销售或者进口在内。如果在运输工具上制造和销售某种专利产品，则仍应认为侵犯专利权。

三、我国《专利法》关于临时过境抗辩制度的相关规定及其适用条件

（一）我国临时过境抗辩制度的历史沿革

自 1984 年《专利法》开始，我国即正式规定了临时过境抗辩制度。在 1984 年《专利法》中，临时过境抗辩制度具体见于其第六十二条第（二）款的规定，具体规定为："临时通过中国领土、领水、领空的外国运输工具，依照其所属国同中国签订的协议或者共同参加的国际条约，或者依照互惠原则，为运输工具自身需要而在其装置和设备中使用有关专利的，不视为侵犯专利权。"

我国第一次《专利法》修改后，即 1992 年《专利法》延续了上述规定。原因在于上述规定符合了国际公约的相关要求，涵盖了临时过境制度的一般适用条件，即临时通过和交通运输工具自身的需要而使用。

在第二次《专利法》修改的过程中，对于"领土"的使用作了一定的修改。根据国际法的一般原则，领土一般包括领陆、领海、领空，是一个上位概念。因此，在 2000 年《专利法》中对于临时过境抗辩制度的规定，将 1984 年《专利法》中的"领土"修改为了"领陆"，从而使相应的法律规定更加符合法律逻辑要

求。而其他表述延续了 1984 年《专利法》和 1992 年《专利法》的规定，只是根据《专利法》体例的调整，将该制度调整到了第六十三条第（三）款。

我国 2008 年《专利法》的规定与 2000 年《专利法》第六十三条第（三）款的规定完全一致，这也反映了临时过境抗辩制度的稳定性。目前，我国《专利法》对于临时过境抗辩制度的规定见于 2008 年《专利法》第六十九条第（三）款的规定，即："临时通过中国领陆、领水、领空的外国运输工具，依照其所属国同中国签订的协议或者共同参加的国际条约，或者依照互惠原则，为运输工具自身需要而在其装置和设备中使用有关专利的，不视为侵犯专利权。"

（二）我国规定临时过境抗辩制度的立法目的

知识产权本质上是一种私权，知识产权法律制度本质上在于对知识产权的保护，即是一种私权保护制度；但是，知识产权的天生垄断性，使其天生具有一种垄断权的属性。因此，在对于知识产权进行保护时，需要特别注意对知识产权保护限度的考量，即需要在衡平保护权利人利益与维护社会公共利益的基础上，对知识产权人的利益进行合理的限制。在临时过境抗辩制度中，社会公共利益主要指向国际运输的有序运行与世界自由贸易的正常发展，我们需要在维护国际运输的有序运行与世界自由贸易的正常发展的基础上设置保护知识产权的制度，以实现权利人利益与社会公共利益的平衡。而临时过境抗辩制度设置的目的即在于维护国际运输的有序运行与世界自由贸易的正常发展，这亦是我国设置临时过境抗辩制度的基本目的。

同时，我国属于发展中的大国，科技创新能力、交通运输产业等与发达国家均存在一定的差距，但是我们具有很大的发展潜力与发展空间，因此，我们需要在充分考虑我国国情的基础上，对临时过境抗辩制度进行合理的限制。我国的临时过境抗辩制度与《巴黎公约》相比，除规定了该制度的一般性适用条件，即满足了国际条约的最低保护标准外，又增加了互惠条件的要求。满足一般性适用条件是为了履行国际公约的基本义务。而增加互惠条件主要是考虑国家主权原则，他国公民或法人获得我国法律制度的保护，必须以给予我国公民或法人相对等的法律待遇为基础，同时亦考虑到我国作为发展中国家的发展潜力与发展空间非常巨大，我国交通运输业会随着我国经济的不断发展而日益壮大，而交通运输业的顺利发展，在知识产权保护力度不断加强的今天，临时过境抗辩制度的确立显得尤为必要。

（三）我国临时过境抗辩制度的具体适用

根据我国《专利法》第六十九条第三款的规定，在我国适用临时过境抗辩制度进行抗辩，须满足下列条件。

第一，属于临时通过中国领陆、领水、领空的外国运输工具。关于临时的认定，我们认为重点在于考察临时过境的核心含义，即属于临时的经停，强调是暂时或偶然的经过我国的领陆、领水、领空，不能适用于长期滞留我国境内或者销售给我国单位或个人的运输工具。

如上所述，专利制度的基本目的在于对于私权的保护，而临时过境抗辩制度本质上是对于专利权的一种限制，其基本目的在于保护交通运输业的正常发展，其不能脱离专利制度的基本功能，而过分强调对权利的限制。销售运输工具，而运输工具本身含有专利产品或使用了专利方法的，均属于我国《专利法》所规定的侵犯专利权行为，显然不能适用临时过境抗辩制度而认定为不侵犯专利权的行为，损害专利权人的利益，从而导致专利制度的名存实亡。另外，交通运输工具如果使用了我国《专利法》所保护的专利产品或专利方法，实际上是侵犯了专利权的，属于侵权行为，只是为了维护交通运输的正常发展而规定对于临时过境的交通运输工具使用专利产品或专利方法视为不侵权的行为。对于长期滞留我国境内的交通运输工具使用专利产品或专利方法如果也视为不侵犯专利权的行为，显然脱离了该制度设立的基本目的。

第二，为运输工具自身需要而在其装置和设备中使用，即为运输工具本身需求的产品；而不是在运输工具上制造、许诺销售或者销售上述产品。临时过境抗辩制度是对专利权的一种限制制度，此制度的使用必须严格限定在"专利产品及专利方法的使用"上，否则专利权人的利益将无从保障，如上所述，临时过境抗辩制度本质上是对专利权的一种限制，其设立基本目的在于维护交通运输的正常发展。在运输工具上使用、制造、许诺销售或者销售专利产品实质上均属于侵犯专利权的行为，仅是为了维护交通运输业的正常发展，而将其上的使用行为视为不侵权行为，因此，如果不是为了维护交通运输业的发展，就显然脱离了该制度设立的基本目的，即不能适用临时过境抗辩制度进行抗辩。

但是对于其中的两种行为是否适用临时过境抗辩制度，我们认为需要特别说明一下：

一是关于利用交通运输工具的纯过境行为，即使用的专利产品不是运输工具本身所特需的，而仅是依此运输工具将相关的专利产品运经我国境内的行为，是否适用临时过境抗辩制度，理论上存在不同的认识。有的学者认为，由于纯过境行为中对于专利产品的使用，超出了临时过境抗辩制度上的使用，上述行为不能适用临时过境抗辩制度进行抗辩。[1] 即对于上述行为的定性没有给出明确的结论。另有学者认为如果交通工具上装载着其他国家特定专利产品，或以其他国家的专利技术制作的产品，而又未获

[1] 胡开忠著：《知识产权法比较研究》，中国人民公安大学出版社2004年版，第352页。

得有关的专利权人的许可，那就必定要按侵权论处了。❶

　　二是"转运"行为，根据《北京专利侵权判定若干意见》第九十七条的规定："临时通过中国领土、领水、领空的外国运输工具，依照其所属国同中国签订的协议，或者共同参加的国际条约，或者依照互惠原则，为运输工具自身需要而在其装置和设备中使用有关专利的行为，不视为侵犯专利权。但不包括用交通运输工具对专利产品的'转运'，即从一个交通运输工具转到另一个交通运输工具上的行为。"也就是说北京市高级人民法院认为"转运"不适用临时过境制度进行抗辩，但是对于"转运"亦没有给出明确的定性，即"转运"可能构成侵犯专利权的行为，亦可能不构成侵犯专利权的行为。

　　对于上述两个问题，我们认为，首先，根据我国《专利法》第十一条的规定："发明和实用新型专利权被授予后，除本法另有规定的以外，任何单位或者个人未经专利权人许可，都不得实施其专利，即不得为生产经营目的制造、使用、许诺销售、销售、进口其专利产品，或者使用其专利方法以及使用、许诺销售、销售、进口依照该专利方法直接获得的产品。外观设计专利权被授予后，任何单位或者个人未经专利权人许可，都不得实施其专利，即不得为生产经营目的制造、许诺销售、销售、进口其外观设计专利产品。"也就是说，根据我国《专利法》的规定，专利权的权能："发明及实用新型主要包括制造、使用、许诺销售、销售、进口等；而外观设计仅包括制造、许诺销售、销售、进口。"因此，如果在交通运输工具上对于受我国《专利法》保护的专利产品进行了许诺销售、销售或者进口的行为，即侵犯了专利权人的专利权时，就可以直接认定为构成了侵犯专利权的行为，其已经超出了前面所述的"使用"行为，而不能适用临时过

---

　　❶　郑成思著：《知识产权论》，社会科学文献出版社 2007 年版，第 336 页。

境抗辩制度进行抗辩。而如果没有许诺销售、销售或进口等侵犯专利权人权利的行为时，即不存在侵犯专利权的问题，已不存在相应的请求权，而抗辩权的行使是以请求权的存在为前提的，因此，此种情况下临时过境抗辩即丧失了其存在的前提而无从适用。

综上分析，我们认为对于纯过境行为或者转运行为的定性，关键在于分析上述行为是否存在许诺销售、销售或进口等我国《专利法》所规定的侵犯专利权的行为。如果存在侵犯专利权的行为，可以直接认定构成侵犯专利权；如果不存在，即超出了《专利法》的调整范围而无需讨论。因此，我们认为纯过境行为由于不存在许诺销售、销售或进口等我国《专利法》所规定的侵犯专利权的行为而超出了《专利法》的调整范围而无需讨论；而转运行为需要具体分析是否实质上构成专利法上的销售或者进口等侵犯专利权的行为而具体判断。

其次，临时过境抗辩制度设立的基本目的是维护国际运输的有序运行与世界自由贸易的正常发展。而转运非交通运输工具自身所必须，缺少适用临时过境抗辩制度的基本条件，即便构成侵犯专利权的行为，亦不应当适用临时过境抗辩制度予以抗辩而免除其侵权责任或视为不侵犯专利权的行为。

第三，依照其所属国同中国签订的协议或者共同参加的国际条约，或者依照互惠原则是主张临时过境抗辩的前提。其他国家的运输工具使用受我国《专利法》保护的专利产品临时经过我国境内时，如果上述运输工具所属国没有与我国签订协议或者共同参加的国际条约，亦没有依照互惠原则给我国的运输工具提供相应的保护，船运人是不能适用临时过境抗辩制度进行抗辩的，其欲通过我国境内仍然需要取得我国专利权人的许可，否则应当承担相应的侵权责任。

第四，关于是否如英国专利法一样要求进入我国境内的行为需要符合法定形式。我们认为国际公约及协定未明确要求上述适用要件；而且，关于是否属于合法进入一国领陆、领水、领空等境内的判定，按公法处置更为合适。因此，在我国法律没有明确规定情况下，在具体适用临时过境抗辩制度时，没有必要强求该适用要件。

（撰稿人：王东勇）

第七章 科研及实验目的抗辩

根据《专利法》第六十九条第（四）项的规定，对于未经许可实施专利的行为，如果该行为目的是专门为了科学研究和实验，就不构成对专利权的侵犯。因此，在侵犯专利权的民事诉讼中，"科研及实验目的"也是进行不侵权抗辩的法定事由。

一、科研及实验目的抗辩的法律依据

《专利法》第六十九条第（四）项规定，专为科学研究和实验而使用有关专利的，不视为侵犯专利权。

我们将此抗辩事由概括为科研及实验目的的抗辩。

二、科研及实验目的抗辩的立法目的

知识产权制度在发展过程中本身即蕴涵着多重价值，包括保护创造者私权利的正义价值，以及实现社会效益最大化的价值。其不仅应具备维系社会正义的职能，还应担负起实现智力资源有效配置，促进社会非物质财富增加的使命。[1] 第三次修改后的《专利法》在第一条中明确了该法的立法宗旨，即为了保护发明创造专利权，鼓励发明创造，有利于发明创造的推广应用，促进科学技术进步和创新，适应社会主义现代化建设的需要。可见，立法者期待《专利法》不仅能够维护专利权人合法利益和促进科技进步，还应具有促进创新型国家建设和经济社会发展的作用。而《专利法》第六十九条第（四）项就是从保证社会公共利益的

---

[1] 谭筱清："等同原则适用的限制条件"，载《人民司法》2004 年第 3 期。

角度作出的规定。

由于现有技术是进行科技创新的基础，在为科学研究和实验而实施有关专利的情况下，再设置许可要求难免妨害他人的研究开发和科技进步，进而违背《专利法》的立法宗旨。因此需要为科研和实验目的的专利实施行为设置例外规定。

三、适用科研及实验目的抗辩的困惑及解答

针对《专利法》第六十九条第（四）项的含义，实践中的困惑体现在两个方面。一方面，科研及实验目的抗辩与非生产经营目的抗辩之间有何关联？在《专利法》的逻辑体系下，科研及实验目的抗辩与非生产经营目的抗辩是包含与被包含的关系，还是两个彼此独立的抗辩事由？如果赞同前者，则意味凡以"科研及实验目的"抗辩者，皆不可带有商业上的动机。另一方面，该法条中有"'专为'科研及实验"的表述，"专为"二字有何特殊含义？《北京专利侵权判定若干意见》对"专为"进行如下界定，即："在科学研究和实验过程中制造、使用他人专利技术，但目的不是为研究、改进他人专利技术，且结果与专利技术没有直接关系的，构成侵犯专利权。"换言之，凡以"科研及实验目的"抗辩者，皆不可以专利技术为手段。那么，这种诠释有无进一步完善的余地呢？

（一）科研及实验目的抗辩与非生产经营目的抗辩是彼此独立的抗辩事由

就科研及实验目的抗辩与非生产经营目的抗辩之间的关系而言，学界主要有两种代表性观点。一种观点认为应将以非生产经营为目的的专利实施行为分成两种情况：一是为科研及实验目的

使用专利，二是个人为满足爱好和需要实施专利❶。这实际上将"科研及实验目的"算作"非生产经营目的"的具体列举，认为它们之间是被包含与包含的关系。该观点认为，之所以不把以科研及实验目的使用专利的行为视作侵权行为，原因之一在于这样有利于"创造新技术"，原因之二在于"这种使用不以获利为目的，不和专利权人的经济利益发生冲突"❷。

另一种观点认为，《专利法》第六十九条所规定的情形都具有生产经营目的，但均被视作不侵权的法定例外。从立法目的出发，"科研及实验目的"是为促进科技进步而专门规定的例外情况，在逻辑上与"非生产经营目的"彼此独立，规定"科研及实验目的"的理由与"为生产经营目的"这一构成侵犯专利权行为的条件无关。❸并且，由于科研与生产经营之间存在"太多联系"，探讨科研及实验"是否具有为生产经营目的的性质"意义不大。❹

在对两种观点的逻辑合理性加以分析之前，不妨先对国外相关领域的立法及司法实践作一了解。

1. 国外相关立法及司法实践

1981年的德国专利法第2节第11条规定："专利授予的权利不应延及涉及专利发明主题的实验使用行为。"根据德国法院的解释，如果行为的实施是为了实验目的，则不再考察该实验是否仅仅用于测试专利中所作的陈述，还是要获得进一步的研究结

---

❶ 程永顺著：《中国专利诉讼》，知识产权出版社2005年版，第206页。胡东升：《专利侵权抗辩研究》，山东大学2006年硕士论文。

❷ 陈兆明：《专利侵权抗辩问题研究》，华东政法学院2006年硕士论文。

❸ 尹新天著：《专利权的保护》，知识产权出版社2005年第2版，第129页。

❹ 国家知识产权局条法司著：《新专利法详解》，知识产权出版社2001年版，第368页。

果，或是用作更广泛的目的如商业目的。❶

1977 年的英国专利法第 60 条第 5 款规定："行为是出于私人或非商业目的的不属于侵权行为；出于实验目的，而以使用专利物质为条件进行的行为不是侵权行为。"其司法解释认为："承担非商业性目的的研究最终有商业目标。在符合某种要求下，实验性研究可以是商业性的实验研究。"❷

日本专利法第 69 条第 1 款规定："专利权的效力不及于为试验或者研究而实施专利发明。"1998 年东京高等法院在 Kobayashi Kako v. Wellcome Foundation Ltd. 一案的判决书中，认为作为促进行业发展的必要手段，实验性研究可以免受侵犯专利权指控。"❸

此外，《欧共体专利公约》第 27 条第 b 款规定："为了科学实验目的而进行的与专利发明的内容有关的行为，不视为侵犯专利权。"❹ 有关著作认为，该公约中关于非生产经营目的抗辩（即《欧共体专利公约》第 27 条第（a）款）与科研及实验目的抗辩（即《欧共体专利公约》第 27 条第（b）款）的规定彼此独立。

---

❶ ［印］甘古力著，宋建华、姜丹明、张永华译：《知识产权：释放知识经济的能量》，知识产权出版社 2004 年版，286 页。转引自郑友德、金明浩：《从 Madey 诉杜克大学案谈实验使用抗辩原则的适用——兼论我国大学知识产权政策的调整》。

❷ Mark Van Hoorebeek，'Are the economic hounds at the gates of use the ivory towers：The experimental use defence and Madey v. Duke university', Indusry & Higher Education, June. . 2004, at 148. 转引自：郑友德、金明浩："从 Madey 诉杜克大学案谈实验使用抗辩原则的适用——兼论我国大学知识产权政策的调整"，《知识产权》. 2006 年第 2 期。

❸ ［印］甘古力著，宋建华、姜丹明、张永华译：《知识产权：释放知识经济的能量》，知识产权出版社 2004 年版，286 页。转引自郑友德、金明浩：《从 Madey 诉杜克大学案谈实验使用抗辩原则的适用——兼论我国大学知识产权政策的调整》。

❹ 国家知识产权局条法司著：《新专利法详解》，知识产权出版社 2001 年版，第 367 页。

可见，以上四部法律都没有将科研及实验目的抗辩当成是对非生产经营抗辩的具体列举。

然而，美国法院的观点却与之不同，例如 2002 年在美国发生的 Madey 诉杜克大学一案。该案中，Madey 曾在杜克大学某实验室主持研究工作，并在该实验室内安装了一些由 Madey 享有专利权的设备。在其辞职离校后，杜克大学在未经授权的情况下，继续使用该实验室内由 Madey 拥有专利的激光器进行科研活动。Madey 遂以杜克大学侵犯专利权为由诉至法院。对此法院认为，杜克大学"不承担主要以开发专利和商业应用为目的的研发工作"，故具有非营利性地位，并据此判定 Madey 败诉。但联邦巡回上诉法院推翻了地区法院的判决，其观点是：实验使用抗辩是"非常狭窄而被严格限制的"，应当被限制在"为娱乐、满足无聊好奇，或者为严格意义上的哲学探究"（for amusement, to satisfy idle curiosity, or for strictly philosophical inquiry）的使用上，而且只要使用是"明确的、可辨识的并且实质上是出于商业目的"（definite, cognizable, and not insubstantial commercial purposes），那么实验使用抗辩就不再适用。❶

由此可见，在 Madey 诉杜克大学一案中，两级美国法院都将"非生产经营目的"作为构成科研及实验目的抗辩的必要前提。地区法院之所以判定 Madey 败诉，是认为学校的科研及实验活动与生产经营之间关系不大。而联邦巡回上诉法院则认为"生产经营目的"与"科研及实验目的"不能有任何重叠。

2. 具备"非生产经营目的"不是适用科研及实验目的抗辩的前提

综合上述国外立法及司法实践可知，对于非生产经营目的抗

❶ 郑友德、金明浩："从 Madey 诉杜克大学案谈实验使用抗辩原则的适用——兼论我国大学知识产权政策的调整"，载《知识产权》2006 年第 2 期。

辩与科研及实验目的抗辩的关系，多数国家都认为适用科研及实验目的抗辩不应当以具备非生产经营目的为必要前提。

就逻辑关系而言，将"科研及实验目的"算作"非生产经营目的"的具体列举的观点难以逾越的悖论在于，如果将"非生产经营目的"视作科研及实验目的抗辩的前提，那么各国只需规定非生产经营目的抗辩就足以解决问题，而无需再在非生产经营抗辩之外对"科研及实验目的"进行单独规定。而且，由于当代社会中无论是科研院所还是其他企事业单位，几乎所有的科研实验行为都会或多或少与生产经营实践活动发生直接或间接的联系，从上述观点出发得出的必然结论是科研及实验目的抗辩的实际适用场合将大幅缩小。例如，联邦巡回上诉法院在 Madey 诉杜克大学案中认为，即便是杜克大学那些不具有商业应用性的研究项目，也都毋庸置疑地促进了该研究机构的合法商业目的的实现，例如教育和启发参与项目的学生和教职工、提高研究机构的地位、吸引研究资助等方面。[1] 美国学者罗伯茨·艾森贝格也将"实验使用例外"的认定标准归结为以下三点，即：（1）出于智力上的好奇和兴趣，对专利发明的研究性使用，以检验专利权人对于专利的权利要求是否与说明书一致。（2）研究使用人本身不是专利技术的商业消费者。（3）该行为不能缩小专利权人的销售渠道或者减少其他可能的消费者。[2] 照此推理，能够与生产经营真正毫不沾边的行为几乎只能是那些"为娱乐、满足无聊好奇，或者为纯粹意义上的哲学探究"一类的行为，其数目用"凤毛麟角"来形容恐怕并不为过。如果科研及实验目的抗辩的内涵已经缩水到如此程度，其所规制的行为就足以因为缺乏普遍性而丧失

---

[1]　郑友德、金明浩："从 Madey 诉杜克大学案谈实验使用抗辩原则的适用——兼论我国大学知识产权政策的调整"，《知识产权》2006 年第 2 期。

[2]　张新锋："药品专利权的 Bolar 例外——从一例专利侵权案探析"，载《中国发明与专利》2009 年第 4 期。

了借助法律予以调整的价值。可见，从逻辑上讲，该观点存在不合理性。

就现实可行性而言，仅从 Madey 诉杜克大学案宣判后美国教育界对此进行的广泛批评即可得出结论。美国一些教育组织认为，由于研究机构无法有效证明其利用专利实施实验的行为与帮助其实现合法商业目的之间没有关联，该份判决实际上有效地排除了对研究机构的实验使用例外；因此，就扶植创新与允许模仿、改良专利的需要而言，该判决破坏了其与专利权保护之间的平衡，并对研究活动构成了妨碍。❶ 有观点认为 Madey 诉杜克大学案正式宣布了实验使用例外在美国的死亡。❷ 但是，由于美国公立大学可以通过美国《主权豁免第十一修正案》免责，也有人认为 Madey 诉杜克大学案中美国法院对科研及实验目的抗辩的解读对该国科研活动的影响不大。

当我们对法律规则的含义感到犹豫时，设立法律的价值追求会给我们以明确的指导。《专利法》的立法宗旨是在维护专利权人合法利益的同时，促进创新型国家的建设和经济社会的发展。专利权人要求保护发明创造在产业上应用所获得的利益，社会公众则要求这种保护不能妨害他人的研究开发和科技进步。从利益平衡的角度出发，对专利权人的权利作适当的限制是必要的。因此，认为适用"科研及实验目的"抗辩就必须排斥"生产经营目的"因素的观点是错误的。不能因为存在一定程度的生产经营目的，就排除适用科研及实验目的抗辩的可能。

3. 科研及实验目的抗辩的实质是侵犯专利权的法定例外

在大多数情况下，现代社会中的科学研究和实验活动都无法

---

❶ 郑友德、金明浩："从 Madey 诉杜克大学案谈实验使用抗辩原则的适用——兼论我国大学知识产权政策的调整"，载《知识产权》2006 年第 2 期。

❷ 吴玉和、熊延峰："中美两国有关 Bolar 例外的理论与实践"，载《中国专利与商标》2008 年第 3 期。

与生产经营活动划清界限。这里不妨对"直接目的"和"最终目的"这两个概念进行区分。所谓"目的",是指行为主体根据自身的需要,借助意识、观念的中介作用,预先设想的行为目标和结果。直接目的,就是与某一行为有较为明显的、直接的联系,并直接促使该行为发生的目的。根本目的就是隐藏在直接目的后的目的,是某一行为的最终目标。所有的直接目的都是为了达成最终目的。从严格意义上讲,在实施专利的直接目的是科研及实验的场合,除去那些"为娱乐、满足无聊的好奇、纯粹的哲学探究"而展开的探索行为,其最终目的都是为了实现对生产经营的促进。因此,由于《专利法》第十一条并未进一步限定或区分"生产经营目的"本身的直接性或间接性,如果没有《专利法》第六十九条第(四)项的规定,为科学研究和实验目的而未经许可实施专利的行为实质上已经构成对专利权的侵犯。立法者为了实现利用《专利法》促进创新型国家建设和经济社会发展的作用,故此设立了此种侵犯专利权的法定例外。而司法者在司法实践中,也没有必要再考察为科学研究或实验实施专利行为的最终目的了。

(二)不应在范围上把"'专为'科研及实验"理解得过于狭窄

如前所述,适用科研及实验目的抗辩并不需要考虑科研和实验是否具有生产经营目的。那么,"专为"的边界是否覆盖一切涉及科研实验的场合呢?有观点认为,所谓"科学研究和实验",是指专门针对专利技术本身的科学研究和实验,该科学研究和实验以研究、验证、改进他人专利技术为目的,使用的结果是在已有专利技术的基础上产生新的技术成果。因此,如果在科学研究和实验过程中制造、使用他人专利技术的目的不是为研究、改进他人专利技术,其结果就与专利技术没有直接关系,其行为构成侵犯专利权。❶ 所以，"特别需要注意分清对专利产品进行实验和在实验中使用专利产品是两种不同情形"❷。简言之，在行为性质上，以专利技术为研究对象不同于以专利技术为研究手段，只有前者可以适用科研及实验目的抗辩。有人将其概括为"涉及专利发明主题（relating to the subject matter of the patented invention）"❸。

这种观点在《北京专利侵权判定若干意见》中得到体现，该意见第九十八条规定："……要分清对专利产品进行实验和在实验中使用专利产品。（1）专为科学研究和实验而使用有关专利中的使用，应当包括专为科学研究和实验而制造有关专利产品的行为。（2）专为科学研究和实验而使用，是指以研究、验证、改进他人专利技术为目的，使用的结果是在已有专利技术的基础上产生新的技术成果。（3）在科学研究和实验过程中制造、使用他人专利技术，其目的不是为研究、改进他人专利技术，其结果与专利技术没有直接关系，则构成侵犯专利权。"而《解决草案》第九十七条也认为，"专利法第六十三条第一款第（四）项所称'专为科学研究和实验而使用有关专利'，是指以研究、验证、改进专利技术为目的或者为在专利有效期限届满后实施该技术，在专门针对专利技术本身进行的科学研究和实验中，制造、使用专利产品或者使用方法专利，不包括以专利技术为手段而进行的其他科学研究和实验。"

上述观点和规定无疑对科研及实验目的抗辩作出了限制解释，使权利人的利益得到了更大范围的保护。针对同样问题，国

---

❶ 杨颖：《专利侵权判定问题研究》，大连理工大学 2006 年硕士学位论文。

❷ 郑瑞琨、朝霞："专利侵权诉讼中的抗辩事由"，载《电子知识产权》2003 年第 10 期。

❸ 郑友德、金明浩："从 Madey 诉杜克大学案谈实验使用抗辩原则的适用——兼论我国大学知识产权政策的调整"，载《知识产权》2006 年第 2 期。

际上也有类似做法。例如，美国没有通过成文法明确规定科研与实验使用不会构成侵犯专利权，而仅仅勉强认可了普通法上的实验性使用抗辩，并将其描述成"实在狭窄"（truly narrow）并且仅适用于不重要的"业余事情"（dilettante affairs）❶。相比之下，《北京专利侵权判定若干意见》第九十八条的观点只不过比美国做法多走了一步而已，这和德国专利法的观点（专利授予的权利不延及涉及专利发明主题的实验使用行为）倒比较接近。

由于《北京专利侵权判定若干意见》将以专利技术为手段进行实验的做法排除在适用科研及实验目的抗辩之外，其结果是，如果 Madey 诉杜克大学案发生在北京，北京法院仍然会作出和美国法院一样的裁判结果，因为在该案中，杜克大学实验室的研究也没有将专利设备作为研究对象，而是辅助工具。照此推论，美国教育界在 Madey 诉杜克大学案之后所预计的种种阻碍科学进步的消极后果，难免不在北京发生。而北京各大科研院所的科研教学活动也毫无疑问将受到影响。

实际上，作为调控专利权人与社会科技进步利益的"双刃剑"，即使是在美国司法领域，科研及实验目的抗辩的适用也经历了从严格—宽松—再严格解释的三个发展阶段，从而呈现出其适用范围大小根据整个社会的价值判断与真正利益互动的"松紧带"式调整。例如，美国法院在 Dugan v. Lear Avia 案和 Chesterfield v. United States 案中，其认定就改变了一贯严格的司法判决标准：首先，改变严格的"行为人社会性质"判断标准。"行为人社会性质"判断标准不再"一刀切"，商业性机构非获利目的行为也可以适用"实验性使用"豁免原则；当然，商业性机构获利目的行为绝对不可以适用"实验性使用"豁免原则；其

---

❶ ［美］Janice M. Mueller 著：《An Introduction to Patent Law》，中信出版社 2003 年版，第 277 页。

次，单纯地使用专利器械的行为不侵犯利权人的合法权益；最后，宽松适用"获利目的"标准。只要没有直接获利，仍可适用"实验性使用"豁免原则。可以看出，在此阶段，司法实践中适用"实验性使用"豁免原则的要件相对宽松。❶

如前所述，现有技术是进行科技创新的基础，在为科学研究和实验而需要使用有关专利的情况下，科研工作可能会因为等待许可而停滞不前，也可能会因为权利人要价过高而被迫中止，故设定必须经过权利人许可这一程序要求可能会妨碍害他人的研究开发和科技进步。因此，有人主张应当对科研及实验目的抗辩作广义理解，即将其范围扩大到一切科研与实验活动中❷，方才符合《专利法》的立法原意。结合我国当前国情，对于以专利技术为手段而进行的其他科学研究和实验，在一定程度上将其归入科研及实验目的抗辩的免责范围，应该有利于提高社会科学技术水平的整体利益。

不过，过分缩小权利人的权利范围同样会妨碍科技创新，特别是对于一些只能用于科学研究场合的专利（例如生物制药领域中的"探针"专利，只能应用于研制生物医药的实验过程中）❸而言，这样做的结果相当于变相剥夺了权利人的专利权。况且，进行科研及实验活动的主体正在从个人、科研院所向跨国公司等进行转移，在权利人的地位远弱于进行科研的大型公司时，如果还要借科研及实验目的抗辩而保护后者的利益，其结果同样会不公平。

对此，出于社会效益或公共利益的考虑，有人主张在使用他人的专利并不涉及"专利主题"时，可以将某些特殊情况纳入到

---

❶ 姚颉靖、彭辉："试验性使用"豁免原则的利益平衡：审视美国司法裁判和立法规则的变迁路径，载《电子知识产权》2008 年第 11 期。

❷ 白贵秀、程玲："专利侵权问题刍议"，载《社会科学论坛》2005 年 6 月。

❸ 魏有花：《专利侵权抗辩法律研究》，华侨大学 2006 年硕士学位论文。

实验使用抗辩中，例如使用人只是"无关紧要"地使用了他人专利发明的实验，以及国家财政资助的基础科研项目的实验等❶。这还需要进一步的研究。

（撰稿人：李冰青）

---

❶　姚欢庆、郑小敏、郑晓辉著：《知识产权法典型案例》，中国人民大学出版社2003年版，第192页。

第八章　医药行政审批抗辩

医药行政审批抗辩是第三次修改《专利法》后新增加的内容，属于对美国"Bolar 例外"（Bolar Exception）条款的法律移植。所谓"Bolar 例外"，是指在某项医药专利权届满之前、在需要为行政审批获取临床信息的场合下，允许医药仿制商不经权利人同意即可对专利医药开展临床实验和研究工作。

一、医药行政审批抗辩的法律依据

《专利法》第六十九条第（五）项规定，为提供行政审批所需要的信息，制造、使用、进口专利药品或者专利医疗器械的，以及专门为其制造、进口专利药品或者专利医疗器械的，不视为侵犯专利权。

本章将此抗辩事由概括为医药行政审批抗辩。

二、医药行政审批抗辩的立法目的

"Bolar 例外"相关制度为美国法首创，并被加拿大、日本、澳大利亚、印度等国专利法所采纳，已于 2000 年得到世界贸易组织争端解决机构"不违反 TRIPS"的认可。在美国专利法第二百七十一条（e）（1）中规定："在美国制造、使用、许诺销售、销售或者向美国进口被授予专利的发明的行为，单纯是为了依照有关法律的规定获得并提供为制造、使用或者销售药品或者兽医用生物产品所要求的有关信息的，不构成侵犯专利权的行为"。

设置该条款的目的，在于克服医药上市审批制度对仿制药品和医疗器械在专利权期限届满后上市造成的延迟，从而避免因为变相延长专利保护期而对公共健康造成影响。对医药领域以外的专利产品而言，只要其专利保护期限届满，仿制者就可以利用该过期专利生产产品并迅速推向市场。但是，仿制药品及医疗器械专利的情况与此不同。由于医药制品的质量事关使用者的生命健康，有关临床实验和数据报批成为药品上市的必要前提。根据国家医药上市审批制度的规定，对医药产品进行仿制的，需要提供有关该仿制医药的实验资料和详细数据，经过主管行政部门审批通过后方可获得该仿制医药产品的上市许可。由于完成上述工作往往需要数年时间，因此，仿制企业为保证仿制药品尽快上市，需要在该药品专利权届满前先行展开临床研究和申报注册。由此，必须在药品专利还未过期时就生产一定数量的专利药品，但根据《专利法》第十一条的规定，上述行为与侵犯专利权别无二致。在形式上，药品仿制商通过上述行为所获得的利益将无疑与专利权人的利益发生冲突。

然而，就实质利益关系而言，在药品专利期届满前，仿制药商为了研究、报批而获取药品有关数据的行为，并不会影响专利权人在法定专利期内享有市场垄断并从中获取预期经济回报的权利；换言之，"Bolar 例外"豁免的所谓"侵权"责任，其实质不过是消除了行政审批所带来的专利药品专利期间的额外延长。[1] 就实际法律效果而言，如果要求仿制者只能在医药专利保护期届满后才开始相关的临床实验，必然会推迟该仿制医药的上市时间，从而在客观上起到延长医药专利保护期限的效果。就整体社会效果而言，通过药品仿制者的竞争，亦可以降低药价，因此在《专利法》中增加医药行政审批抗辩，还可以帮助公众在医

---

[1] 袁中博、邵蓉：《药品专利权之"Bolar 例外"及其对医药工业的影响》，中国医药工业杂志 Chinese Journal of Pharmaceuticals，2008，39（1）。

药专利保护期届满后及时获得由仿制者提供的同质低价药品，而有利于降低公共医疗成本、改善社会健康水平。

三、适用医药行政审批抗辩的困惑及解答

在立法者实施法律移植后，如何完整理解新规定、妥善适用新法律就成为司法者需要解决的核心问题。医药行政审批抗辩制度作为第三次修改《专利法》的新增内容，在我国司法实践中还没有出现可以直接援引该成文条款的案例。❶ 国内此前与药品行政审批有关的案件亦寥寥无几，只有原告三共株式会社、上海三共制药有限公司诉被告北京万生药业有限责任公司侵犯专利权纠纷案❷和原告伊莱利利公司诉被告甘李药业有限公司侵犯专利权纠纷案❸等少数案件。基于司法者在上述案件的裁判过程中所表达的意见，有观点认为这些案件已经属于国内"适用'Bolar 例外'的判例"❹，尽管它们都出现在《专利法》引入"Bolar 例外"之前。对此不妨先对有关案件事实和法院观点作一简要介绍。

（一）与药品行政审批有关的案件的基本情况

在原告三共株式会社、上海三共制药有限公司诉被告北京万生药业有限责任公司侵犯专利权纠纷一案中，原告诉称其于2003 年 9 月 24 日被授予"用于治疗或预防高血压症的药物组合物的制备方法"发明专利权。而被告正在国家食品和药品监督管

---

❶ 截至 2010 年本书完稿时止。

❷ 见北京市第二中级人民法院（2006）二中民初字第 4134 号民事判决书。

❸ 见北京市第二中级人民法院（2005）二中民初字第 6026 号民事判决书、（2007）二中民初字第 13423 号民事判决书；北京市高级人民法院（2007）高民终字第 1598 号民事判决书、（2007）高民终字第 01844 号民事判决书。

❹ 蒋洪义："两难困境中的无奈选择：评中国首例'Bolar 例外'判例中的法律适用问题"，载《中国专利与商标》2007 年 4 期。

理局申请"奥美沙坦酯片"的新药注册,其药品注册申请已经进入申请上市阶段。根据《药品注册管理办法》的规定,申请新药注册分为临床前研究、临床试验、申请新药生产(即申请上市)几个阶段。在临床试验阶段,申请人应当向临床试验单位提供临床试验药物,该药物应是申请人自己制备的;在申请新药生产阶段,国家药监局应对生产情况及条件进行现场核查,抽取连续三个生产批号的产品。据此,可以证明被告为申请新药注册已经生产了"奥美沙坦酯片"。而将奥美沙坦与药用辅料混合制成片剂的行为落入涉案专利的保护范围,因此,被告生产涉案药品的行为侵犯了涉案方法发明专利权。且其为申请新药生产许可所生产的三批产品,在取得药品生产批准文号后可以上市销售,因此被告生产了可供销售的涉案药品,其行为构成对涉案专利权的侵犯。

对此,法院认为,依据该案现有证据,两原告指控被告侵权的涉案药品"奥美沙坦酯片"尚处于药品注册审批阶段,虽然被告为实现进行临床试验和申请生产许可的目的使用涉案专利方法制造了涉案药品,但其制造行为是为了满足国家相关部门对于药品注册行政审批的需要,以检验其生产的涉案药品的安全性和有效性。鉴于被告的制造涉案药品的行为并非直接以销售为目的,不属于《专利法》所规定的为生产经营目的实施专利的行为,故被告的涉案行为不构成对涉案专利权的侵犯。

在原告伊莱利利公司诉被告甘李药业有限公司侵犯专利权纠纷一案中,原告诉称其于2003年3月26日获得了"含有胰岛素类似物的药物制剂的制备方法"发明专利。被告向中华人民共和国食品药品监督管理局申报了"双时相重组赖脯胰岛素注射液75/25"药品注册申请。根据原告掌握的证据,可以判断被告的上述药物落入了原告专利权的保护范围。被告已经取得了临床批件,而且在此之前被告已经通过网络宣传其申请的上述药物,其行为性质属于即发侵权和许诺销售，构成对原告专利权的侵犯。

对此，法院认为，依据该案现有证据，原告指控被告侵权的涉案申报药物尚处于药品注册审批阶段，虽然被告实施了临床试验和申请生产许可的行为，但其目的是为了满足国家相关部门对于药品注册行政审批的需要，以检验其生产的涉案药品的安全性和有效性。鉴于被告的制造涉案药品的行为并非直接以销售为目的，不属于《专利法》所规定的为生产经营目的实施他人专利的行为。另外，鉴于涉案药品尚处于注册审批阶段，并不具备上市条件，因此，被告网站上的相关宣传内容不属于许诺销售行为，也不构成即发侵权。此后，北京市高级人民法院经过二审后也维持了该一审判决。

（二）医药行政审批抗辩与"非生产经营目的"的关系

在上述案件中，被告使用原告专利方法制造涉案药品的目的都是进行临床试验和申请生产许可。在查明这一点后，法院均认为其行为的"直接目的"是为了满足有关法律法规和药监局对于药品注册行政审批的需要，以检验其生产的涉案药品的安全性和有效性，故"并非直接以销售为目的"，所以不属于"为生产经营目的实施专利的行为"，不构成对原告专利权的侵犯。对于这种基于《专利法》第十一条进行判断、区分直接目的和间接目的的做法，在学界存在争议。

如果说，在科研和实验活动中，能够与生产经营真正毫不沾边的尚且只能是"为娱乐、满足无聊好奇，或者为严格意义上的哲学探究"行为，那么在医药审批中已不存在能够排除生产经营目的的情况。如前所述，我国《专利法》对医药行政审批抗辩的规定源于对美国"Bolar 例外"的移植。后者源于 Roche v. Bolar 一案，Bolar 公司为了赶在 Roche 公司拥有的一项安眠药专利到期之际推出仿制产品，在专利到期六个月前从国外获取了少量专利药品进行实验，用以收集报批所需要的数据。美国法院在该案中指出，Bolar 的药品试验行为出于"商业"目的，"并非为追求知识理论或满足好奇心"，而且进行试验的潜在目的具有"明确、可认知和实质（a definite, cognizable and not insubstantial commercial purposes）"❶ 的商业用意。由此可见，区分实施专利行为的直接或间接目的并无太大意义，为行政审批目的制造药品的行为当然属于"为生产经营目的实施专利的行为"，只不过是被视为不侵权的例外情况罢了。

　　这种认为"为行政审批制造药品"的行为不具有生产经营目的，从而将药品及医疗器械行政审批目的视为非生产经营目的的下位概念的解读做法，只能被理解成在《专利法》规定医药行政审批抗辩之前，法院作出的变通解释，属于不得已而为之，其目的是为了在保证国内公共卫生安全（其实也是为了"扶植"国内医药行业）与维护国外权利人利益之间，在尚属空白的国内立法与已成通例的国外制度之间找到利益上和法理上的平衡点。类似的变通做法还包括将以行政审批目的制造药品的行为解释为适用科研及实验目的抗辩的范畴。但是，上述做法只是一种权宜之计，法院就个案作出的有关判断亦仅在具体个案中方具有意义。

（三）适用医药行政审批抗辩的法理边界

　　作为《专利法》第三次修改的新增加内容，医药行政审批抗辩制度涉及新药开发商、药品仿制商和社会公众三方利益，这引起了国内外医药行业成员的诸多关注。如前所述，设置有关条款的目的，在于克服医药上市审批制度对仿制药品和医疗器械在专利权期限届满后上市造成的延迟，从而避免变相延长专利保护期。对于以国内药厂为主体的药品仿制商和我国社会公众而言，

---

❶　赵铁姝、姚建军："从美国专利法规定的'Bolar Exception'引发的思考——兼评中国专利法第十一条的适用"，载《知识产权》第 18 卷第 2 期。

这当然是一个利好消息，但以跨国医药集团为代表的专利权人却担心医药行政审批抗辩可能被仿制商滥用，而不利于对专利权的保护。对此，司法者唯有妥当遵从立法原意，明确医药行政审批抗辩的边界范围，方有利于利益衡平。

然而，法律规定原本陌生，司法尝试屈指可数，理论学界尚且争议，医药行政审批抗辩制度的司法之路并不平坦。司法者只有详尽参考法律移植来源国的司法应用，方可全面理解有关法律制度的来龙去脉、前因后果和逻辑关系，才能在审判中有的放矢。因此，美国法院在医药行政审批有关案例中的态度、做法和所流露出的价值取向，将毫无疑问地对国内法院的审判产生深刻影响。下面将简要介绍美国法院对"Bolar 例外"有关条款的解读和发展，在此基础上对医药行政审批抗辩的边界范围进行探索。

1. 美国法院对"Bolar 例外"的解读和发展[1]

美国法院在 Medtronic 案（1990 年）、Abtox 案（1997 年）、Amgen 案（2007 年）的判决中，将原法条文字上所局限的"药品"扩大到医疗器械、食品添加剂和通过专利方法制造的产品。而在 Elan 案中，美国法院意识到"Bolar 例外"有关条款在理解上存在歧义。裁判者既可以将"Bolar 例外"相关条款解释为"对于制造、使用、许诺销售和销售专利产品的行为，只要其目的与开发并提交美国食品和药物管理局（FDA）审批数据的目的合理相关，就不是侵权行为"，也可以将其解释为"对于制造、使用、许诺销售和销售专利产品的行为，只有其目的与开发和提交 FDA 审批数据的目的合理相关，才不是侵权行为"。实践中，

---

[1] 本标题"1. 美国法院对'Bolar 例外'的解读和发展"项下内容来自对吴玉和、熊延峰所写的《中美两国有关 Bolar 例外的理论与实践》一文的概述，该文载于《中国专利与商标》2008 年第 3 期。

由于与医药上市的前期准备工作密切相关，在多数情况下仿制药商的开发试验既可以用来提取 FDA 数据，还可以用作其他用途。如果采纳第二种解释，上述情况将不适用于"Bolar 例外"制度。对此，美国法院在 Intermedics 案中确立采用第一种解释。

而后，美国法院在 Integra 案（2005 年）中又对"Bolar 例外"作出了更为扩大的解释。该案的争议焦点之一是，在临床前研究中使用了专利药物，但最后没有将临床前收集的信息交给 FDA，此行为能否适用"Bolar 例外"？对此法院认为，一种药品的成功获取通常是建立在对很多种药物进行筛选的基础上，大部分药物都停滞在临床前研究阶段，只有少数药物能进入临床试验；即使到了新药开发后期，开发者也无法确认所筛选的药物能否最终成功，更无法获知哪些信息是需要提供给 FDA 的；因此，"Bolar 例外"的范围包括专利化合物的临床前研究阶段，即使没有将收集的试验信息提交 FDA 审查，也可以适用"Bolar 例外"。在该案中，美国法院还判定以动物为试验对象的医药实验行为同样适用"Bolar 例外"。

2. 国内司法审判对美国相关司法适用的参考

由于既欠缺司法实践，又欠缺细致的立法解释，因此，美国法院在 Elan 案、Intermedics 案和 Integra 案等案件中所持观点对我国医药行改审批抗辩制度的司法适用具有重要启示。总结美国法院的有关观点，可将美国法意义上的"Bolar 例外"作如下四点解读：其一，就适用对象而言，对象包括药品、医疗器械、食品添加剂和通过专利方法制造的（医药）产品。其二，就行为目的而言，只要求行为目的与提交审批数据有合理关联，而不考虑其行为是否还有提交审批数据之外的其他用意。其三，就行为结果而言，不要求实现"提交审批数据"的最终结果；换言之，"提交审批数据"并不是主张"Bolar 例外"的必备要件。其四，就行为方式而言，做试验的方式（做人体试验还是动物试验）与能否主张"Bolar 例外"无关。

相比之下，从国内法的字面规定出发，仅知其适用对象与美国做法存在区别。我国法将医药行政审批抗辩的对象限制为药品、医疗器械，以及通过专利方法制造的（医药）产品，而不包括食品添加剂。对于其他方面，国内法在字面上均未明确。我们认为，从我国医药行政审批抗辩立法目的出发可知，美国法院对"Bolar 例外"在行为目的、行为结果和行为方式方面的解读是合乎情理的。试验有成功，也有失败，不能因为试验项目中途夭折就否认仿制商最初"为医药行政审批"的目的；试验对象是人还是动物也与医药行政审批没有关系。因此，在国内法院适用医药行政审批抗辩条款时，完全可以参考美国法院的做法，根据案件具体情况解决问题。然而，对医药行政审批抗辩如此理解，还不足以化解专利权人对国内医药仿制商可能"滥用抗辩权"的隐忧。

3. 医药行政审批抗辩对于仿制时间和仿制数量的限制

为了进行医药行政审批，仿制者需要制造一定数量的药品。那么，何时开始制造、制造数量多少的药品算"合适"呢？这是专利权人的隐忧之一。就制造时机而言，仿制者应该在距离专利保护期届满前多长时间开始仿制药品才算合适？如果在距离专利权过期尚有数年甚至更长的时候，仿制者就开始相关的仿制行为，是否不应适用医药行政审批抗辩？就制造数量而言，在仿制者申请涉案药品的新药证书和生产批件期间，如果其制造数量远超过报批所需数量的药品或医疗器械，对此行为应如何定性，是否不应适用医药行政审批抗辩？在以上两种情况下，可否推定仿制者的目的在于假借报批之机而制造并囤积专利产品，以待专利过期后马上将储备的药品上市呢？

实际上，"在专利过期后"方将仿制产品上市销售的行为，无论是就其实际效果，还是就法律规定而言，都不会损害专利权人的利益，因为此时专利权已经不复存在。但是，"在专利过期前"生产并等待"专利过期后"销售的行为，是否损害专利权人的利益呢？对此，我们认为，即使仿制者主张其囤积药品的目的在于等待药品专利过期后才去销售，但这种预先制造并储备的行为仍然很可能发展为实际销售，即存在侵害专利权之虞，故根据《专利法》第十一条的规定无法得到允许。因此，就制造数量而言，在仿制者对药品和医疗器械进行行政报批的过程中，在其获得新药证书和生产批件之前，倘若生产数量远超过报批所需的药品或医疗器械，而且对于超出报批所需的那一部分医用产品又无法作出合理的解释，该行为就将构成对专利权的侵犯。一般而言，考虑到药品及医疗器械都存在一定的有效期，在仿制产品尚未通过行政审批的情况下，仿制者一般不会冒着过期失效的风险而大量囤积产品。如果仿制者冒着医用产品可能过期失效的风险而大兴囤积，恰好说明其行为存在侵权嫌疑。

而就制造时机而言，仿制者开始仿制医用产品的时间，应当与一般情况下类似医用产品从药品试验到行政审批完成所耗费的时间大体相当。例如，假设仿制者试图仿制某种心血管药物，而同类别的其他心血管药物通过行政审批的时间为二至三年，那么仿制者只有在距离该心血管药物专利权届满之前二至三年的时候，才能开始仿制该药物。再如，假设仿制者试图仿制某种抗生素，而同类别的其他抗生素通过行政审批的时间为五至六年，那么仿制者在距离该抗生素专利权届满之前五至六年的时候，就可以开始仿制该药物。总之，在判断仿制者的仿制行为能否适用医药行政审批抗辩时，需要在时间上为其仿制行为确定一个"合理"的开始时间。该"合理时期"的终点与该被仿制的医药产品的专利权届满之日重合，而这个"合理时期"的起点亦即仿制行为开始时间的早晚，则应根据相同种类的其他医用产品通过医药行政审批所耗费时间的平均值来确定。此外，如果在仿制商获得新药证书和生产批件之后还在生产仿制产品，其行为毫无疑问已经不属于"为提供行政审批所需要的信息"的情形，将构成侵犯专利权。

四、与医药行政审批抗辩配套条款的缺失所造成的影响

《专利法》第六十九条第（五）项虽然移植自美国专利法"Bolar 例外"条款，但是立法者在法律移植过程中没有全盘照搬美国法的全部相关条文，而显然是在考虑当前中国国情之后进行了自认为恰当的取舍。对此，我们需要回溯美国法设立"Bolar 例外"条款的来龙去脉，方可体会到中国立法者在修改《专利法》时的良苦用心。

在 1984 年 Roche v. Bolar 一案中，被告 Bolar 公司向法院指出，如果药品仿制商必须等到专利过期后才能进行临床实验提取数据、提交数据并等待 FDA 批准，那么在专利过期数年后可能都无法将仿制药物上市销售，这种事实上变相延长专利权保护期的做法只会侵害了公众的利益。但美国联邦上诉法院对此却认为，有关如何使公众利益最大化的政策问题并不是司法者适宜讨论的，平衡公众与专利权人的利益属于立法者的职责，故只能由国会通过立法予以解决。药品仿制者遂对美国国会展开大规模游说，使后者于同年通过了《药品价格竞争和专利期限恢复法案》（Hatch-Waxman Act，又译作《药品价格竞争和专利期限补偿法案》）。该法的第 202 条将仿制药生产商为获得报批 FDA 所需数据而进行的测试行为规定为一种新的侵犯专利权的例外行为，这就是美国专利法第 271 条（e)(1)"Bolar 例外"条款的前身。

Hatch-Waxman 法案不只顾及药品仿制者和社会公众的利益，该法同样注意到因为药品特殊性给专利权人实现权利造成的不利影响。由于药物审批制度的存在，专利权人在专利授权后仍然可能因为需经过药物审批程序而无法立即上市，这在实质上导

致专利权人损失了从开始审批到获准上市这一段的专利保护期，而不利于保护专利权人的利益，也不利于药品的创新开发。因此，对于因为药物审批导致专利权"闲置"时间过长的药品专利，该法规定可以对其专利保护期限予以适当延长❶，即允许专利所有人申请不低于上市审批期与二分之一临床试验期之和、但最高不超过五年的专利保护"延展期"；❷ 从药品批准之日起计，专利延展期加上市后专利期剩余总计不能超过 14 年。❸ 应当说，对于新药开发商、药品仿制商和社会公众三者的利益，Hatch-Waxman 法案都给予了比较恰当的照顾和平衡。在配合适用美国专利法第 271 条（e）（1）的情况下，新药开发商的权益也不会受到大的限制。然而，我国立法者在修改《专利法》的过程中，恰恰"遗漏"了移植有关延长药品和医疗器械专利保护的内容，这不能不说是在顾及国情、权衡利弊之后的刻意而为。

　　一国制药界研发水平的高低向来关系到该国公共健康状况的好坏，其战略意义无需多言。然而，目前我国自主创新药物研发能力之薄弱，有目共睹。目前国产药物九成属于仿制药，上游产业链条创新性不足，药物市场低水平重复建设，研发水平整体低下。我国制药企业的研发投入整体不足销售收入的 1％，远低于跨国制药企业，真正具有自主知识产权的品种寥寥无几。在化学药物创新方面，迄今为止只有青蒿素和二巯基丁二酸钠被国际公认为是我国创新的药品。❹ 因此，仿制和在仿制基础上的创新，

---

❶　吴玉和、熊延峰："中美两国有关 Bolar 例外的理论与实践"，载《中国专利与商标》2008 年第 3 期。

❷　朱工宇："美式 FTA 中与药品专利有关的超 TRIPS 条款研究"，载《广西政法管理干部学院学报》2009 年 5 月第 24 卷第 3 期。

❸　刘洁："我国药品专利保护例外立法研究"，载《南京财经大学学报》2009 年第 1 期。

❹　李天舒："国产新抗菌药能否领跑市场"，载《健康报》2009 年 6 月 9 日版。

是当前和今后相当长一段时间内我国制药企业"研发新药品"的基本途径。如果延长药品专利保护期，主要受益者将是在中国申请药品专利的外国企业，而"国内制药企业的原有市场份额甚至会因此减少"❶。此外，由于延长药品专利期限需要药品监管当局与专利当局"建立起药品专利链接才能顺利实施"，在没有配套措施、缺乏可操作性规定的情况下贸然在《专利法》中延长药品专利期限，也"必然引起行政管理部门间的操作混乱"❷。

基于以上原因，面对如此尴尬局面，为避免来自外国制药企业无休止的专利摩擦和起诉，立法者在本应平衡新药开发商、药品仿制商和社会公众三者的利益的场合，重点保护国内药品仿制商和社会公众（特别是中低收入群体）的利益也就是情理之中的不二选择了。更何况，即便身为《Hatch-Waxman Act》的倡导者韦克斯曼（H·Waxman）也认为其他国家不应背离国情而照搬该法规定："正如大多数良法，该法案也是为配合具体的管理体制和特定的情况而精心设计的。它在我国成功施行，并不意味它一定适合于其他国家……（他们）面临着与我国完全不同的挑战和情况。"❸

然而，专利制度永远是一把双刃剑。妥协于国情现状、过分偏向国内药商和社会公众的利益，难免不会妨碍到对于国内药业创新开发的激励效果。制药工业对专利保护的依赖之大，早已是不需证明的事实。作为研究开发周期长、风险大、成本高的产业领域，制药工业的生存和发展都离不开专利保护。国外如此，国内亦如是。仅仅从价值角度出发，回避采用延长保护期限的方式给予专利权人以相应补偿，迟早会对国内药品的自主创新研发带

---

❶❷ 刘洁："我国药品专利保护例外立法研究"，载《南京财经大学学报》2009年第1期。

❸ 朱工宇："美式FTA中与药品专利有关的超TRIPS条款研究"，载《广西政法管理干部学院学报》2009年5月第24卷第3期。

来不利影响。这种不利影响已经突出体现在号称"我国自主创制的第一个氟喹诺酮新药"的盐酸安妥沙星上。该药作为我国研发的第一个具有自主知识产权的国家一类氟喹诺酮类抗菌新药，曾于 2008 年 8 月获国家"重大新药创制"化学类新药第一名。早在 1997 年，发明人上海药物研究所就申请了盐酸安妥沙星及其系列化合物的专利，并于 2000 年获得授权。然而，经过 I 、II 、III 期临床试验，该药直到 2009 年 4 月才获得国家食品药品监督管理局颁发的准许上市的新药证书。尽管该药具有疗效独特、毒性较低等竞争优势，其相关市场规模也被认为在百亿元左右，但此时距其专利过期只剩下不足十年光景。如果在延长保护期问题上没有周旋余地，这不得不说是国内药企的一个遗憾。毕竟，随着国家实力的不断增强，提高自主创新能力是国内制药界日后发展的必然趋势。新药研发成本之巨大，对跨国制药巨头而言尚费周折，对于先天不足的国内企业更是困难重重，如果没有适当的激励措施，不利于培育自主创新力量，也无法刺激更多的知识创造和技术开发。当然，立法者会根据国内医药行业的发展变化对有关制度进行与时俱进的调整，或许在《专利法》第四次修改之时，立法者会基于新的情况而在延长医用产品专利保护期方面有所创新。

（撰稿人：李冰青）

第九章　权利懈怠抗辩

　　侵犯专利权诉讼中的权利懈怠行为，是指专利权人因自己的疏忽或者故意而为，不合理地迟延主张权利，致使他人或者社会公众利益遭受不应有的损害的行为。权利懈怠抗辩制度，顾名思义，是指因专利权人的权利懈怠行为而使被告享有的阻碍专利权人诉讼主张实现的抗辩权及权利行使的相关制度。我国现行的专利法律制度并没有关于权利懈怠抗辩制度的明确规定。但在它最初发端的美国衡平法中，权利懈怠抗辩制度已经被视为对侵犯专利权诉讼中被告的一项特殊保护。它设定的目的，是防止权利人以消极的态度对待自己的权利，从而损害被控侵权人和社会公众的利益❶。我国的诉讼时效制度，有着与权利懈怠抗辩制度相似的立法初衷，但从具体法律内涵而言，二者又存在着一定的差别。通过对美国法中权利懈怠抗辩制度的研究，我们发现，这一制度对于督促权利人积极行使权利、平衡专利权人与社会公众的利益起到了不可忽视的重要作用。因此，它对于完善我国现行的诉讼时效制度，进而使之更为充分地发挥其应有的制度价值具有积极的借鉴意义。本章的研究目的，是在通过充分挖掘和扩展我国现行法律制度适用空间的同时，探讨其他国家相关制度对我国立法和司法环境的适应性，以更好地遏制和预防权利懈怠现象。

---

❶　See Smith v. Clay. 3 Brown Ch. 638，29 Eng. Reg. 743（1767）.

一、我国的诉讼时效抗辩制度

侵犯专利权领域的权利懈怠行为，是指专利权人明知或者应当知道专利侵权行为的存在，仍采取放任的态度不及时地提起诉讼，从而损害被控侵权人或社会公众利益的行为。在侵犯专利权诉讼中，将"权利懈怠"作为被控侵权人的一项法定的抗辩事由确定下来，是为了督促专利权人积极、及时地行使自己的权利，否则，就要承担不利的法律后果。我国现行的专利法律制度中并没有明确规定被控侵权人可以以专利权人存在懈怠行为为由进行抗辩，但由于"诉讼时效制度"同样有着"尊重久已继续的事实状态，维护社会秩序"❶ 的重要目的，被视为被控侵权人在侵犯专利权诉讼中对抗权利懈怠行为的有力武器。当然，要在我国专利法律制度中确立起成熟和完善的权利懈怠抗辩制度，需要在对现有法律规定进行充分研究和重新审视的基础上，并借鉴其他国家的成熟做法，予以全面考量。我国现行法律框架下，与诉讼时效抗辩有关的法律规定包括以下几个方面。

（一）《中华人民共和国民法通则》中的相关规定

《中华人民共和国民法通则》（以下简称《民法通则》）是我国民事领域的基础性法律，它对民事法律行为的基本准则和制度进行了比较全面的规定，其中与督促权利人及时行使权利有关的法律规定包括：

1. 诚实信用原则

诚实信用原则是各国民事法律领域的"帝王条款"，它要求民事主体以善意和公正之心来行使权利和履行义务。所以，专利权人在知晓侵犯专利权的行为后，应当采取积极的态度，使用法律武器维护自己的正当权益，而不是听之任之，甚至是故意等待

---

❶ 史尚宽著：《民法总论》，中国政法大学出版社 2000 年版，第 623 页。

被控侵权人发展到相当的规模时才提起侵权诉讼以索取高额赔偿，这些都是诚实信用原则的应有之义。但我们也必须注意到，虽然诚实信用原则是规范民事法律行为至高无上的法律原则，但在侵犯专利权诉讼当中，被告不能以专利权人的行为违反诚实信用原则为由进行抗辩，因为诚实信用原则本身无法直接免除侵权人的法律责任，即使专利权人本身的行为存在迟延和懈怠。

2. 普通诉讼时效和最长诉讼时效

《民法通则》第一百三十五条对一般意义上的诉讼时效期间进行了规定，即两年的普通诉讼时效期间，它所约束的是最广泛意义上的民事侵权行为。同时，《民法通则》第一百三十七条还对二十年的最长诉讼时效期间进行了规定。这是我国侵犯专利权诉讼中两种基本的诉讼时效期间，与对普通民事权利人的要求相同，上述诉讼时效制度要求专利权人在知道或者应当知道权利被侵害之日起两年内提起诉讼，而且，即使专利权人始终对侵权行为毫不知情，从权利被侵害之日起超过二十年，专利人权即已丧失胜诉权。从积极意义上而言，诉讼时效制度对权利人及时行使权利具有直接的推动作用。从消极意义上而言，由于诉讼时效的经过具有明确的法律后果，即至少抵消了专利权人损害赔偿的诉讼请求❶，它又成为了被控侵权人手中强有力的抗辩武器。所以，《民法通则》中关于普通诉讼时效和最长诉讼时效制度的规定，是我国侵犯专利权诉讼中时效抗辩的基本法律依据。

（二）《中华人民共和国专利法》第六十二条的规定

《中华人民共和国专利法》（以下简称《专利法》）第六十二条第一款对侵犯专利权案件中的普通诉讼时效制度予以了明确，即从专利权人或者利害关系人得知或者应当得知侵权行为之日起两年。该规定与民事基本法律中所规定的普通诉讼时效制度并无

---

❶ 对于诉讼时效经过的法律后果，我们将在后面作出进一步的讨论。

二致，只是为侵犯专利权案件中的诉讼时效制度作出了针对性的规定。

（三）最高人民法院《关于审理专利纠纷案件适用法律问题的若干规定》第二十三条的规定

最高人民法院上述司法解释首次明确规定了持续性侵权行为的诉讼时效问题，最高人民法院在该司法解释中除再次明确侵犯专利权行为的普通诉讼时效期间为两年外还首次规定，权利人超过两年起诉的，如果侵权行为在起诉时仍在继续，在该项专利权有效期间内，人民法院应当判决被告停止侵权行为，侵权损害赔偿应当自权利人向人民法院起诉之日起向前推算两年计算。该司法解释的精神实际上最早来源于 1997 年《最高人民法院关于全国部分法院知识产权审判工作座谈会纪要》的相关规定，而在最高人民法院 2001 年颁布该司法解释之前，全国各人民法院已经实际执行了 1997 年座谈会纪要中关于持续侵权行为诉讼时效的规定。

我们看到，最高人民法院上述司法解释关于持续性的侵犯专利权行为诉讼时效的规定主要对两个问题明确了看法：首先，停止侵害的请求权不适用诉讼时效制度，这意味着在持续性的侵犯专利权行为之中，侵权人即使以权利人的起诉已经超过诉讼时效为由提出抗辩，且该主张成立，其也必须停止相关的侵权行为；其次，对于损害赔偿请求权，理论界普遍认为应当适用诉讼时效制度❶，即在权利人的起诉已经超过诉讼时效的情况下，被控侵权人仅可就起诉两年之前的侵权行为免除赔偿责任。最高人民法

---

❶ 有学者认为：基于侵权行为的损害赔偿请求权、物上请求权中的返还财产请求权和回复原状请求权，适用诉讼时效；物权请求权中的排除妨碍请求权、消除危险请求权和所有权确认请求权，以及侵权行为请求权中的停止侵害请求权、消除危险请求权、消除影响请求权不适用诉讼时效。见梁慧星著：《民法总论》，法律出版社 1996 年版，第 242～243 页。

院的上述司法解释是对传统诉讼时效理论的一种突破，即使起诉超过两年的诉讼时效，如果侵权行为仍在继续，仍允许权利人就向前推算两年的损失提出赔偿请求。这也意味着对持续侵权行为人而言，不存在被控侵权人以专利权人起诉已经超过诉讼时效，即懈怠自身权利进行成功抗辩的情况下免除全部赔偿责任的可能性。但也有学者认为，从最高人民法院的上述司法解释可以推知，其承认持续侵权行为产生数个损害赔偿请求权，有的请求权已过诉讼时效，有的请求权仍在诉讼时效之内，这种解释很难从法理上找到依据❶。

二、时效抗辩在我国司法实践中的具体应用

（一）诉讼时效制度的适用客体

诉讼时效制度的适用客体，是要讨论何种类型的请求权受到诉讼时效制度的约束，它直接决定了在我国现有的法律制度之下，侵犯专利权案件中的被控侵权人可以在什么样的范围之内就专利权人懈怠主张其相关权利的行为适用诉讼时效制度进行抗辩。

1. 物权请求权

物权请求权是否适用诉讼时效的问题，长期以来均存在着较大的争议。从目前的立法成果和学术界的研究现状来看，对物权请求权适用诉讼时效制度持否定意见的观点呈多数：首先，2007年3月已经公布实施的《物权法》中并没有对诉讼时效问题作出任何规定，这一问题在《物权法》立法过程中曾经进行了反复地

---

❶　见张广良著：《知识产权侵权民事救济》，法律出版社2003年6月第1版，第245页。但我们对此问题具有一些不同的观点，制造、销售等行为都不是一次性的行为，每一件产品的制造、销售都是一次新的侵权行为，都可以被单独提起一次侵权诉讼。所以，完全可以出现两年之前的行为已经超过诉讼时效，而两年之内的行为还在诉讼时效之内的情况。

论证，而最终未将诉讼时效问题纳入《物权法》的条文之中，有学者认为，这体现了立法机关在此问题上所采取的谨慎和理性的态度，也与我国的具体国情相符❶。其次，从法学基础理论角度进行分析，物权本身作为支配权，不适用诉讼时效的规定，故作为物权一部分的物权请求权，也不应当因时效届满而消灭。此外，对排除妨碍、消除危险等物权请求权而言，也存在确定诉讼时效起算点的困难❷。

在侵犯专利权案件中，讨论物权请求权是否受到诉讼时效约束的问题关系到被控侵权人能否对专利权人所提出的停止侵权的诉讼请求进行时效抗辩。当专利权人由于疏忽或者其他原因未在诉讼时效期间内提起侵权诉讼的情况下，我们认为，法院对于停止侵权的诉讼请求不能以超过诉讼时效为由予以驳回。更有学者明确指出，在涉及停止侵权的请求权时，根本不存在超过诉讼时效的问题，因为如果侵权行为只发生在起诉之前，对于已经停止的侵权行为，根本没有必要再要求停止。权利人停止侵权的诉讼请求必然指向的是正在发生的侵权行为，这无论如何也不会存在超过诉讼时效的问题❸。由此可以看出，在侵犯专利权案件中，即使权利人懈怠其专利权的行使，即在其起诉已经超过了诉讼时效的情况下，被控侵权人的时效抗辩只能阻却专利权人的损害赔偿请求权，而停止侵权的请求权不会因此而受到影响。这一规定

---

❶　见冯恺著：《诉讼时效制度研究》，山东人民出版社 2007 年 7 月第一版，第 96 页。该学者同时指出，虽然《物权法》第二百四十五条第二款规定：“占有返还原物的请求权，自侵权发生之日起一年内未行使的，该请求权消灭。”但由于这里一年期间的经过将导致权利丧失的法律后果，所以，从性质上说，是除斥期间而非诉讼时效期间。

❷　见王利明著：《诉讼时效若干问题探讨》，载《民商法研究》（第 6 辑），法律出版社 2004 年版，第 142～143 页。

❸　见张晓都著：《专利侵权判定 理论探讨与审判实践》，法律出版社 2008 年版，第 151 页。

与美国的懈怠抗辩制度也存在一定的差别，至少在侵犯商标权的案件中，权利人懈怠行为的成立意味着同时被剥夺了要求损害赔偿和颁发禁令的权利❶。

2. 债权请求权

债权请求权受到诉讼时效的约束这一观点目前在世界各国均有着比较一致的意见。最高人民法院在其于 2008 年 9 月 1 日颁布的关于诉讼时效问题的司法解释第一条中即明确了"当事人可以对债权请求权提出诉讼时效抗辩"❷，根据上述规定，专利法上具有财产利益的请求权一般都属于债权请求权，如损害赔偿请求权、支付专利许可使用费用请求权等，均应当适用诉讼时效的规定，被告也相应地享有对抗该请求权的时效抗辩权。

（二）侵犯专利权案件中诉讼时效期间的起算点

根据我国《专利法》第六十二条的规定，侵犯专利权案件两年的诉讼时效应当从专利权人或者利害关系人得知或者应当得知侵权行为之日起计算。由此可见，得知或应当得知侵权行为之日是侵犯专利权案件中诉讼时效期间的起算点。虽然法律条文上的规定是明确和清晰的，但在司法实践当中对下述两个问题的理解还是常常发生争议。

1. "得知或者应当得知"的确定

知道（得知）或者应当知道（得知），是指已有确切证据可以证明专利权人已经知道或者根据现有证据可以合理地推知专利权人完全有条件知道。知道或者应当知道的确定，关系着诉讼时效的起算，故常常成为当事人争议的焦点问题。特别是对于"应

---

❶ Donald S. Chisum and Jacobs, Understanding Intellectual Propertu Law, Matthew Berder & Company Incorporated, 1995 Reprint. 转引自：张晓都著：《专利侵权判定 理论探讨与审判实践》，法律出版社 2008 年 7 月第一版，第 162 页。

❷ 《最高人民法院关于审理民事案件适用诉讼时效制度若干问题的规定》（法释〔2008〕11 号）。

当知道”的判定，有学者认为，它是一种法律上的推定，不论权利人实际上是否知道自己的权利受到了损害，只要客观上存在着使其知道的条件和可能，但由于权利人主观上的过错，本应知道却没有知道其权利受到侵害的，法律上也应当视为其“应当知道”❶。当然，这种推定还要结合案件的具体事实来进行分析。

在原告徐哲元诉被告成都市川恒洁具有限公司（以下简称“川恒公司”）、寇闻芳侵犯外观设计专利权纠纷案中❷，徐哲元曾经于 2003 年 2 月向广元市知识产权局提出了侵犯专利权纠纷处理请求书，并称寇文芳销售的双洗衣盆侵犯了其外观设计专利权。2003 年 3 月 4 日，广元市知识产权局到寇闻芳的经营场所广元鸿仕达洁具商场进行了调查取证，寇闻芳于 2003 年 3 月 8 日作出书面答辩称其销售的双洗衣盆是由川恒公司销售的，徐哲元于 2003 年 3 月 10 日收到了该答辩书。2003 年 8 月 5 日，广元市知识产权局认定寇闻芳销售的双洗衣盆侵犯了徐哲元的外观设计专利权，要求其立即停止销售侵权产品。寇闻芳不服该处理决定，于 2003 年 8 月 22 日向法院提起行政诉讼，终审判决最终维持了广元市知识产权局的处理决定。2005 年 4 月，徐哲元以川恒公司和寇闻芳侵犯其外观设计专利权为由，向法院提起民事诉讼。川恒公司在两审法院答辩时均明确提出了诉讼时效抗辩，即其认为，徐哲元至少在 2003 年 3 月 5 日就应当知道寇闻芳销售的双洗衣盆是由川恒公司制造的，但直到 2005 年 4 月才向川恒公司主张权利，已经超过两年的诉讼时效期间，其诉讼请求应予驳回。对此问题，“一审法院认为”广元市知识产权局的处理决定书并未载明寇闻芳销售的双洗衣盆是由川恒公司制造的，从现

---

❶　程永顺著：《专利诉讼》，专利文献出版社 1994 年 6 月第 2 版，第 134～135 页。

❷　见四川省高级人民法院（2006）川民终字第 372 号民事判决书。

有证据看，寇闻芳最早提出其销售的产品系由川恒公司制造是在2003年8月22日提起行政诉讼时，所以，徐哲元在2005年4月提起本案侵权之诉并未超过两年的诉讼时效期间。"但二审法院对此提出了不同的看法，二审法院认为："从现有证据看，徐哲元起诉川恒公司侵犯其专利权的依据就是广元市知识产权局在寇闻芳处调取的双洗衣盆，而寇闻芳已经在行政处理过程中明确答复双洗衣盆是由川恒公司制造的，而徐哲元已经于2003年3月10日收到了寇闻芳的答辩书，因此，徐哲元至少在2003年3月10日就应当知道川恒公司制造、销售该产品的行为构成侵权，但直到2005年4月才对川恒公司提起诉讼。在徐哲元没有证据证明川恒公司在此之后仍在制造、销售该产品的情况下，徐哲元的起诉已经超过两年的诉讼时效即已丧失本案中的胜诉权。"

在原告喻长明诉被告新会市晶菱制冷实业有限公司（以下简称"晶菱公司"）侵犯外观设计专利权纠纷案中❶，晶菱公司在两审法院审理期间均以喻长明的起诉已经超过诉讼时效为由提出抗辩，其主要理由是喻长明在1998年5月即已经面向全国进行了本专利产品的市场调研，同时，辽宁省沈阳市东宇炊具经销站在1997年前就在同一商场同时销售专利权人喻长明和被控侵权人晶菱公司的产品，故喻长明至2000年8月才提起本案诉讼已经超过两年的诉讼时效。对此问题，两审法院均明确认为，仅凭上述事实，尚不足以证明喻长明在1997年前就知道或者应当知道晶菱公司生产、销售被控侵权产品的事实，晶菱公司主张本案诉讼已经超过诉讼时效的主张缺乏事实依据。

从上述案例中所呈现的事实我们可以发现，在司法实践当中对于当事人"知道"或者"应当知道"的判定，没有一个严格的公式化的标准可以遵循，而主要依赖于对通过证据所体现出来的

---

❶ 见广东省高级人民法院（2002）粤高法民三终字第62号民事判决书。

案件事实的具体分析。与"得知"这一标准相比，"应当得知"的确定在一定情况下亦会体现出法官的内心确认和自由裁量，根据一个正常的社会公众的认知能力，能否在某一客观状态下知晓侵权行为的存在，法官要结合案件事实进行符合常理的判断。当然，"得知"和"应当得知"也不能被绝对主观化，因为它还包含了一个人根据观察到的、自己或专家建议所确定的事实而进行合理预期的情形在内❶。

2. "得知"或者"应当得知"的内容

《专利法》第六十二条虽然规定了得知或者应当得知"侵权行为"之日起，诉讼时效开始计算。但"侵权行为"本身是一个笼统的概念，如同"侵权行为地"包括侵权行为发生地和侵权结果发生地一样，我们也需要对此处"侵权行为"的内容作出界定，以便于我们正确地理解和适用法律。

我国《民事诉讼法》第一百零八条规定了当事人提起民事诉讼所要符合的基本条件，具体到侵犯专利权案件而言，与侵权行为有关的要求包括：有明确的被告、具体的事实和理由。根据上述法律规定的内容，只有原告能够向法院提供被告的明确信息并指明具体的侵权行为的条件下，有关诉讼才能够为法院所受理。就此我们认为，诉讼时效制度设置的目的是为了督促权利人积极、及时地行使其相关权利，并在权利人怠于主张的情况下，转而赋予被控侵权人提出抗辩并对抗权利人诉讼主张的权利。由于超过诉讼时效的法律后果是严重的，它是在充分保护权利人利益为基本原则的前提下的一种有限例外，所以，只有在因权利人自身的原因，而非法律规定本身的不可实施而导致的懈怠行为才能够为诉讼时效制度所约束。换句话说，权利人完全具备提起侵权

---

❶　Paula loughlin, Stephen Gerlis, Civil Procedure, 2nd, published in Great Britain 2004 by Cavendish Publishing Limited, p. 34.

诉讼的条件，但懈怠主张权利，并非因客观障碍而未能提起诉讼。那么，结合《民事诉讼法》第一百零八条的规定，权利人只有在得知侵权行为的实施者即诉讼中的被告及具体的侵权行为的情况下，才能够提起诉讼，即其得知或者应当得知"侵权行为"的内容必然应当包括"侵权行为"和"侵权行为人"。有学者也明确指出，因侵权行为发生的请求权的普通时效期间，应从受害人知道有侵害行为及加害人之日起算❶。当然，也有学者具有不同看法，其指出："在知识产权领域，几乎不存在权利人发现了侵权行为而找不到侵权人的情形，在专利领域尤其如此，在使用地发现侵权行为的，使用人即是侵权行为人，在销售地发现侵权行为的，销售者便为侵权行为人，所以，没有必要将专利侵权诉讼中诉讼时效期间起算日界定为必须知晓'侵害行为'和'侵害人'之日。"❷

（三）时效抗辩的举证责任分配

《最高人民法院关于民事诉讼证据的若干规定》第二条规定："当事人对自己提出的诉讼请求所依据的事实或者反驳对方诉讼请求所依据的事实有责任提供证据加以证明，没有证据或者证据不足以证明当事人的事实主张的，由负有举证责任的当事人承担不利后果。"由此可见，被控侵权人以专利权人的起诉已经超过诉讼时效为由进行抗辩时，应当就此提供相应的证据，即证明专利权人是在知道或者应当知道侵权行为之日起两年后才提起了诉讼，当然，这里的举证重点仍然是证明专利权人知晓侵权行为的时间。当被控侵权人已经提供初步证据证明专利权人是在知晓侵

---

❶ 梁慧星著：《民法总论》，法律出版社 1996 年版，第 245 页。

❷ 145. F. 3d. 1461, 47 U. S. P. Q. 2d 1097 (Fed. Cir. 1998)，案情介绍来自于阿列克斯. 夏妥夫著：《1999 美国联邦巡回上诉法院专利案件年鉴》，知识产权出版社 2001 年 7 月第 1 版，第 238～239 页。

权行为后超过两年才提起诉讼，举证责任即产生移转，即专利权人转而承担起证明自己的起诉并未超过诉讼时效的责任。对此，专利权人既可以通过提供自己知晓侵权行为的时间在被控侵权人所称时间之后的方式，也可以通过证明在诉讼时效期间内出现了中断事由的方式来对抗被控侵权人提出的时效抗辩，这就是原告所承担的"在被告承担时效完成主张责任的基础上，再对诉讼时效未完成承担举证责任和说服责任"❶。

在原告蔡东青与被告中山市潘氏兄弟玩具有限公司侵犯实用新型专利纠纷中❷，原告指控被告生产的产品侵犯了其"一种具有速度升级遥控玩具车"的实用新型专利权。原告在起诉之前曾于2002年6月向广东省知识产权局提出行政调处申请，广东省知识产权局于2002年10月8日作出专利侵权纠纷处理决定。后原告于2004年7月20日提起本案诉讼。被告在答辩中明确提出了时效抗辩，并提供了原告向广东省知识产权局提交的调处申请用以证明原告在2002年6月18日前就已经知道了侵权事实，其提起本案诉讼时已经超过两年的诉讼时效，对其诉讼请求应予驳回，这相当于被告已经向法院提供了关于时效抗辩的初步证据，在这种情况下，举证责任即发生转移，即虽然从形式上看，原告的起诉确已超过两年，但如果其能够提供实际知晓的时间较晚或者具有诉讼时效中断情形的证据，仍然能够使被告的抗辩失效。果然，原告又提供了广东省知识产权局的侵权认定决定书，认为本案诉讼时效因行政调处行为而中断。由此，法院支持了原告的主张，认为本案的诉讼时效应当从广东省知识产权局2002年10月8日作出认定侵权决定之日起重新计算，故被告的时效抗辩不

❶　黄良军著："诉讼时效的若干程序法问题探析"，载《南京财经大学学报》2005年第2期。

❷　见广东省广州市中级人民法院（2004）穗中法民三知初字第736号民事判决书。

成立。本案较全面地反映了在被告提出诉讼时效抗辩时，举证责任的分配和转移的全过程。即在被控侵权人提供了初步证据证明专利权人的起诉在形式上已经超过诉讼时效的情况下，专利权人又举证证明具有诉讼时效中断的事由，从而使被控侵权人的时效抗辩未能成立。

（四）诉讼时效经过的法律后果

所谓"诉讼时效经过的法律后果"，是指诉讼时效期间届满后产生何种效力状态的问题，目前在世界各国主要有三种观点：一为实体权利消灭说，这种观点以日本民法典第 167 条的规定为代表：债权，因十年不行使而消灭，债权或所有权以外的财产权，因二十年不行使而消灭。由此可见，其将诉讼时效完成的效力直接规定为实体权利的消灭；二为诉权消灭说，这种观点以法国民法典第 2262 条为代表：一切物权或债权的诉权，均经三十年的时效而消灭。其认为在诉讼时效完成后，实体权利本身存在而只是诉权已经消灭；三为抗辩权发生说，这种观点以德国民法典为代表，其认为在时效完成后，义务人取得了拒绝履行的抗辩权，如果义务人自愿履行，视为抛弃抗辩权，履行行为亦视为有效❶。

我国《民法通则》第一百三十八条规定：超过诉讼时效期间，当事人自愿履行的，不受诉讼时效限制。同时，《最高人民法院关于贯彻执行〈中华人民共和国民法通则〉若干问题的意见（试行）》第一百七十一条规定："过了诉讼时效期间，义务人履行义务后，又以超过诉讼时效为由翻悔的，不予支持。"对于我国民事基本法律当中对诉讼时效问题的上述规定所持有的是何种

---

❶　145. F. 3d. 1461，47 U. S. P. Q. 2d 1097（Fed. Cir. 1998），案情介绍来自于阿列克斯·夏妥夫著：《1999 美国联邦巡回上诉法院专利案件年鉴》，知识产权出版社 2001 年版，第 233 页。

观点，实践当中产生了两种不同的看法：一为胜诉权丧失说，即诉讼时效期间经过后，权利人的实体权利并不消灭，其仍然可以向法院提起诉讼，但其相应的诉讼请求因超过诉讼时效而无法得到法院的支持。同时，我们也注意到，目前我国有部分学者在胜诉权丧失说基础上进一步提出了请求权丧失说的理论，这种理论认为：诉讼时效经过后，直接效果既不是胜诉权或诉权的消灭，也不是抗辩权的发生，而是权利人请求权的丧失。其理由在于：诉讼时效的客体是请求权，因而时效完成后直接导致的是请求权的丧失，而不能是其他权利；时效经过后所消灭的请求权，不是向法院提起诉讼的权利即起诉权，而是向法院请求保护的权利——请求权的消灭，它意味着基础权利的请求力丧失，而基础权利本身仍然存在。时效完成后并不意味着请求权的绝对消灭，而是相对消灭。只有在义务人进行抗辩的情况下，请求权才丧失❶。二为抗辩权发生说。这种理论认为，请求权的时效完成后，义务人有权拒绝给付，但时效并不是请求权消灭的原因，只是给义务人提供了抗辩权❷。

对于上述两种观点，我们认为，胜诉权消灭说是我国传统理论中对诉讼时效经过法律后果的一种归纳，它的存在直接导致了我国法院曾经长期坚持的对诉讼时效进行主动审查的制度。显而易见，这种做法与我国民事基本法律所倡导的意思自治的原则存在根本冲突，最高人民法院在 2008 年颁布的关于诉讼时效问题的司法解释当中，已经对上述观点给予了纠正❸。所以，在目前

❶　汪渊智：《论诉讼时效完成的效力》，载《山西大学学报》，2002 年第 3 期。

❷　见卡尔．拉伦茨著，王晓晔等译：《德国民法通论》（上），法律出版社 2003 年版第 245～247 页。转引自冯恺著：《诉讼时效制度研究》，山东人民出版社 2007 年版，第 234～235 页。

❸　见 2008 年 8 月 21 日公布的《最高人民法院关于审理民事案件适用诉讼时效制度若干问题的规定》第三条、第四条的规定。

的法律制度下，抗辩权发生说是对诉讼时效经过后所产生的法律后果的更为准确的阐述。根据抗辩权发生说的观点，诉讼时效经过所产生的直接法律后果是使被告获得了以时效对抗权利人主张的权利，而非经当事人主张，法院不得主动对诉讼时效问题进行审查。但如果被告自愿履行相应义务，法院亦不加干涉，履行之后再行翻悔也不能得到法院的支持。显然，时效抗辩在这里被明确地视为当事人可以自由处分的一种权利，即时效利益，在享有这种利益的一方当事人未提出主张的情况下，诉讼时效是否经过对权利人的实体权利及诉讼权利均不产生任何影响，并不会产生权利人的胜诉权甚至是请求权无条件丧失的法律后果。

（五）对法院能否依职权对诉讼时效问题进行主动审查的进一步讨论

如前所述，由于时效抗辩是当事人享有的一种诉讼利益，是一种非经当事人主动启动、法院不得干涉的权利。但这种观点的形成，即法院能否对权利人的起诉是否超过诉讼时效的问题进行主动审查，在我国仍然经历了一个变化和发展的过程。《民事诉讼法》并没有对法院能否主动对时效问题进行审查作出明确规定，但最高人民法院于1992年颁布的《最高人民法院关于适用〈中华人民共和国民事诉讼法〉若干问题的意见》第一百五十三条中规定："当事人超过诉讼时效期间起诉的，人民法院应予受理。受理后查明无中止、中断、延长事由的，判决驳回其诉讼请求。"根据上述司法解释的内容，我国法院曾长期坚持诉讼时效问题属于法院依职权审查范围的观点，司法实践当中也确实出现过被控侵权人并没有提出时效抗辩但法院主动审查后认为权利人的起诉已经超过了诉讼时效，从而驳回原告诉讼请求的案件。

但实际上，法院对于诉讼时效进行主动审查的做法一直为我国学术界所反对❶，我们认为，对诉讼时效问题的审查应当基于当事人的请求而不能由法院主动启动，理由在于：1. 对于诉讼时效问题只能由当事人提出后才能进行审查，而法院不能主动进行审查的做法最早来源于罗马法，也是目前世界大多数国家的通行做法。法国民法典第 2223 条及日本民法典第 145 条都明确作出了除非当事人援用时效，法院不得根据时效进行裁判的规定❷。2. 根据抗辩权发生说的理论，诉讼时效是当事人一项重要的抗辩事由，所以，对于这项权利是否行使应当依当事人的自主意愿。如果当事人选择放弃这种时效利益而主动履行相关义务，法院越俎代庖进行的主动审查就与意思自治原则背道而驰；3.《民法通则》第一百三十八条规定，超过诉讼时效期间当事人自愿履行的，不受诉讼时效限制。如果将诉讼时效问题置于法院依职权审查的范围之内，那么，当事人在诉讼过程中就不可能有自愿履行的机会，这无疑是对当事人处分权的过分干涉。因为，时效经过后，权利人的请求权并不绝对丧失，如果义务人行使时效抗辩权，表明其对时效利益的主张，法院应予审查，以实现诉讼时效制度的目的。如果义务人不行使该项权利，可能是基于良心的感召，愿意放弃时效利益，向权利人作出履行，此时如果法院强行适用时效，对权利人作出败诉判决或者驳回起诉，是有悖诉讼时效制度宗旨的❸。

最高人民法院已经对此问题给予了充分关注，在其于 2008

---

❶ 如有学者援引日本学者四宫和夫的理论指出：赋予法官主动审查诉讼时效是否届满并据此判决驳回原告诉讼请求的权力与职责，实际上是一种将本体效果前置为直接效果的做法，它剥夺了受时效利益意思自治的可能和当事人诉讼程序上的处分权，破坏了诉讼时效制度内部私权与公权之间的协调关系，削弱了这一制度赖以存在的正当性基础。见王利明主编：《中国民法典学者建议稿及立法理由》（总则编），法律出版社 2005 年第 1 版，第 398 页。

❷ 梁慧星著：《民法时效研究》，法律出版社 1991 年版，第 163 页。

❸ 王静波著：《民事诉讼时效若干问题》，载于 http://www.cnki.net.

年9月1日实施的《最高人民法院关于审理民事案件适用诉讼时效制度若干问题的规定》第三条、第四条中作出如下规定："当事人未提出诉讼时效抗辩的，人民法院不应对诉讼时效问题进行释明及主动适用诉讼时效的规定进行裁判。此外，如果当事人在一审期间未提出诉讼时效抗辩，除非有新的证据能够证明权利人的请求权已经超过诉讼时效的，人民法院对于在二审期间提出的诉讼时效抗辩不再予以支持。而且，如果当事人未按照上述规定提出诉讼时效抗辩而将超过诉讼时效作为再审理由或再审抗辩的，人民法院都不再予以支持。"上述法律规定的内容，不仅明确了诉讼时效属于当事人私权处分的范畴而不由法院主动援引的法律原则，而且，通过对提出诉讼时效抗辩时间的限定（即原则上是在一审，有条件的在二审，禁止作为再审理由），充分保障了当事人的时效利益，这无疑是我国诉讼法律制度发展过程中的重大进步。

（六）对于持续侵权行为诉讼时效的确定

《专利案件适用法律若干规定》第二十三条对专利侵权纠纷适用两年普通时效的原则给予了明确，同时，对侵犯专利权案件中持续侵权行为的诉讼时效制度也作出了规定，即权利人超过两年起诉的，如果侵权行为在起诉时仍在继续，在该专利权有效期内，人民法院应当判决被告停止侵权行为，侵权损害赔偿应当自权利人向人民法院起诉之日起向前推算两年计算。

根据上述司法解释的内容，我们至少可以得出以下结论：一是关于停止侵权的请求权不受诉讼时效的限制，这种观点建立在物上请求权不因时效的经过而丧失的理论基础之上；二是关于赔偿损失的请求权，我们知道，作为债权请求权的损失赔偿请求权受到诉讼时效的约束是各国民法学界的主流观点❶。但根据该司法解释的内容，这里的损失赔偿请求权似乎也有不受诉讼时效约束之虞。但我们认为，最高人民法院在上述司法解释当中对与损害赔偿请求权有关的诉讼时效问题的规定是合理的，也是具有理论基础的。所谓持续侵权行为，应当是多个独立的侵权行为的集合，也就是说，行为之所以保持了持续性，是因为不断有新的销售行为或生产行为出现。从行为整体上看，它们是持续侵权行为本身环环相扣的链条，但从单个行为本身看，它们又具有可产生新请求权的独立性。所以，持续侵权行为在进行的过程中，不断有独立的、新的侵权行为的发生，随之也不断产生了新的损害赔偿请求权。当然会有部分请求权产生于专利权人起诉之前的两年内，也会有部分请求权发生的时间已经早于两年，对于两年内的赔偿请求予以支持是具有事实和法律根据的。

当然，我们对持续侵权行为的诉讼时效进行讨论的目的不仅仅是为了考证它是否具有理论根据，还在于，在本章的主题之下，即诉讼时效抗辩的根本目的是防止原告懈怠主张自己的权利从而使被告受到了不应有的损害。但有学者也对此表示了自己的担心，即上述司法解释中对持续侵权行为诉讼时效的规定是否会促使专利权人可以更加从容地选择起诉的时机，从而将诉讼时效制度防止权利人怠于行使权利的目的流于形式？既然权利人的停止侵害请求权永远受到保护，且其损害赔偿请求权受到一定的保护，"聪明的"权利人可以选择起诉的最佳时机，尤其是在侵权人非法获利可以作为赔偿依据的前提下，权利人在起诉前甚至可以委托调查机构对被告进行调查，看被告是否处于营利状态。权利人起诉时机的选择会对被告造成极大不公，尤其是侵权行为已

---

❶　Environmental Defense Fund, Inc. v. Alexander, 614 F. 2d 474（5th Cir. 1980）.

经持续十几年甚至更长时间原告才起诉的，被告可能已经进行了大量的投资、扩大了生产规模，这种做法会使国家利益或者公众利益受到损害❶。

最高人民法院在该司法解释出台之后对解释的内容进行了进一步地说明："对于侵犯专利权案件中诉讼时效问题的这种特殊规定，实际上是考虑到了知识产权权利本身的特殊性，目的在于有效地加强对知识产权权利人的保护❷。我们认为，与其他很多法律规定相似，诉讼时效制度也是一把双刃剑，它设置的初衷在于督促权利人积极、合法地行使手中的权利，并通过给予被告时效利益的方式来使这一制度的价值得到充分的发挥。但从另一方面来说，它也不能够因此而牺牲权利人的正当利益。对持续侵权行为而言，原告选择在被告经营状况较好的时间段起诉，当然会比在侵权行为发生之初起诉获得更多的赔偿。但是，此时的被告也因为从事了长时间的侵权行为而获得了更多的利益，将原告的损害赔偿请求权限制在两年之内，其实也是充分考虑了对原告和被告利益的平衡，并不存在对任何一方的过分保护，也并未影响到时效抗辩制度应有作用的发挥。"

三、我国的时效抗辩制度所存在的主要问题

我国的时效抗辩制度，在实践当中确实对权利人起到了一定的督促和威慑作用，但在适用过程中，还有一些亟待解决的

---

❶ 145. F. 3d. 1461，47 U. S. P. Q. 2d 1097（Fed. Cir. 1998），案情介绍来自于阿列克斯. 夏妥夫著：《1999 美国联邦巡回上诉法院专利案件年鉴》，知识产权出版社 2001 年版，第 245～246 页。

❷ 《最高人民法院民二庭负责人就〈最高人民法院关于审理民事案件适用诉讼时效制度若干问题的规定〉答记者问》（2008 年 9 月 1 日），载于奚晓明主编《最高人民法院关于民事案件诉讼时效司法解释理解与适用》，人民法院出版社 2008 年版，第 10 页。

问题。

首先，设置诉讼时效制度的根本目的在于督促权利人及时行使权利，以防止社会经济和法律关系长期处于不稳定的状态之中可能导致的社会资源的无谓浪费。我国目前的诉讼时效制度，还主要是从懈怠行使权利的时间而不是行为性质本身去对专利权人的行为进行约束。主要根据时间标准来衡量专利权人起诉行为的正当与否，而不关注其主观状态及可能造成的被控侵权人的种种损害，决定了它不可能从真正意义上杜绝权利懈怠的行为。因为，大多数专利权人懈怠行使权利的行为往往存在形式上的合法性，即其可能完全符合起诉的时间要求，但实际上却对被控侵权人造成了严重损害。由此可见，诉讼时效制度由于制度规定上的简单化，更多约束的是部分专利权人无意的疏忽行为，但对于恶意懈怠以求获得更大利益的专利权人而言，很难实现有效预防和规制。

其次，从法律效果上看，当被控侵权人主张时效利益后，专利权人所提出的经济赔偿请求虽然可以被禁止，但仍然可以要求被控侵权人停止侵权行为。而根据美国法下的权利懈怠抗辩制度，一旦专利权人在主张或行使权利的过程中存在不合理的迟延，并导致被控侵权人受到损害，专利权人所要承担的法律后果是相当严重的：一是侵权阻却，即专利权人的懈怠视为一种可撤销的临时许可，侵权人免于承担因过去的侵权行为而产生的损害赔偿责任；二为强制许可，即若被控侵权人在专利权人懈怠期间，已经通过其被控侵权行为建立了实质性业务，法院可以允许被告在支付合理的使用费后继续其义务❶。与此相比，我国的诉讼时效制度不考虑专利权人的主观状态而以时间的经过为主要标准所设置的部分情况下不赔偿经济损失（而很多情况下还给予两

---

❶ 寇准：《论专利懈怠行为的法律规制》，中国政法大学 2007 年硕士学位论文。

年损失的赔偿）而无条件停止侵权的法律后果，不能为提出抗辩主张的被控侵权人带来有效的救济，还可能在一定情况下成为恶意的专利权人损害被控侵权人利益的手段。由此可见，我国目前虽然已经建立了比较完整的的知识产权诉讼时效制度，但从目前的立法现状及诉讼时效抗辩在司法实践当中应用的具体情况来看，我国有必要在对现有制度进行进一步地完善和扩展的基础上，建立起完整的权利懈怠抗辩制度。当然，这种制度完善的过程，需要对其他国家有益经验进行充分借鉴的基础上进行有条件的制度移植，以符合我国司法实践的实际需要。

四、权利懈怠抗辩制度的研究意义和立法意义

我国的诉讼时效制度虽然也在一定程度上起到了对权利人的督促和威慑作用，但其与权利懈怠制度相比，由于在制度设计、特别是法律后果上还存在一定的差异，还没有能够充分地发挥出它应有的价值。因此，有必要在借鉴相关国家有益经验的基础上，创立我国侵犯专利权诉讼中的"权利懈怠抗辩制度"，我们认为，它的立法意义或者说制度存在的必要性表现在：

（一）督促专利权人及时行使权利，维护交易安全和社会经济秩序的稳定

专利法的实质，是在专利权人的垄断利益和社会公众的利益以及在此基础上的更广泛的社会公众利益之间进行利益选择、利益整合和协调，从而求得利益平衡的一种制度设计和安排❶。法律在赋予专利权人垄断利益的同时，也要求他以恰当的方式来行使自己的权利。特别是在市场经济的环境下，每个市场主体之间都有着盘根错节的关系。专利权人如果不及时行使自己的权利，就会为其他的市场主体带来错误的暗示，使潜在的侵权行为人在

---

❶ 冯晓青著：《专利法与公共利益》，载《知识产权》2004 年第 10 期。

误认为权利人已经给予了默示许可甚至放弃了权利的情况下按照自己的需求建立了相应的经济关系。如果允许专利权人以懈怠权利的方式达到选择诉讼时机并获取最大利益的目的，整个社会经济秩序将处于长期的不稳定状态之中，交易安全将无法得到保障。设立权利懈怠抗辩制度的目的，不仅是对专利权人积极行使权利的督促，也通过在特定情况下对"消极"的专利权人的"制裁"❶，达到稳定经济秩序和维护交易安全的目的。

（二）减少社会资源不必要的浪费，降低诉讼成本

专利权人懈怠行使权利的另一消极后果就是可能为被控侵权行为人带来举证上的重大不利，对于发生已久的侵权行为，关键证据早已灭失、证人下落不明都会使被控侵权人在查找证据方面面临种种困境，而花费在取证方面的时间和金钱往往也是很多的。此外，对于受理案件的法院而言，其投入在这样一个案件中的资源常常也是难以估量的。而在现代社会，效率不仅是实体法所追求的目标，也是程序法的基本价值之一。权利长期不行使所带来的诉讼成本的大幅增加，与提高诉讼效率的价值目标背道而驰。设立权利懈怠制度，不仅是对专利权人行使权利方式的约束和警示，也在最大限度上减少了社会资源特别是诉讼成本的无谓支出和浪费。

五、比较法上的分析——美国权利懈怠抗辩制度的构建

在目前的世界各国当中，美国是权利懈怠抗辩制度构建较早、制度发展得比较完善的国家。权利懈怠抗辩制度作为衡平法下的一项专利侵权抗辩事由，与我国的诉讼时效制度相比，它对法律内涵、行使条件到法律后果的规定都相对明确和严格，在我

---

❶ 这里的"制裁"，主要是指专利人的诉讼请求无法实现，而非通常意义上具有惩罚性质的处罚。

国相关制度进行创建的过程中，有必要通过比较分析，对其中的有益做法给予借鉴。

（一）权利懈怠抗辩的内涵

权利懈怠抗辩原则（Laches）是美国衡平法下的一项抗辩事由，它又被称为"迟延告诉"原则，是指原告不正当地拖延起诉并导致被告利益受到损害的，其金钱赔偿请求甚至全部诉讼请求将被法院驳回的原则[1]。1992 年的 A. C. Aukerman[2] 一案被视为专利懈怠抗辩制度确立和形成过程当中具有里程碑意义的案件（the seminal case），在这一案件当中，美国联邦巡回上诉法院对权利懈怠抗辩制度作出了清晰而全面的阐述，这已经成为此后美国法院处理类似案件的重要参照。在本案中，原告是两项路障制作方法和设备的专利权人。原告曾于 1979 年口头通知被告侵犯了其专利权，之后又几次发出书面通知表示要追究被告的侵权责任，被告曾回信称其使用具有合法的授权，但如果原告仅要求每年二百至三百美元专利使用费的话，被告可以接受。此后八年，原告并未针对被告提起诉讼，双方也没有进一步的接触或商谈。在此期间，被告扩大了其生产规模，并制作了新的路障制作设备。1988 年 10 月，原告针对被告提起侵犯专利权诉讼。地方法院以即席判决的形式认定懈怠原则和禁止反悔原则阻却了原告诉讼请求的实现。美国联邦巡回上诉法院在判决书中对权利懈怠抗辩原则作出了清晰的陈述，明确了"懈怠"属于专利侵权案件当中美国专利法第 282 条所规定的一项衡平法下的抗辩事由。

---

[1] Environmental Defense Fund, Inc. v. Alexander, 614 F. 2d 474 (5th Cir. 1980).

[2] A. C. Aukerman Company v. R. L. Chaides Construction Company 960 F. 2d 1020 (Fed. Cir. 1992).

（二）权利懈怠抗辩的行使条件

1. 不合理的迟延（Unreasonable Delay）

原告没有合理原因迟延行使权利是被告行使权利懈怠抗辩的首要条件，迟延的时间从原告知道或者有理由应当知道被控侵权行为之日起计算，起算日的确定虽然与诉讼时效的起算有相近之处，但这里的迟延并不仅以时间经过的长短为衡量标准，而主要考虑基于具体的案件事实，该迟延是否具有合理性❶。对于这种合理性的判断，美国联邦巡回上诉法院在 Wanlass v. Fedders Corporation❷案中进行了一定的分析：原告于 1977 年获得一项名为"使用电容器以获得高效输出电机"的专利权，并于 1995 年 9 月对被告提起了专利侵权诉讼。被告在答辩时提出了权利懈怠抗辩及即席判决的动议。被告认为，自己的生产经营活动一直相当活跃，专利权人最迟在 20 世纪 80 年代就应当知道了侵权事实，但直到 1995 年才向法院提起诉讼，属于不合理的迟延。一审法院运用了迟延过错的推定并同意了被控侵权人的动议。但联邦巡回上诉法院对此具有不同看法，他们认为：本案中的核心问题在于确定专利权人的迟延行为是否具有合理性。首先，专利权人的主要经营活动并未集中于空调的生产、制造，其不会将过多的精力用于关注是否有产品对自己的专利构成侵权；其次，本案中是否存在侵权行为必须通过对被控侵权产品进行拆卸、检测后才能够确定，被控侵权行为具有一定的隐蔽性。因此，得出专利权人具有不合理的迟延或专利权人并不知晓存在侵权行为这两种结论都是可能的，本案不能通过即席判决的形式就确定专利权人

---

❶　John B. Campbell Jr. ：A Decade of Aukerman：An Analysis of Laches and Estoppel in the Federal Circuit，The Journal of Law and Technology（2003）.

❷　145. F. 3d. 1461，47 U. S. P. Q. 2d 1097（Fed. Cir. 1998），案情介绍来自于阿列克斯. 夏妥夫著：《1999 美国联邦巡回上诉法院专利案件年鉴》，知识产权出版社 2001 年版，第 242 页。

的起诉构成不合理的迟延。

对于何种情况构成"合理的迟延",在美国衡平法下也并没有一个确定的标准,法官通常都是根据案件中的具体情形来判定专利权人的迟延起诉在当时的情况下是否具有合理性。当然,一些具有普遍性的理由也已经得到了多个案例的确认,如专利权人在进行其他案件的诉讼、专利权属的争议、与被告的商谈等❶。当然,美国法下也存在一个"推定迟延"的规定,即如果被告能够证明专利权人知道或者应当知道被控侵权行为后超过六年才向法院起诉的,推定懈怠成立。❷当然,在这种情况下,原告仍然有机会通过证明自己的迟延行为具有合理的理由或者并未给被告造成实质损害来推翻"懈怠的推定"❸。

2. 实质性的损害(material prejudice)

专利权人不合理的迟延已经为被控侵权人带来了实质性的损害是权利懈怠抗辩成立的另一个行为要件,这里的损害包括两方面的内容:经济方面的损害和证据方面的损害。而且,这种损失也同样需要具有不合理性,即被告因原告的迟延行为所遭受的损失大于其应为侵权行为所付出的代价❹。所谓"经济上的损失",主要是指被控侵权人因专利权人的懈怠行为已经扩大了生产规模,投入了大量资金,而如果专利权人较早起诉的话,被控侵权人就不会蒙受上述损失❺。所谓"证据上的损失",是指由于距

---

❶❷　A. C. Aukerman Company v. R. L. Chaides Construction Company 960 F. 2d 1020(Fed. Cir. 1992)．

❸　145. F. 3d. 1461, 47 U. S. P. Q. 2d 1097(Fed. Cir. 1998),案情介绍来自于阿列克斯．夏妥夫著:《1999美国联邦巡回上诉法院专利案件年鉴》,知识产权出版社2001年版,第242页。

❹　Pierce v. International Tel ＆ Tel. Corp(1957, DC NJ)147 F Supp 934.

❺　Potash Co. of America v. International Minerals ＆ Chem. Corp, 213 F. 2d 153, 101 USPQ 264(10th Cir 1921).

侵权行为的发生已经年代久远，重要的证人已经死亡或者记忆模糊，相关证据已经丢失等损失❶。

实质性损害的存在是行使权利懈怠抗辩的一个重要条件，被控侵权人仅能证明专利权人存在懈怠行为而不能提供已经因此遭受损失的证据的情况下，权利懈怠抗辩同样无法成立。所以，这更进一步地证明了在权利懈怠抗辩之中，所谓"迟延"并不等同于时间的经过，更不能作为抗辩权行使的独立基础。

（三）权利懈怠抗辩的法律后果

在美国的侵犯专利权诉讼中，权利懈怠抗辩最直接的法律后果是原告不能对起诉之前因被告的侵权行为给自己造成的损害要求赔偿，但起诉之后产生的损失和提出禁令救济的机会都不因此而受到限制❷。也有学者认为，从 A. C. Aukerman 案的判词中分析，如果权利懈怠抗辩成功，专利权人实际上还要承担一种强制许可的法律责任，即如果被控侵权人在专利权人懈怠期间，已经通过其被控侵权行为建立了实质性业务，法院可以允许被告在支付合理的使用费后继续其业务❸。

（四）对权利懈怠抗辩的限制

如果被控侵权人已经提供证据证明专利权人存在不合理的迟延，并给自己带来了实质性的损害，是否就可以成功地阻却专利权人就起诉之前的行为对自己提出的诉讼请求呢？实际上，美国法中也存在对权利懈怠抗辩的限制，即如果被控侵权人存在主观

---

❶ Giese v. Pierce Chemical Co. , 29 F. Supp. 2d 40，49 USPQ 2d at 1505.

❷ A. C. Aukerman Company v. R. L. Chaides Construction Company 960 F. 2d 1020（Fed. Cir. 1992）.

❸ 寇准：《论专利懈怠行为的法律规制》，中国政法大学 2007 年硕士学位论文。

故意，就不能享有懈怠抗辩权❶。美国法官对此解释称，被告的善意是作为公正与衡平的一般要求的一个方面，即使原告的迟延是不合理和无理由的，并且即使由此而导致被告受到重大损害，法院在行使自由裁量权时也并非必须支持被告提出的抗辩，除非法院确认支持该抗辩是公正、正义的并符合衡平法。为了作出正确的认定，法院必须对案件的全部事实和各种情形进行审查❷

（五）对权利懈怠抗辩制度的评述

权利懈怠抗辩制度，是在美国衡平法下发展起来的一种权利抗辩制度，在美国一百多年的专利诉讼发展历程中，权利懈怠抗辩制度对于预防和制止专利权人的懈怠行为，平衡专利权人利益与社会公众利益起到了重要作用。与我国的诉讼时效制度相比，二者在立法初衷上具有很大的相似性，即都以督促权利人积极、及时行使权利以防止对社会公众造成不应有的损害，并造成社会资源的浪费为目的。同时，二者也都是侵犯专利权诉讼当中被控侵权人一项有力的抗辩事由，一旦抗辩成功，都可能使专利权人承担严重的法律后果。特别是在美国，由于很多侵犯专利权案件当中法官所确定的赔偿额都是相当相当惊人的，所以，专利权人的诉讼请求一旦受到权利懈怠抗辩的阻却，其因此而蒙受的经济损失将甚为可观。但是，权利懈怠抗辩制度与我国的诉讼时效抗辩制度相比，也存在着很多的差异：首先，权利懈怠抗辩制度强调的是权利人具有不合理的迟延并因此而使被告蒙受损失。虽然存在"懈怠的推定"，从根本上说，时间经过的长短在懈怠抗辩制度中并不是一个关键因素，法院更多考虑的是究竟哪一方当事

---

❶ Donald S. Chisum and Jacobs, Understanding Intellectual Propertu Law, Matthew Berder & Company Incorporated, 1995 Reprint. 转引自张晓都著：《专利侵权判定 理论探讨与审判实践》，法律出版社 2008 年版，第 162 页。

❷ Jay Dratler, Jr 著，王春燕等译：《知识产权许可》（上），清华大学出版社 2003 年版，第 248～249 页。

人提供了关于迟延合理性和损失存在的有效证据。而在诉讼时效制度之中，时间因素非常重要，只要专利权人从得知侵权行为之日起超过两年提起诉讼，除非能否证明存在法定的中止和中断的事由，专利权人的主观状态并非审查时效抗辩是否成立的考虑因素。所以，与诉讼时效制度相比，权利懈怠抗辩制度更多地关注于专利权人的主观状态和懈怠行为的真正原因，其在司法实践当中对于确有恶意的懈怠行为的判定可能更为客观和准确。其次，从法律效果上而言，虽然权利懈怠与诉讼时效均是侵权抗辩事由，但他们带来的法律后果不尽相同。在权利懈怠抗辩成功的情况下，其不仅能够阻却专利权人对起诉之前侵权行为的赔偿请求，还可能产生强制许可的法律效果。但诉讼时效抗辩成功后，被控侵权人无权继续使用被控侵权产品。最后，在权利懈怠抗辩制度下，存在主观恶意的被控侵权人无权进行懈怠抗辩，但诉讼时效制度中并无类似规定。

从上述分析我们可以看出，权利懈怠抗辩制度与我国的诉讼时效抗辩制度既存在着共性，也具有很多差异。在我国的侵犯专利权诉讼中，能否引入权利懈怠抗辩制度以实现对权利懈怠行为的有效遏制，需要我们在具体分析我国现有制度的基础上作出判断。毕竟，在对已有法律资源进行充分挖掘和利用的同时，部分移植或者将其他国家的有益经验进行本土化，是我们完善现有法律制度最为经济和科学的方式。

六、我国权利懈怠抗辩制度的构建

在对我国的诉讼时效制度和美国法下的权利懈怠抗辩制度进行分析后，我们发现，从作为侵权抗辩事由的角度出发，诉讼时效制度与权利懈怠抗辩制度从制度设置和基本目的上来说是比较接近的。它们都属于侵犯专利权案件中的抗辩事由，非经被告提出，法院不能够对此进行主动审查。无正当理由的诉讼时效的经过和权利懈怠的构成，都会给权利人带来不利的法律后果。但与诉讼时效抗辩相比，权利懈怠抗辩能够更为有效地遏制专利权人恶意的懈怠行为，从而更充分地实现其作为一项权利抗辩所要达到的平衡权利人与社会公众利益的目的。正如我们前面已经谈到的，由于权利懈怠抗辩制度更多地关注专利权人行使权利时的主观状态即其行使权利是否具有正当性，而不是主要依赖于对权利人未行使权利时间的判定，所以，它对真正有损于社会公众利益的懈怠行为的判定更为客观和准确。我们认为，为真正发挥权利懈怠抗辩制度督促权利人积极、合法行使权利的作用，有必要在其他国家有益经验的基础上，对我国的诉讼时效制度予以完善，并最终全面建立我国的权利懈怠抗辩制度。

实际上，在我国《专利法》第三次修改过程中，曾经考虑建立我国的权利懈怠制度。《专利法》第三次修改送审稿第七十二条曾规定："专利权人或者利害关系人超过诉讼时效向人民法院起诉或者请求专利行政管理部门处理的，可以对起诉或者请求处理之日前两年的侵权行为获得赔偿；无正当理由超过诉讼时效三年后才向人民法院起诉或者请求专利行政管理部门处理的，无权对请求处理或者起诉之前的侵权行为获得赔偿；在上述情形下，可以请求人民法院或者专利行政管理部门责令侵权人立即停止侵权行为。"根据立法机关对该送审稿的说明，前半部分是将最高人民法院司法解释中关于持续侵权行为诉讼时效的规定吸收至《专利法》之中，而后半部分是关于懈怠制度的规定。遗憾的是，《专利法》经第三次修改正式出台后，并没有保留上述送审稿的内容并对我国的权利懈怠抗辩制度作出规定。但是，上述规定也给我们传递了一个有效的信息，即我国立法机关已经开始充分注意和重视到了侵犯专利权领域权利人的恶意懈怠行为，并已经具有了对其进行有效规制的初步构想。但由于权利懈怠这一概念本身对于我国现行立法而言是崭新的，在制度设置和法律效果等问题上与我国传统的诉讼时效制度也存在很多差异，通过进一步的摸索和尝试，逐步确立起这一制度也是可行的。我们认为，我国《专利法》当中的权利懈怠抗辩制度至少应当包括以下内容。

1. 权利懈怠行为的内涵

从"权利懈怠"这一措辞本身的内涵来说，可能包括两类行为：一是基于专利权人的疏忽大意而出现的懈怠行为，即专利权人本身并没有选择起诉时机以获取更大利益的目的；二是具有主观恶意的懈怠行为，即专利权人在知晓侵权行为后迟迟不起诉的真正理由在于通过起诉时机的选择而获得更高数额的赔偿。我们认为，专利权人的第一种懈怠行为通过诉讼时效制度已经能够进行有效规制，由于权利懈怠抗辩的法律后果更为严重，其主要应当以对抗具有主观恶意的专利权人的懈怠行为为立法基础。我们建议的权利懈怠行为的概念是：专利权人知道或者应当知道侵犯专利权行为的存在，但对此采取放任的态度而不及时地提起侵权诉讼或以其他方式主张权利，致使被控侵权人或社会公众的利益遭受了不应有的损害的行为。

2. 权利懈怠抗辩的行使条件

对于被控侵权人提起权利懈怠抗辩的条件，我们认为美国衡平法下的条件设置基本上是合理的，即被控侵权人应当证明这种迟延不具有合理性并且给自己造成了实际损失。对于何种迟延才能够被视为具有合理性，建议可以比照时效中止或者中断的事由，对此作出明确的列举式的规定。对此，主要是考虑到权利懈怠抗辩成功的法律后果比较严重，且与我国原有的法律规定有所不同，因此，为当事人的诉讼行为和法院的司法行为提供一种明确的指引有利于权利懈怠抗辩制度在实践当中的规范使用。当然，对于合理性和实际损失的列举，我们仍然建议增设兜底性条款。鉴于我国不存在美国的判例法制度，法院不能通过具体判例来对有关法律原则根据社会发展的现实需要进行修正和完善，因此，兜底条款的设立，有利于司法实践不断与社会生活现实需要契合。

3. 权利懈怠抗辩的法律后果

由于权利懈怠抗辩制度是独立于现有的诉讼时效制度之外的一项抗辩制度，其所要约束的是恶意的权利懈怠行为，因此其法律后果应当更为严重。前面我们已经论及，美国衡平法下确立的法律后果是对起诉前损失赔偿的禁止和部分情况下的强制许可。对于强制许可这种法律后果，我们认为具有更强的惩罚性和威慑性。因此我们建议，对于被告确已证明其因原告的懈怠行为已经投入了大量的资金并扩大了生产规模，如果其愿意向原告支付合理的专利许可使用费的情况下，对于专利权人所提出的停止侵权的诉讼请求，法院也可以不予支持。但是，在这种情况下亦应当强调被告的另一项举证责任，即证明如果判决停止侵权，被控侵权人所遭受的损失可能远高于继续侵权行为可能为原告所带来的损失。这种法律后果的设定不仅考虑的是原告懈怠行为的恶意，且亦充分关注了使社会资源免受无谓损失这一问题。

4. 权利懈怠抗辩适用的例外

权利懈怠抗辩制度为被控侵权人提供了对抗恶意专利权人的有力武器，这一制度设立本身的重要理论基础就是诚实信用原则。因此，如果被控侵权人存在恶意行为，即其自身行为已经与诚实信用原则相违，其自然也丧失了使用这一抗辩制度的资格。对于被控侵权人的恶意，一般可以理解为被控侵权人的故意侵权行为，在这种情况之下，被控侵权人不能通过权利懈怠抗辩制度免除自己由此应当承担的法律责任。

（撰稿人：佟　姝）

第十章　滥用专利权抗辩

在建立创新型国家的过程中，人们已经充分认识到尊重和保护专利权对整个社会经济发展的重要作用。在鼓励创新、加大对专利权和专利权人保护力度的社会舆论之下，立法、执法、司法及学术界的实践工作和理论研究无不围绕着"强化权利意识"这一主题展开[1]。无可厚非，作为一个发展中国家，提高专利的拥有量，激励专利技术的转化和创新是我们的当务之急。但是，当我们欣喜地看到中国的专利申请量已经攀升世界第一的时候，大量实用新型和外观设计专利因其极低的技术含量或公然占有公有领域的技术资源等种种原因，在后续程序中被宣告无效的数量也节节攀升。根据国家知识产权局专利复审委员会的统计，经无效程序审查而被宣告全部无效或者部分无效的专利占到了全部案件数量的一半以上[2]。同时，在这些权利状态极不稳定的专利权被最终宣告无效之前，专利权人大肆提起侵权诉讼，或采用其他方式滥用专利权的现象却悄然产生并迅速在全国各地出现，这种现象也已经为我国的有关机构所关注。国务院在 2008 年 6 月 5 日公布的《国家知识产权战略纲要》的序言中即已指出："我国目前知识产权滥用行为时有发生，应当制定相关法律法规，合理界

---

[1]　2008 年 12 月 27 日，全国人大教科文卫科技室主任陈广君在回答记者提出的"为何在第三次专利法修改中没有对防止专利权滥用的问题作出规定"这一问题时表示：在保护和防止滥用之间，现在的主要问题还是保护不够。见《法制日报》2008 年 12 月 28 日第二版。

[2]　尹新天著：《专利权的保护》，知识产权出版社 2005 年 4 月第 2 版，第 566 页。

定知识产权的界限，防止知识产权滥用，维护公平竞争的市场秩序和公众合法利益。"

专利权，由于其权利本身的无形性、权利范围的可解释性等原因，与其他类型的知识产权权利相比，更易为权利人所滥用。而大量因权利人不当行使专利权所引发的诉讼频频发生，也使我们在关注专利权人利益保护的同时，必须要对专利权人行使权利的范围和方式进行正确引导和有效规范。滥用专利权抗辩，是侵犯专利权的抗辩事由之一，虽然由于其自身具有的被动性和防御性，它不能为侵犯专利权诉讼中的被告带来经济上的补偿或与此类似的救济，但它对可能受到权利滥用行为损害的被告的保护却是最为直接和有效的，以滥用专利权抗辩制度发展得最为成熟的美国为例，权利滥用抗辩的成功意味着专利权在本案中的暂时失效和被告诉前行为的豁免❶。在我国目前尚没有对滥用专利权的反赔制度作出明确规定❷的情况下，司法实践的需求和现有制度的匮乏之间的矛盾需要我们尽快建立起我国的滥用专利权抗辩制度，以实现对滥用专利权现象及时、有效地制约。当然，对现有制度的充分利用和其他国家有益经验的引入都是在该制度建立过程中不可或缺的环节。

---

❶ Carbice Corp. v. American Patents Development Corp. ，283 U. S. 27（1931）.

❷ 虽然我国的立法机关也曾要作出这方面的尝试，在《专利法》第三次修改的送审稿中试图规定：专利权人明知其获得专利权的技术或者设计属于现有技术或者现有设计，恶意指控他人侵犯其专利权并向人民法院起诉或者请求专利行政管理部门处理的，被控侵权人可以请求人民法院责令专利权人赔偿由此给被控侵权人造成的损失。但该条规定最终没有被纳入正式公布的第三次修改的《专利法》条文之中。

一、司法实践中已经出现及可能面临的滥用专利权行为

（一）"滥用专利权行为"的法律内涵

　　滥用专利权行为是权利滥用行为的一种具体表现，目前，对于滥用专利权行为的法律内涵有如下几种解释：一为越界说，即专利权人利用其权利的方式超出了法律所允许的范围❶。部分学者进一步将此解释为：权利之行使，必有一定界限，超过正当之界限行使权利，即为权利之滥用。❷ 二为损害说，即专利权人不依《专利法》规定的方式实施专利权，损害他人利益或者社会公共利益的行为。❸ 三为手段违法说，即专利权人采用形式上合法的、不正当行使权利的手段，损害发明创造的产生、公开和社会利用的行为。❹

　　上述三种学说对于"滥用专利权行为"所作出的解释存在不同的侧重点，越界说强调的是权利范围对权利行使方式的制约，损害说强调的是滥用专利权行为所带来的实际损害结果，手段违法说强调的是行为人主观上的过错，因为它要求权利人使用"不正当的手段"。由于本章在此展示并讨论司法实践中所出现的各种滥用专利权行为的目的在于对滥用专利权抗辩制度建立的必要性和可行性作出进一步的探讨，而如前所述，抗辩权是一种防御性权利，抗辩权行使的前提并不以实际损害的存在为前提，所

---

　　❶ 尹新天著：《专利权的保护》，专利文献出版社 1998 年版，第 125 页。

　　❷ 梁慧星著：《民法总论》，法律出版社 1996 年版，第 260 页。

　　❸ 王玉梅、黄勇等著：《专利权滥用的专利法规制》，载于国家知识产权局条法司编：《〈专利法〉及〈专利法实施细则〉第三次修改专题研究报告（下卷）》，知识产权出版社 2006 年版，第 1248 页。

　　❹ 陶鑫良、倪才龙等著：《专利权滥用的法律规制》，载于国家知识产权局条法司编：《〈专利法〉及〈专利法实施细则〉第三次修改专题研究报告（下卷）》，知识产权出版社 2006 年版，第 1219 页。

以，损害说并不恰当。我们认为，当行使专利权的行为虽然具有形式上的合法性，但实质上却通过不正当的手段超越了法律设定的权利界限，并可能损害他人或者社会公众利益的行为就是滥用专利权的行为。这一概念实际上是对"越界说"和"手段违法说"的一种结合，其在行使权利的外在表现方式上虽然具有合法性，但在实质上却超越了权利的正当界限，最为关键的是，专利权人对滥用行为本身要具有主观上的恶意。

（二）司法实践中已经发生及可能面临的滥用专利权行为

在我国的司法实践当中，滥用专利权的行为通常是以滥用诉讼权利与滥用实体权利两种方式表现出来。但是，由于专利权人滥用诉讼权利的现象并不为侵犯专利权诉讼所独有，而且，滥用诉讼权利的行为一般可以通过民事制裁措施予以制约。而本章所探讨的权利滥用抗辩，是被告对原告基于专利权这一实体权利所产生的请求权的对抗，与诉讼权利的行使方式无关。因此，我们在此不对滥用诉讼权利的行为予以讨论。此外，根据 TRIPS 的规定[1]及美国等发达国家司法实践的经验，滥用专利权的行为不仅包括在诉讼过程中的滥用，也包括在侵犯专利权诉讼启动之前即在权利行使过程中的滥用行为，专利权人在权利行使过程中的权利滥用行为同样会赋予被告在诉讼之中以滥用专利权进行抗辩的权利。虽然我国目前的司法实践对于专利权人在权利行使过程

---

[1] TRIPS 协议第二部分"有关知识产权的效力、范围及利用的标准"第八节"协议许可证中对限制竞争行为的控制"第四十条第二款规定："本协议的规定，不应组织成员在其国内立法中具体说明在特定场合可能构成对知识产权的滥用，从而在有关市场对竞争有消极影响的许可证贸易活动或条件。如上文所规定，成员可在本协议的其他规定一致的前提下，顾及成员的有关法律及条例，采取适当措施防止或控制这类活动。这类活动包括诸如独占性反售条件、禁止对有关知识产权的有效性提出异议的条件或强迫性的一揽子许可证。"

中的滥用行为，如：拒绝许可、搭售（tie－in）等尚欠缺审判经验，但在经济全球化的大背景下，在各国企业就专利技术进行激烈竞争并充斥着"控制"与"反控制"的浓烈火药味的环境中，中国的司法机关受理与专利权人在权利行使过程中滥用专利权行为有关的诉讼已是指日可待，我们有必要对此进行充分的研究和准备。当然，我们在此所列举的滥用专利权的行为，仅涉及与滥用专利权抗辩存在直接因果关系的行为类型，对可能欠缺一定的合理性，但尚不足以赋予被告滥用专利权抗辩的行为，我们不再予以涉及。

1. 专利权在行使中的滥用

专利权在行使中的滥用，是指发生在侵犯专利权诉讼启动之前专利权人已经实施的例如搭售、一揽子许可（package licensing）、捆绑销售等行为。根据美国联邦最高法院在 1917 年的电影专利公司案（Motion Picture Patent）❶ 中所确立的原则，当专利权人在权利行使的过程中存在滥用的行为，又在此后依据该权利提起了侵犯专利权之诉时，被告得以在诉讼中以滥用专利权为由进行抗辩从而阻却专利权人提起的相关诉讼请求。所以，专利权人在权利行使过程中的滥用行为同样是被告获得滥用专利权抗辩的重要缘由。虽然在中国目前的司法实践中尚未遇到实际案例，但鉴于已有中外企业之间的此类纷争出现，我们有必要在结合国外已有案例的基础上，进行具有针对性的研究。

（1）搭售

美国联邦最高法院正是在涉及专利权人进行捆绑销售的案件中，第一次明确肯定了"滥用专利权"可以成为侵犯专利权诉讼

---

❶　Motion Picture Patent Company v. Universal Film Manufacturing Company et al. 243 U. S. 502 （1917）.

中的抗辩事由。在 1917 年的电影专利公司案❶中，专利权人授权被许可人使用一项涉及对电影放映机进行改进的专利技术并可以在全美制造和销售电影放映机，但同时规定被许可人所销售的每一件放映机都只能使用向专利权人租借的胶片，这种胶片是专利权人的另外一项专利，但并未包含在电影放映机的许可使用合同之中。在专利权人发现被许可人并未使用向自己租借的胶片后对被许可人提起了侵犯专利权之诉。美国联邦最高法院在本案中认为，每个专利的排他权利必须受其自身权利要求的限制，专利权人通过附加注意事项的方式，将权利扩展到对机器工作所需材料的限制是不合理的。这种限制无效，因为这样的胶片明显不属于本案专利权的范围❷。美国联邦最高法院在该案中建立了滥用专利权抗辩原则，明确提出在专利权人的行为超出了其权利设定范围的情况下，构成对专利权的滥用，由此而产生的相关诉讼主张均不能为法院所支持的观点。

（2）一揽子许可

一揽子许可是指被许可人只需要专利权人的某一项或几项专利，但被迫接受专利权人全部专利的许可为条件，才能取得所需要专利的许可❸。ITC 飞利浦光盘案是涉及以一揽子许可方式滥用专利权的典型案例❹。2002 年 7 月，飞利浦公司为阻止未与其签约的光盘厂商将产品输入美国，针对全球 19 家光盘制造商向

---

❶　Motion Picture Patent Company v. Universal Film Manufacturing Company et al. 243 U. S. 502（1917）.

❷　罗伯特·P. 墨本斯等著，齐筠等译：《新技术时代的知识产权法》，中国政法大学出版社 2003 年第 1 版，第 235～239 页。

❸　许春明、单晓光：《"专利权滥用抗辩"原则——由 ITC 飞利浦光盘案引出》，载《知识产权》第 16 卷（总第 93 期）。

❹　周皇志、邱素梅：《美国专利滥用之研究——从 ITC Phiips CD—R、RW 光盘片授权案谈起》，http://www.iip.nccu.edu.tw/mmot/931210/2ppt.pdf.

美国国际贸易委员会（ITC）提出控诉，要求对上述厂家侵犯飞利浦公司专利权的行为进行调查。19家被告对飞利浦公司的许可方式提出质疑，并提出了滥用专利权抗辩。ITC于2004年3月作出决定认为：飞利浦公司向ITC主张受侵害的专利因其本质上构成专利权的滥用而无法执行，其理由在于飞利浦公司采取强制一揽子许可的方式将CD—R及CD—RW光盘片的必要专利与其他非必要专利搭售，构成专利权滥用而无法执行。

（3）拒绝许可（Refusal to License）

所谓"拒绝许可"，是指专利权人利用自己对专利权所拥有的专有权，拒绝授予其竞争对手合理的使用许可，从而排除他人的竞争，巩固和加强自己的垄断地位的行为。[1] 专利权人拒绝他人使用专利并不当然地违反法律，但在特定情况下，特别是在专利权人拒绝许可技术标准的情况下，有滥用专利权之嫌。如在当时十分轰动的思科诉华为一案中，华为即认为思科拒绝许可他人实施其专利标准构成滥用专利权的行为[2]。

（4）标准专利权的滥用

"标准与专利的结合一方面使专利权能够借助技术标准的特殊地位得到更广泛地实现；另一方面又使某些技术标准借助专利权的保护实现了在事实上的垄断"[3]。所谓"标准专利权的滥用"，是指在标准的形成、制定或实施的过程中，专利权人通过控制标准产生的滥用专利权的行为[4]。随着"技术专利化、专利

---

[1] 王先林等著：《知识产权滥用及其法律规制》，中国法制出版社2008年版，第205页。

[2] 冯晓青、杨利华著：《知识产权热点问题研究》，中国人民公安大学出版社2004年版，第201页。

[3] 刘淑华："标准专利权滥用的法律限制"，载《工作研究》2006年第1期。

[4] 王先林等著：《知识产权滥用及其法律规制》，中国法制出版社2008年版，第205页。

标准化、标准许可化"的技术发展趋势的凸显，发达国家对中国企业大规模征收专利许可使用费的事件层出不穷，如主导 DVD 两大标准的蓝光集团向中国 DVD 生产企业征收高额许可使用费的事件等，逐步引起了我们对标准专利权滥用问题的关注，也引发了我们对这种行为能否借助滥用专利权抗辩制度来保护企业自身权益的思考。

专利权人在权利行使及侵犯专利权诉讼中滥用权利的现象已是层出不穷，而这种行为的危害已经越来越多地受到了理论界和实务界的关注，我们应当尽早对这种行为进行有效规制。根据我国目前的社会现实和现有法律资源的状况，确立滥用专利权抗辩制度有其必要性和可行性。

2. 专利权在诉讼中的滥用

（1）以"问题专利"（questionable patent）或"垃圾专利"提起侵犯专利权诉讼

"问题专利"，是指那些很可能被无效或者权利要求很宽的专利❶，也有学者将其称为以不符合专利实质条件的技术方案申请并获得的专利❷。"垃圾专利"，是指明知是现有、公知的技术而提出专利申请并获得授权并用于不正当竞争或者直接获取非法利益的专利❸。

"问题专利"或者"垃圾专利"的实施，是目前司法实践中出现得最为频繁的滥用专利权行为类型，如南京中级人民法院曾经受理的袁利中使用早已在国家标准中披露的技术方案申请的专利提起的侵犯专利权诉讼案❹、许赞友以在民间已公开制造、销

---

❶❸　See U. S. Federal Trade Commition. To Promote Innovation: The Proper Balance of Competition and Patent Lawand Policy [R] Washington DC: FTC, 2003. 5.

❷　见王先林等著：《知识产权滥用及其法律规制》，中国法制出版社 2008 年 7 月第一版，第 200 页。

❹　见江苏省南京市中级人民法院（2003）宁民三初字第 188 号民事判决书。

售使用多年的产品申请外观设计专利并提起的多起侵犯专利权诉讼案❶，以及引起社会广泛关注的本田公司诉石家庄双环汽车公司案❷，都是在专利权人提起诉讼之后，其权利基础——专利被以各种理由宣告无效。从行为的外在表现方式上来看，都是以"垃圾专利"或者"问题专利"提起了侵权诉讼。当然，对专利权人的类似行为，我们还应当结合案件中的事实进行具体分析，对是否确实构成权利滥用还应严格把握。

（2）对明显不构成侵犯专利权的产品或者方法提起侵权诉讼

这类案件多出现在侵犯外观设计专利权的诉讼之中，由于外观设计与发明或者实用新型专利相比，具有视觉上的直观性，那么，在被控侵权产品与外观设计专利存在通过一般注意力即可分辨的明显差异的情况下，专利权人仍然坚持提起诉讼，即有构成滥用专利权之嫌。在西蒙奇公司诉广东朗能公司侵犯外观设计专利权纠纷案中，原告指控被告生产的开关面板侵犯了其"欧式大面板跷板开关"的外观设计专利权。被告提出了滥用专利权抗辩，认为原告曾经以被控侵权产品侵犯其拥有的其他外观设计为由提起过侵权诉讼，由此可以看出，原告也认为被控侵权产品与涉案专利系两个完全不同的外观设计方案。西蒙奇公司以与被控侵权产品明显不同的外观设计对广东朗能公司提起诉讼，属于滥用专利权的行为，其诉讼请求应予驳回。法院在判决中认为，被控侵权产品与本专利确为两个不同的设计方案，在视觉效果上存在显著差异，如果支持原告的相关主张，将导致专利权的保护与公众利益的失衡。❸

---

❶　见江苏省南京市中级人民法院（2003）宁民三初字第95号民事判决书。
❷　见河北省石家庄市中级人民法院（2003）石民五初字第131号民事判决书。
❸　见江苏省高级人民法院（2007）苏民三终字第81号民事判决书。

二、确立滥用专利权抗辩制度的必要性

（一）遏制滥用专利权行为，督促专利权人在合法、合理的范围内正当行使权利，并加速科学技术的转化和创新

与其他物权相比，专利权的对象具有一定的特殊性。首先，它并没有一个清晰而确定的物理边界，权利内涵需要在权利行使的过程中作出进一步的解释，这在无形中降低了权利本身的清晰度，这种权利边界和范围的模糊性为权利行使偏离权利目的提供了更大的机会。此外，与其他的有形物相比，专利权本身的可替代性程度较低，这使得专利权人一旦控制一项技术方案，即能够在比较大的范围内行使其垄断的权利，这也无疑为专利权人滥用权利提供了一定的便利。而专利权一旦被滥用，将对整个社会的创新机制以及充分竞争的市场环境的形成造成极大阻碍和损害。为有效遏制滥用专利权行为并在最大限度上避免其可能产生的损害后果，我们应当确立起一项有效的法律制度。从美国等发达国家的司法实践经验看，滥用专利权抗辩制度对此发挥了重要的作用。

（二）弥补我国现有法律规定的缺失，使"权利不得滥用"真正从原则上升为法律

"权利不得滥用"是贯穿于我国多部民事法律之中的基本法律原则，如《民法通则》第四条规定："民事活动应当遵循自愿、公平、等价有偿、诚实信用的原则。"《民法通则》第七条同时规定："民事活动应当尊重社会公德，不得损害社会公共利益，破坏国家经济计划，扰乱社会经济秩序。"《专利法》第一条也将促进科学技术的进步和创新、推进发明创造的推广和应用作为立法根基。但是，这些原则性规定并不能对实践当中已经频繁出现的

各种权利滥用行为给予有效的制约。如前所述，专利权由于其权利本身的特性，更容易被权利人所滥用，如何使"权利不得滥用"的法律原则从对权利人的威慑转变为真正的制约手段，确立滥用专利权抗辩制度无疑是最为直接和有效的方式。当专利权人行使权利的行为偏离了法律为其划定的正当界限时，他所要接受的就并不仅仅是道德的谴责，而是法律上的现实不利后果。

此外，有学者曾提出❶，由于我国已经实施了《反垄断法》，且其中对滥用知识产权的行为作出了明确规定，没有必要在《反垄断法》之外再对滥用专利权抗辩制度作出单独规定。但我们认为，虽然很多国家都出现了规制滥用专利权行为向反垄断法进行渗透的趋势，特别是美国，对专利权滥用规制的历史已经显示出从专利法规制向反垄断法规制转移的明显趋向。但是，美国司法界已经开始对司法实践中抛弃专利法规则而全面引入反垄断法规则的做法提出质疑，日本也已经在司法实践中引入"专利无效的权利滥用原则"来规制部分滥用专利权的行为❷。显而易见，各国已经对滥用专利权行为与垄断行为存在明显差别这一问题作出了越来越清晰地认识，美国学者 Jay Dratler. Jr 就曾明确指出：首先，滥用专利权是矛而不是盾，不能成为被控侵权人获得金钱或禁令救济的基础；其次，虽然违反反垄断法的行为一般足以构成滥用专利权，但专利权的滥用却未必构成违反反垄断法的行为；最后，与违反反垄断法的行为不同，滥用专利权的行为可以得到矫正，一旦专利权人放弃了不适当的行为，且滥用专利权的

---

❶ 丁利佳著：《专利侵权抗辩事由研究》（对外经济贸易大学在职人员以同等学力申请硕士学位论文），发表于 2006 年 3 月。
❷ 张伟君：《知识产权滥用的概念、表现和规制措施》，载《电子知识产权》2007 年第 12 期。

后果得到了消除，专利权人就可以重新执行其专利权❶。因此，为达到有效预防和制止滥用专利权行为的目的，应当独立于反垄断法之外推进滥用专利权抗辩制度的发展。

（三）提高侵犯专利权纠纷案件审理效率，为可能受到滥用专利权行为侵害的被告提供直接和及时的保护

根据我们对各地法院所处理的涉及专利权人滥用专利权行为的案件进行分析后发现，侵犯专利权诉讼中的被告若要对实施"垃圾专利"或者"问题专利"的专利权人进行有效的反击，一般都要经历如下环节：在专利权人起诉之后，在答辩期内迅速向国家知识产权局专利复审委员会就涉案的专利权提出无效宣告请求，当然，被告还要确保在短时间内收集到足以否定专利权效力的必要证据。随后，在获得专利复审委员会受理案件的通知书后，向审理侵犯专利权案件的法院提出中止诉讼请求。在法院中止案件审理后，等待专利复审委员会的无效审查决定。由于无效审查决定并不具有终局效力，无论专利权是否被无效，任何一方当事人一般都会再向法院提起行政诉讼，经过一审、二审甚至是再审程序，涉案专利权效力的最终确定可能都已在多年以后。此时，侵犯专利权案件已经中止数年，即使专利权最终被宣告无效，被告的生产经营可能已遭受重创。滥用专利权抗辩制度的设立，能够极大地提高案件的审理效率，法院在一个案件之中而不必等待其他案件的处理结果即可以对专利权人是否存在权利滥用的行为进行审查从而确定专利权在本案当中是否具有执行力。同时，滥用专利权抗辩制度给被告带来的保护也是最为直接和及时的，因为在很多案件当中，被控侵权人最关注的不是原告的专利权是否有效，而是自己是否要承担相应的法律责任。滥用专利权

❶ Jay Dratler. Jr. 著，王春燕等译：《知识产权许可（上）》，清华大学出版社2003版，第472～473页。

抗辩一旦成立，可以迅速地帮助被告从侵犯专利权纠纷中脱身，从而尽可能地降低对被告生产经营活动的影响。

三、建立我国的滥用专利权抗辩制度的可行性分析

在对我们的司法实践所面临的挑战和建立滥用专利权抗辩制度的必要性进行分析之后，我们仍需要对这种制度在我国确立的可行性以及在具体适用中所可能面临的问题进行讨论。当然，讨论的过程是与对其他国家的有益经验进行充分分析和借鉴密切结合在一起的。花费最少的立法和司法成本，充分利用现有资源进行制度的本土化，确立适合我国国情和法律现状的滥用专利权抗辩制度无疑是最为明智的选择。

（一）滥用专利权抗辩的法律渊源

"权利不得滥用"这一原则最早来源于罗马法，并始于基于公共利益对相邻关系的限制❶。同时，盖尤斯和查士丁尼的《法学阶梯》里亦对"欺诈的抗辩"（exeptio doli）给予明确的记载，罗马法官希望就此解决"所有对被告不公平的问题"，并使之逐渐成为"对抗严格法的最有效衡平法武器"。在侵犯专利权诉讼领域，美国首先于衡平法下将"滥用专利权（patent misuse）"发展为一项专利侵权抗辩事由。美国衡平法的基本原则是原告必须清清白白地行使他的专利权，由此，美国法官认为，如果专利权人以不适当的方式行使其专利，将丧失对其专利的保护。❷ 有学者认为，至 20 世纪 40 年代中期，美国联邦最高法院已经通过

---

❶　如《查士丁尼法典》规定："不得在距离先前已有的建筑 100 英尺以内的地方进行建筑。"见彼得罗．彭梵得著、黄风译：《罗马法教科书》，中国政法大学出版社 1992 年版，第 244 页。转引自：徐棣枫著：《专利权的扩张与限制》，知识产权出版社 2007 年版，第 242 页。

❷　沈四宝、刘彤著：《美国反垄断法原理与典型案例研究》，法律出版社 2006 年版，第 312 页。

大量案例形成了滥用专利权抗辩制度的基本框架，即专利持有人企图不适当地扩大被授权专利的时间和范围的行为构成了专利权的滥用。当专利权人有滥用行为时，法院将拒绝执行专利权，至少在专利权人放弃滥用行为并且消除损害后果之前是如此的。❶

（二）滥用专利权抗辩的法律性质

抗辩权有广义和狭义之分，广义的抗辩权是妨碍他人行使其权利的对抗权，至于他人行使的权利是否为请求权，在所不问。但从逻辑上而言，无请求即无抗辩，无请求权即无抗辩权存在的必要。所以，侵权行为法领域的抗辩权仅指狭义的抗辩权，即对抗他人请求权行使的权利，也就是拒绝相对人给付请求的拒绝给付权。❷滥用专利权抗辩也是被控侵权人对抗专利权人请求权的一种权利，其目的在于拒绝专利权人所提出的相关诉讼主张。

首先，滥用专利权抗辩是免责抗辩而非不侵权抗辩。免责抗辩与不侵权抗辩的区别在于"问题发生在谁的身上"，即免责抗辩的产生并非源于被控侵权人的行为不构成侵权或存在其他正当性，而是由于专利权人本身的权利或者行为存在重大缺陷而导致其丧失了对抗被控侵权人的法律基础，而不侵权抗辩的产生是由于被控侵权人的行为本身欠缺违法性。在当事人主张滥用专利权抗辩的情况下，并非被控侵权行为本身不具备可谴责性，相反，其可能已经具备侵权行为的全部构成要件，但由于专利权人行使权利的行为超出了法律所设定的边界，被控侵权人获得了侵权责任承担上的豁免。

其次，滥用专利权抗辩是延缓性抗辩而非永久性抗辩。抗辩权以其效力强弱的不同可以分为永久性抗辩和延缓性抗辩。永久

---

❶ 王先林等著：《知识产权滥用及其法律规制》，中国法制出版社 2008 年版，第 212 页。

❷ 杨立新、刘宗胜："论抗辩与抗辩权"，载《河北法学》2004 年第 10 期。

性抗辩是指该抗辩权的行使可使请求权行使的效力被永久排除，其在诉讼上的效果是使原告的诉讼请求被驳回，如诉讼时效抗辩。延缓性抗辩是指仅能使对方请求权于一定期间内不能行使或暂时地排除其请求权的效力，故也被称之为"一时的抗辩权"❶。滥用专利权抗辩在我国尚没有明确的法律后果，但在美国，其最直接的法律后果就是在具体的侵权诉讼中导致专利权人的权利暂时失效，即如果法院认定滥用专利权的行为成立，那么该专利权就不再予以执行（enforcement）——既不能对侵权行为颁发禁令或主张损害赔偿，也不能要求知识产权许可合同的被许可方支付使用费，直到该滥用行为被"清除"（purged)❷。所以，滥用专利权抗辩只是在个案中产生暂时阻碍专利权人行使权利的效果，而不会当然地导致专利权人永久性地丧失权利。

（三）滥用专利权抗辩的行使条件

滥用专利权抗辩的行使条件，也可以被称为当侵犯专利权案件中的被告提出滥用专利权这一抗辩主张时，所应负有的举证责任。换句话说，就是被告主张原告存在滥用专利权行为时，其所要达到的证明标准。

1. 专利权人客观上具有滥用专利权的行为

（1）以积极作为的方式不正当行使专利权

专利权人滥用专利权的行为可以通过积极作为的方式予以表现，如使用"垃圾专利"或者"问题专利"对他人提起诉讼。在我们前述已经提到的南京市中级人民法院曾经受理的多起侵犯专利权诉讼，如袁利中使用早已在国家标准中公布的技术方案申请

---

❶　杨立新、刘宗胜：《论抗辩与抗辩权》，载《河北法学》2004 年第 10 期。

❷　ABA Section of Antitrust Law, Intellectual Property Misuse: Licensing and Litigation (2000), at 216.

的专利提起的侵犯专利权之诉❶，赵建华以早已在公有领域公开使用的电动门产品提起侵犯外观设计专利权诉讼❷，许赞友以在民间制造和销售多年的竹地毯申请并获得外观设计专利权后提起的大量侵犯专利权诉讼❸，最终都以"垃圾专利"或者"问题专利"被宣告无效、专利权人撤回起诉甚至被判令对被告进行反赔偿而告终。与此类似，以明显不构成侵权的产品提起诉讼、搭售等行为都属于以积极作为的方式对专利权进行滥用。

（2）以消极不作为的方式不正当行使专利权

对专利权的滥用同样可以通过消极不作为的方式实现，如拒绝许可的行为。拒绝许可，是指专利权人自己不实施，同时也拒绝向他人发放实施专利的许可从而导致他人或者公共利益受到损害的行为❹。根据专利制度的基本原理，专利权人被赋予禁止他人实施其专利的排他性权利，从而在公开技术方案的同时保持技术上的独占优势，并据此通过自行实施或许可他人实施该专利而获利，从而实现激励创新和扩大分享的双重目的。在专利制度的实际运行中，专利权人不仅可以通过实施而获利，也可能通过拒绝实施而保持技术或经济上的独占优势。但是，如果这种独占达到一定程度，社会公众无法通过专利权人技术方案的公开和专利技术的应用受益，就与专利制度的初衷相背离了❺。所以，拒绝许可是一种典型的滥用专利权的行为，特别是如果拒绝许可行为发生在他人欲实施从属专利或者关系到公共健康保证问题的情况

---

❶ 见江苏省南京市中级人民法院（2003）宁民三初字第 188 号民事判决书。

❷ 见江苏省南京市中级人民法院（2005）宁民三初字第 92 号民事判决书。

❸ 见江苏省南京市中级人民法院（2003）宁民三初字第 63 号、第 95 号民事判决书。

❹ 王先林等著：《知识产权滥用及其法律规制》，中国法制出版社 2008 年版，第 201 页。

❺ 姚忻：《公共健康视野下的药品专利强制许可：泰国实践观察》，载国家知识产权局条法司编《专利法研究 2007》，知识产权出版社 2008 年 9 月第 1 版。

下，它所产生的损害后果可能是巨大的。因此，各国都对拒绝许可的行为给予较高程度的关注并在专利法或者反垄断法中给予明确制止。起初，各国是通过取消专利权的方式来迫使专利权人在当地实施其发明创造，但自《巴黎公约》将强制许可制度固定下来后，世界大多数国家均采用必要情况下给予强制许可的方式来限制专利权人以拒绝许可的方式来滥用专利权。当然，在侵犯专利权诉讼中，当专利权人以拒绝许可的方式滥用专利权，又在其后对请求许可方提起侵犯专利权诉讼时，被告可以行使滥用专利权抗辩。

（3）对专利权人的行为是否属于滥用权利的判断

对于在权利行使的过程中专利权人实施专利权的行为是否具有不正当性，美国衡平法借助了反垄断法中的一些原则据以判断，实践证明具有较强的操作性，也值得我国的立法和执法部门予以借鉴。例如，将行为划分为"本身违法行为"和"可能违法行为"，对于"本身违法行为"，如搭售、一揽子许可等，专利权人一旦实施，即认定其具有不正当性。但对于"可能违法行为"，如许可中的地域限制、拒绝许可等，专利权人虽然实施，但还要结合案件中的具体情况来作出判断，具体而言，就是要求专利权人证明"可能违法行为"的实施出于合法目的，并限制在合理的范围之内，否则，专利权人的行为即应被认定为具有不正当性❶。

但是，对于专利权人在诉讼过程中行使权利的行为是否具有不正当性的判断就显得没有那么容易了。特别是在涉及实施"问题专利"和"垃圾专利"时，在专利权被最终无效之前，专利权人在形式上行使的仍然是一个有效的专利，在这种情况下，怎样证明专利权人的行为具有不正当性？我们认为，这主要还是依赖

---

❶　孟庆法、冯高义编著：《美国专利及商标保护》，专利文献出版社1992年版。

于被告的举证情况。当被告能够举证证明涉案专利存在明显的无效理由而仍然坚持提起侵权诉讼时，即如我们前述已经提及的以国家标准申请专利并据以起诉时，可以认定专利权人的行为具有不正当性。

2. 专利权人滥用专利权的行为具有恶意

我们认为，在以判断被告是否可以行使滥用专利权抗辩为前提时，除了证明专利权人具有滥用专利权的外在行为表现外，被告还需要证明专利权人实施上述行为具有主观恶意，即专利权人是在明知自己的行为违法的情况下仍然实施权利滥用的行为。当然，由于"恶意本身也是个游移不定而须在不同的侵权行为中进行具体认定的概念"❶，通常情况下，被告可以借助专利权人的客观行为来佐证其主观上的恶意。

恶意这一要件在涉及专利权人实施"垃圾专利"或者"问题专利"案件中的判断，具有更多的争议和讨论价值。因为，在专利权人以搭售、拒绝许可等方式实施滥用专利权行为时，其主观恶意一般体现得较为明显。但是，当专利权是在原告提起侵权诉讼后被宣告无效的情况下，专利权人是否具有滥用专利权的恶意，还要区分情况进行具体分析。一种观点认为，我国的专利法律制度对取得专利权规定了实质性条件，行为人为了在市场活动中取得不正当利益，故意虚构事实或者隐瞒事实，恶意利用专利权授予制度中的漏洞，在不满足专利实质条件下取得专利授权，在交易活动中，又以该虚假取得的专利权向他人进行许可、转让，甚至以该专利权为基础对他人恶意提起侵权诉讼，或以提起侵权诉讼威胁，是典型的滥用专利权的行为❷。另一种观点则认

---

❶ 冯·巴尔著，焦美华译，张新宝校：《欧洲比较侵权行为法（下卷）》，法律出版社 2001 年版，第 302 页。

❷ 许春明、单晓光："'专利权滥用抗辩'原则——由 ITC 飞利浦光盘案引出"，载《知识产权》2006 年第 3 期。

为，一项专利权被无效，受到多种因素的影响。即使是在美国这样一个对于外观设计专利也进行实质审查的国家，都在侵犯专利权诉讼中将专利假定有效，因为在任何时候一项专利的有效性都可能受到挑战，特别是在侵权诉讼中受到被控侵权人的挑战，一项专利是否有效必须要受到司法程序的审查❶。我国对于实用新型和外观设计专利实行的是形式审查制，且授权标准比较低，故权利的稳定性较差具有制度上的原因。所以，在无效审查程序启动后，相当一部分实用新型和外观设计专利都面临被无效的风险。如果将此类情况下提起的侵犯专利权诉讼都视为滥用专利权，未免对权利人苛求过高，也会使正常的维权举步维艰。❷ 我们认为，由于在此对专利权人是否具有主观恶意的判定关系到被告能否就此主张滥用专利权抗辩，而该项抗辩事由是在"保护专利权人的利益"这一基本原则之下的有限例外和限制，不宜将滥用专利权行为的范围扩张得过大，一般来说，当被告证明专利权人是以如下内容申请专利并不正当地行使权利时，可以认定专利权人具有主观恶意。

（1）以国家标准、行业标准等技术标准申请专利并行使权利的

国家标准、行业标准均是本领域的普通技术人员熟知并在生产过程中频繁接触的技术内容，如果专利权人将上述内

---

❶　李明德著，《美国知识产权法》，法律出版社 2003 年版，第 137 页。

❷　广东省知识产权保护协会会长唐善新先生在评论杨某诉中山帝迈案时指出：从案件本身看，权利人在其专利权处于有效的情况下提起行政调处请求并无不妥，特别是在专利权被无效的情况下主动撤回调处申请，并没有将无效程序通过行政诉讼进行到底的穷尽做法来拖累对手，也很难说有恶意。在同一行业由于参考的资料或者设计理念的趋同，设计出来的产品跟已有技术类似并不少见，很难确切证明是抄袭所致，因此要判定专利权人在申请专利时就具有主观恶意其实是很难的事情，但如果有大量证据相互支持、证明就另当别论了。顾奇志："维权未果反遭'滥用诉权'之诉"，《中国知识产权报》2007 年 5 月 9 日第 9 版。

容纳入自己的技术方案之中，并据此申请并获得专利后又通过提起侵犯专利权诉讼的方式予以实施的，可以认定为专利权人具有恶意。在袁利中诉扬州市通发气动阀门器厂等侵犯实用新型专利权案中❶，原告即是将1998年即已公开使用的国家标准《铁制和铜制球阀》《通用阀门法兰和对焊连接钢制球阀》中的技术内容申请为自己的"消防用球阀"实用新型专利并据此起诉被告侵犯专利权。我们认为，认定原告具有滥用专利权的恶意是恰当的。

（2）以某一地区广为制造或使用的产品，且专利权人有条件知晓上述制造和使用情况，而仍将该产品或产品的制造方法申请专利并行使权利的

如果某一项产品或者工艺早已在某地区长期、广泛地使用，而原告有条件了解或从事相关产品的生产制造，仍将此申请专利并据此提出侵犯专利权诉讼的情况下，应当认定其具有滥用专利权的恶意。

在许赞友诉江苏拜特进出口贸易有限公司等侵犯外观设计专利权案中❷，竹地毯是江苏等地民间长期使用和制造的一种产品，其形状、包边方式等均已沿袭已久，原告本人即长期从事竹地毯的生产和销售活动，对该地区竹地毯的生产、销售情况十分了解。在这种情况下，原告仍然将公有领域的技术资源即竹地毯的外观申请为自己的专利并提起大量侵犯专利权诉讼的行为，显然具有滥用专利权的恶意。

（3）对以存在其他方式的在先使用或在先权利为由宣告专利权无效的，不宜一概认定为专利权人具有恶意

在北京明日电器设备有限责任公司诉维纳尔（北京）电气系

---

❶ 见江苏省南京市中级人民法院（2003）宁民三初字第188号民事判决书。
❷ 见江苏省南京市中级人民法院（2003）宁民三初字第95号民事判决书。

统有限公司一案中❶，法院即明确指出：鉴于维纳尔公司在提起侵犯专利权诉讼时，依据的是经国家知识产权局授权有效的外观设计专利权，在四项外观设计专利权被宣告无效后，维纳尔公司及时撤回了起诉。而外观设计专利权有效性的判断具有一定的专业性，明日公司没有证据证明维纳尔公司指控其生产、制造的侵权产品的外观设计有其他来源，故明日公司关于维纳尔公司明知上述专利权不符合授权条件而提起侵犯专利权诉讼并恶意侵害明日公司权利的主张证据不足。

在引发社会广泛讨论和关注的本田公司诉石家庄双环汽车公司侵犯外观设计专利权及石家庄双环汽车公司诉本田公司确认不侵犯专利权案中❷，石家庄双环汽车公司在侵犯专利权诉讼中提交的答辩意见中明确提出了滥用专利权抗辩，即"作为汽车行业的跨国公司，本应熟知外观设计专利授权的国际通用标准，在其本国未获得授权，同样也未在美国获得授权，明知不具有外观设计授权条件情况下……滥用诉权，应当就其行为承担相应的法律后果"。在该案中，单就专利权人是否具有恶意这一问题，我们认为尚有值得讨论的余地，因为涉案专利是以与在先设计冲突为由被宣告无效，对于工业产品外观设计的相近似性判断问题，在司法实践中都经常出现较大分歧，因此，在该案当中能否毫无异议地得出专利权人具有滥用权利的恶意，还需要进一步研究。

3. 专利权人不正当行使权利的行为可能对被告造成损害

这里所提及的是一种损害的可能性而非现实的损害，因为滥用专利权抗辩是一种防御性的权利，它的目的是在侵犯专利权诉讼中阻却专利权人的请求权，使之相关诉讼主张无法实现，而不

---

❶ 见北京市第二中级人民法院（2007）二中民初字第15445号民事判决书，北京市高级人民法院（2008）高民终字第163号民事判决书。
❷ 见河北省石家庄市中级人民法院（2003）石民五初字第131号民事判决书。

是为了使被告一方据此获得赔偿。因此，即使专利权人的行为尚未给被告造成实际的经济损失而仅仅是一种损害的可能性，被告仍可据此进行滥用专利权抗辩。

（三）滥用专利权抗辩的举证责任分配

滥用专利权抗辩是被控侵权人于侵犯专利权诉讼中对抗甚至是消灭专利权人所提出的相关诉讼主张的重要手段之一。换句话说，它相当于被控侵权人在诉讼中向专利权人所提出的一项主张，只是其目的不在于获得赔偿而是使自己免于承担侵权责任。所以，依照我国民事诉讼理论所强调的"谁主张，谁举证"的原则，被控侵权人应当就自己所提出的该项主张承担举证责任。即被控侵权人应当证明专利权人具有不正当行使专利权的行为，同时，该行为受到原告主观恶意的支配。当然，在被控侵权人已经提供初步证据证明专利权人存在滥用专利权的相关事实的情况下，举证责任发生转移，由专利权人承担自己不存在滥用行为的举证责任，如证明自己拒绝许可实施专利具有正当理由。在专利权人无法举证证明自己涉嫌滥用权利的行为具有正当性的情况下，被控侵权人滥用专利权抗辩即告成功。

（四）滥用专利权抗辩的法律后果

根据我国现有法律规定，滥用专利权并不是侵犯专利权诉讼中的法定抗辩事由，这导致被告即使发现原告存在滥用专利权的行为而进行抗辩，也无法为自己在诉讼中带来任何的利益，可以说，滥用专利权抗辩在我国目前没有任何直接的法律后果。被告在侵犯专利权诉讼中即使发现原告存在滥用专利权行为，一般都要通过启动无效程序并在最终动摇原告权利根基的情况下，才可能迫使原告主动放弃诉讼主张或由法院驳回原告的诉讼请求。但是，滥用专利权抗辩的法律后果是一个非常重要的问题，我们甚至可以说，它的法律后果直接决定着这项制度是否具有存在和继续发展的空间。

1. 比较法上的分析

滥用专利权抗辩原则自美国联邦最高法院在 20 世纪初涉及搭售的案件❶当中确立起来之后，一直在美国衡平法下得到较好的发展。这其中的一个重要原因就在于这项制度可以在判例及成文法中寻找到明确的法律后果，这足以使侵犯专利权诉讼中的被告相信一旦自己的抗辩成功，会有效地避免滥用行为对自身权利所造成的损害。根据美国专利法第 271 条的规定，如果权利人行使权利违反公共利益、滥用专利权时，就不能要求法院保护其权利，得不到侵权诉讼的救济。作为一项抗辩原则，一旦专利权人被法院认定为滥用专利权，在该行为被矫正前，专利权将得不到执行，专利权人不能得到损害赔偿及衡平法救济。有学者甚至认为，在美国衡平法下，专利权的滥用将导致专利对所有侵权人失去强制执行力，即使在滥用专利权与侵权行为之间没有任何联系也是如此❷。所以，滥用专利权抗辩在美国为被告带来的保护是十分直接的，它产生了专利权在侵犯专利权诉讼中暂时失效的法律后果，从而在根本上阻却了专利权人所提出的全部诉讼主张。

日本的滥用专利权抗辩制度确立于 2000 年的 kilby 案。原告是专利权人 kilby 任职并拥有其所研发产品专利权的美国 TI 公司，被告富士通株式会社原为原告专利的被许可人。双方在解除许可关系后，TI 公司对富士通株式会社提起了侵犯专利权诉讼，富士通株式会社在诉讼中提出了滥用专利权抗辩。东京高等法院经审查后认为，美国 IT 公司拥有的部分专利已经被宣告无效，而部分专利又存在重复授权的问题，美国 IT 公司主张这些

---

❶　Motion Picture Patent Company v. Universal Film Manufacturing Company et al. 243 U. S. 502（1917）.

❷　罗伯特·P. 墨杰斯等著，齐筠等译：《新技术时代的知识产权法》，中国政法大学出版社 2003 年版，第 240 页。

明显无效的专利属于滥用专利权，其诉讼主张不能获得支持。TI 公司就上述判决向日本最高法院提起上诉，并认为东京高等法院在判断原告是否滥用专利权的过程中"实质上进行了将专利权宣告相对无效的判断"，而这已经超越了法院的职权范围，构成违法。日本最高法院最终维持了东京高等法院的判决，并明确指出：即使是在专利的无效宣告生效之前，审理侵犯专利权纠纷的法院也可以对是否存在明显的无效理由进行判断。如果确有无效理由的存在，除非特殊情况，基于该专利权提起的停止侵权、赔偿损失等诉讼请求属于权利的滥用，不能得到法院的支持。❶

美国和日本是目前世界各国中对滥用专利权抗辩制度作出明确规定的具有代表性的国家，他们都对滥用专利权抗辩规定了明确的法律后果，即专利权在案件中失效，原告的全部诉讼主张不能得到支持。但是，由于美国和日本的法律制度所存在的差异，美国的滥用专利权抗辩与日本的滥用专利权抗辩在本质上是不同的。美国的滥用专利权抗辩是在衡平法下确立的一项新的抗辩事由，而日本法院虽然允许被告对原告实施明显具有无效理由专利的行为进行滥用专利权抗辩，但这种抗辩从根本上说是对专利权效力的挑战，其目的在于使法院获得宣告专利权无效的权力，从而彻底改变了只有日本专利特许厅才能够宣告专利权无效的传统，同时，也大大提高了专利案件的审判效率，这也是日本最高法院在 kilby 案中确立滥用专利权抗辩制度时所没有预料到的。

2. 我国的专利权滥用抗辩制度确立

在确立我国的滥用专利权抗辩制度的过程中，最为关键的环节就是要明确它的法律后果，这关系到这一制度能否为侵权诉讼中的被告乐于使用，并通过丰富的司法实践去对制度本身进行完

---

❶ 张伟君著：《规制知识产权滥用法律制度研究》，知识产权出版社 2008 年版，第 165 页。

善和推动。当然，我们也必须考虑到相关法律后果的确立，应当尽可能地与我国现行法律制度具有对接的可能性，从而以最低的立法和司法成本，在最大程度上发挥其应有的效用。

通过对美国和日本的实践经验进行分析后我们发现，我国从法律制度和职权分配上的设计与日本更为接近，司法机关同样不能在判决中对专利权的效力作出直接判定。所以，如果我们确认滥用专利权抗辩同样能够产生使专利权人的诉讼主张无法实现的后果，就无法避免在侵犯专利权案件审理的过程中对专利权效力的评判，但这种做法有违我国司法审查机关和专利行政执法机关的职权划分。特别是在涉及"垃圾专利"或者"问题专利"的案件当中，对一项专利是否构成"问题专利"或"垃圾专利"的评判是确定专利权人是否存在滥用行为的前提，如果不等待确权程序的结果，这一评判的过程就是对一个形式上有效存在的专利权效力的判断。但是，正是由于滥用专利权抗辩具有了不必等待确权程序结果的优势，才发挥了它提高案件的审判效率、及时保护当事人权利的制度价值。所以，考虑到在我国建立的滥用专利权抗辩制度所要针对的不仅仅是发生在诉讼之中的权利滥用行为，还包括在权利行使过程中的滥用行为，即不需要在每个案件当中都对专利权的效力作出评判，我们是否可以设置一种类似于美国的"假定无效"或"暂时无效"的制度，在涉及搭售、一揽子许可等滥用行为的案件中，只要被告证明原告实施了上述行为并就此提出滥用专利权抗辩，法院即可以宣告专利权暂时无效的方式驳回原告的相关诉讼主张。在涉及"问题专利"或"垃圾专利"的案件中，可以充分借助检索报告（专利权效力评价报告）的作用，在被告提出滥用专利权抗辩时，要求专利权人提供上述报告以证明权利的稳定性。如果根据检索报告的相关内容初步证明专利权处于稳定状态，法院一般不宜作出涉案专利为"垃圾专利"或者"问题专利"的结论，即使该项专利最终被宣告无效。当然，如果被告确有证据证明原告专利存在明显的无效理由，如是将国家标准等内容纳入专利保护范围的情况下，法院不妨宣告专利权处于"暂时失效"的状态。当然，这种"暂时失效"的判定仅在侵犯专利权诉讼中发挥效用，法院可以据此驳回原告的诉讼请求。但是，它不能代替专利确权程序对专利权效力的最后判定。而且，由于这种"暂时失效"的后果仅及于个案，受理侵犯专利权诉讼的不同法院根据不同的证据可能会作出不尽相同的认定，所以，滥用专利权抗辩事由并不一定在所有案件中均得到支持的情况也是正常的。

（撰稿人：佟　姝）

第十一章　合法来源抗辩

　　合法来源抗辩系针对专利产品的销售及使用行为的抗辩理由，历次《专利法》中对这一抗辩理由均有所涉及，不同的是1984年《专利法》及1992年《专利法》中该抗辩系不侵权之抗辩，而之后修改的《专利法》中仅将其作为赔偿责任的免责抗辩。下面我们将对这一抗辩理由进行详细阐述。

一、立法沿革

　　自1984年制定《专利法》迄今，我国的《专利法》进行了三次修改，在不同阶段的《专利法》中，对于销售者及使用者的均进行了专门规定。

　　1984年《专利法》第六十二条规定："有下列情形之一的，不视为侵犯专利权……二、使用或者销售不知道是未经专利权人许可而制造并售出的专利产品的"。由该规定可知，在1984年《专利法》中，销售行为及使用行为并不属于专利权的保护范围，上述行为不构成侵权。

　　1992年《专利法》中对于上述规定未进行变动。

　　2000年《专利法》第六十三条第二款规定："为生产经营目的使用和销售不知道是未经专利权人许可而制造并售出的专利产品或者依照专利方法直接获得的产品，能证明其产品合法来源的，不承担赔偿责任。"相比1984年及1992年《专利法》，此次修改主要的变化在于将该抗辩理由的性质由前两次修改的《专利法》中的不侵权抗辩变更为免除赔偿责任的抗辩。

　　2008年《专利法》第七十条规定："为生产经营目的使用、

许诺销售或者销售不知道是未经专利权人许可而制造并售出的侵犯专利权产品，能证明该产品合法来源的，不承担赔偿责任"。相比 2000 年《专利法》，此次修改增加了"许诺销售"行为，同时，其将"未经专利权人许可而制造并售出的专利产品或者依照专利方法直接获得的产品"变更为"侵犯专利权产品"，但这一改变仅是用语的变化而已，二者的实际含义并无区别。

本章中将对 2000 年《专利法》及 2009 年《专利法》中所规定的合法来源条款予以分析。

二、上述条款的性质及立法目的

从《专利法》的上述变迁可以看出，在 1984 年《专利法》及 1992 年《专利法》中，善意的销售及使用行为不构成侵权，既不须承担赔偿责任，亦不须承担停止侵权的责任。但自 2000 年起，《专利法》将善意的销售及使用行为规定为侵权免责情形，即将主观上是否为善意（即是否知道该产品为侵权产品或不具有合法来源）仅作为免除赔偿责任的要件，而非侵权构成的要件。这一变化意味着，善意的销售或使用侵权产品的行为亦属于侵权行为。

这一免责条款的主要目的之一在于保护交易安全。因为在专利产品的市场流通过程中，会经过很多环节，从制造到总经销，零售再到使用，每个环节都可能会构成对于专利权的侵害。但不同环节的行为人对于专利技术的认知，以及其所应承担的注意义务却并不相同。作为某类别产品的制造者，对于相关专利的技术领域当然应当具有认知能力，同时制造行为本身对于专利权的损害最为巨大，因此，制造者应承担较高的注意义务，须对其所生产的产品是否采用了与特定专利相同或等同的技术方案予以审查。但对于位于流通环节末端的销售者及使用者而言，仅销售及使用的行为本身显然不会使其对产品的技术方案具有相应的认知能力，同时从有利于市场流通角度看，要求所有销售者及使用者对于其所销售及使用的产品均具有技术上的认知，必然会导致对整个商品流通秩序造成巨大影响，显然既不合理又不可行。据此，应当在一定情况下免除其赔偿责任，以从根本上保障交易安全。鉴于此种考虑，《专利法》为善意的销售及使用行为规定了免责条款。

三、上述条款的具体理解

（一）生产经营目的

根据现行《专利法》第七十条的规定，对于侵犯专利权产品的使用或销售行为免责的前提条件之一系具有"生产经营目的"。此处的"生产经营目的"与《专利法》第十一条中的规定一脉相承，该条系对侵权专用权行为的规定，其规定任何侵犯专利权的行为均须具有生产经营目的这一要件。

对于如何理解"生产经营目的"，实践中存在不同观点。有观点认为，法律的解释应依字面含义，在《专利法》中使用的词语是"生产经营目的"的情况下，应将其合理地理解为"营利目的"，因此，"生产经营目的"仅指向以营利为目的的生产经营性民事主体的行为，对于学校、医院及研究机构等非营利性主体的行为不属于生产经营目的。但同时亦有观点认为，"生产经营目的"应仅指非为私人目的使用专利的行为。"生产经营目的"并不等同于"以营利为目的"或"商业经营目的"。"生产经营"包括工农业生产，以及对商业、服务业和其他事业，如公用事业、教育事业等的经营，并非必然包含营利目的。[1]

我们认为，虽然《专利法》中对于如何理解"生产经营目的"未作出明确规定，但后一种观点显然更为合理。因为如将

---

[1] 王迁著：《知识产权法教程》，中国人民大学出版社 2007 年版，第 386 页。

"生产经营目的"理解为"营利目的",则对于学校、社会团体及研究机构等非营利性主体实施的任何行为都将不属于侵犯专利权的行为,其中包括进行科学研究及实验的行为。但这一结果显然不符合《专利法》的规定。因 2000 年《专利法》第六十三条(2008 年《专利法》第六十九条)中明确规定,"专为科学研究和实验而使用有关专利的",不视为侵犯专利权。在针对 2000 年《专利法》的释义中,立法机关明确指出其中的"科学研究和实验,是指专门针对专利技术本身进行的科学研究和实验,目的在于考察专利技术本身的技术特性或者技术效果,或者对该专利技术本身作进一步的改进,而不是泛指一般的科学研究和实验"。由此可反推知,对于一般的科学研究和实验不能将其视之为不侵犯专利权的行为,也就是说,即使是非营利性的学校、社会团体及研究机构等民事主体所进行的科学研究和实验,如果其并非针对相关专利而进行的,则其亦会被认定为侵犯专利权的行为。鉴于此,我们认为,将"生产经营目的"理解为"非个人使用目的"更符合《专利法》的规定。

另需说明的是,就 2008 年《专利法》第七十条而言,该条的"生产经营目的"实际上仅对于"使用"行为具有实际意义,因任何许诺销售或销售行为均具有经营目的,而不可能仅是私人目的。如果不具有经营目的,则基本上不会被称之为"许诺销售"或"销售"行为。

(二) 许诺销售、销售及使用行为

2009 年《专利法》第七十条规定可以免除赔偿责任的侵权行为包括许诺销售、销售及使用行为,而具体到许诺销售、销售及使用行为所针对的产品包括以下两种情形:如果是产品专利,则许诺销售、销售及使用的是落入该产品专利保护范围的侵权产品;如果是方法专利,则许诺销售、销售及使用的是依专利方法而直接获得的产品。这两种情形从其字面含义上很容易理解,但实践中涉及对一些特殊情况的理解问题，主要体现在下列情形：

即如果侵犯专利产品仅系被控侵权人所制造产品中的一个部件，且该部件并非由被控侵权人所制造，此时，如何认定被控侵权人的行为性质？

举例而言，专利权人所拥有的专利是对于轮胎的实用新型专利，被告是汽车的制造商，其制造的汽车中使用的轮胎是被控侵权产品，但该轮胎并非被告自己制造，而系由他人处购得，这种情况下，如何认定被告的行为性质，属于制造、使用还是销售？

对于该行为性质的不同认定会导致不同的侵权判定后果。如果认定属于制造行为，则其不适用 2008 年《专利法》第七十条所规定的免责条款，即便其能够证明该产品确系由其他主体处购得，亦无法免除赔偿责任。如果认定是销售行为或是使用行为，对于发明及实用新型专利侵权认定及责任承担的后果并无影响，因使用行为及销售行为均属于此两类专利的保护范围，无论认定其属于使用行为还是销售行为，均能够享受免责条款的保护。但对于外观设计专利而言，认定此种行为属于使用行为还是销售行为，则会导致不同的后果。因为使用行为本身不属于侵犯外观设计专利权的行为，故如果认定属于使用行为，无论其是否具有合法来源，也无论其是否知道该产品为侵权产品，该行为均不可能构成对于外观设计专利权的侵犯。但如果认定其为销售行为，则将可能会构成侵权，但能够享受免责条款的保护。

认定该行为属于哪一性质的行为，应从该行为的本质出发。如果被告具体实施了制造专利产品的行为，则应认定其行为属于制造。如果专利产品对于被告而言，其实现的仅是该产品的市场价值，则应认定该行为属于销售行为。如果专利产品对于被告而言，其实现的是该产品的使用价值，则应认定该行为属于使用行为。仍以前面提到的轮胎案进行分析。该例中，被告是从其他主体处购得的轮胎，因此，其行为显然不是制造行为，实施制造行为的应是另一主体。同时因为被告是汽车的制造商，轮胎这一专利产品对于被告而言，是要安装在其汽车上并销售出去，因此，该专利产品在被告处实现的是其市场价值，其行为应属于销售行为。而真正实现这一专利产品使用价值的主体，是最终的消费者，因只有这一主体才会真正地使用汽车，并同时使用汽车中的轮胎，因此，该专利产品的使用者是消费者，而非被告这一汽车制造商，被告作为汽车制造商，其所实施的行为不应当被认定为是制造行为。

实践中对此类行为的性质认定有不同意见，认为属于上述三种行为的观点均存在。

如在涉及"琵琶形路灯（1）"外观设计专利的案件中，法院即认定被告的行为属于制造行为。该案中，原告的专利仅为路灯的灯头部分，被告系由他人处合法购得该灯头部分，并将其与灯杆相结合制造成路灯予以销售。法院认为，"被告阳光公司最终出售的被控产品系其在半成品（即灯头）的基础上加工安装后，以自己的名义对外提供的，且阳光公司在提供被控侵权产品时亦明确被控侵权产品的制造者系阳光公司，故阳光公司提供被控侵权产品的行为应定性为制造、销售行为"❶。

对于该认定我们持保留意见。该案中，既然现有证据已可以证明灯头产品系由他人提供给被告，则制造行为的实施者当然不是被告，因此，认定被告实施了制造行为显然是不合适的。

实践中较为多数的观点认为该行为构成使用或销售行为。如在《专利案件适用法律若干规定》第十二条规定，将侵犯发明或者实用新型专利产品作为零部件，制造另一产品的，人民法院应当认定属于《专利法》第十一条规定的使用行为；销售该另一产品的，人民法院应当认定属于《专利法》第十一条规定的销售行

---

❶ 见浙江省杭州市中级人民法院（2004）杭民三初字第384号民事判决书。

为。将侵犯外观设计专利权的产品作为零部件，制造另一产品并销售的，人民法院应当认定属于《专利法》第十一条规定的销售行为，但侵犯外观设计专利权的产品在该另一产品中仅具有技术功能的除外。虽然上述司法解释未明确针对第七十条，但鉴于对于同一个用语在一部法律中的理解应当一致，故我们合理地认为上述司法解释的规定，同样适用于第七十条中所规定的使用行为。

如果依据上述司法解释的规定对于前述轮胎案进行分析，其所得结论与我们所持观点的结论只有一点不同，即在汽车未被销售的阶段，被告的行为属于对轮胎的使用行为还是销售行为。如果依前述司法解释，则认定被告的行为属于对轮胎这一专利产品的使用行为。但依据我们的观点，因为无论是否被销售，轮胎这一专利产品在被告处均未发挥其使用价值，因此，被告的行为不属于使用行为。鉴于此，对于上述司法解释中的"将侵犯发明或者实用新型专利产品作为另一产品的零部件，制造该另一产品的，人民法院应当认定属于《专利法》第十一条、第七十条规定的使用"，这一规定我们持保留意见。

赞成上述司法解释的观点认为，这一做法可以更好地保护专利权人的利益。因为这一规定可以使得在未销售汽车时，即使得被告须对该使用轮胎的行为承担责任，而如果不把被告的行为视为使用行为，则在该阶段专利权人将无法起诉被告，因此，无法保护其专利权。对此，我们首先认为，虽然对于权利人的保护是《专利法》的基本原则，但这种保护亦应具有一定限度，在具体问题的处理上，亦应综合考虑《专利法》所赋予的专利权人的具体权限范围，而不应以是否有利于专利权的保护为原则，对于具体事由进行牵强解释，以期达到更好地保护专利权人利益的结果。具体到该例，虽然依我们的观点所得出的结论与依据司法解释而得出的结论在表面上看似有不同，但从实质结果上看则差别不大。因为，在被告未销售汽车时，如果专利权人发现被告的汽车上使用了其专利产品轮胎，则其完全可以以制造为由将其诉至法院。如果被告此时可以证明其合法来源，则专利权人可以知晓产品的制造及销售商，从而向该制造商或销售商进行索赔。如果其不能证明合法来源的话，则完全可以直接推定被告为该产品的制造商，从而要求其承担制造商的侵权责任。由此可知，依据我们的观点，专利权人所得到的保护亦不会低于上述司法解释为专利权人所提供的保护，而同时又会避免逻辑上及文字理解上的矛盾。

（三）销售者或使用者所许诺销售、销售或使用的产品属于侵犯专利权的产品

该要件是指这一免责条款的适用应侵权为前提。如果许诺销售、销售或使用的产品为专利权人合法售出的，则属于《专利法》第七十条第一款中所规定的不属于侵犯专利权的行为，即"专利权人制造、进口或者经专利权人许可而制造、进口的专利产品或者依照专利方法直接获得的产品售出后，使用、许诺销售或者销售该产品的"不视为侵犯专利权。此外，如果许诺销售、销售或使用的产品未落入专利权的保护范围或属于公知技术或设计，则上述行为不构成侵权，当然也不会适用到《专利法》第七十条的免责规定。

实践中，对这一要件的适用并无分歧。如在涉及"交合显灯"的外观设计专利的案件中，法院认为，"被告陈杏庚销售的涉案水晶灯灯座的外观设计在原告专利申请日之前已被公开。故被告陈杏庚销售涉案水晶灯灯座的行为没有侵犯原告对其专利享有的专用权。本院对于原告的诉讼请求，不予支持。"❶

---

❶ 见上海市第二中级人民法院（2008）沪二中民五（知）初字第 220 号民事判决书。

（四）合法来源与主观"不知道"

1. 二者的关系

由《专利法》第七十条的规定可知，并非使用者及销售者可以当然地免除赔偿责任，其仅是在主观上不知道，且其具有专利产品的合法来源的情况下，才可以免除赔偿责任。如何理解主观"不知道"与合法来源之间的关系，对于销售者与使用者的责任认定具有重要影响。

实践中，相当一部分观点认为，只要销售者或使用者能够证明其产品的合法来源，即应认定其主观上为"不知道"，从而可以免除赔偿责任。对这一观点，我们并不赞同。我们认为，这一观点错误地理解了合法来源与主观"不知道"这两个条件之间的关系。

我们认为，从上述规定可知，使用者及销售者承担赔偿责任的主观要件是具有过错，即只有有证据证明其不具有过错的情况下才可以免除赔偿责任。而合法来源仅是证明行为人主观上不具有过错的证明方式之一。也就是说，如果销售者或使用者可以证明其合法来源，在无其他证据可以证明其主观状态的情况下，可合理推定其主观上无过错。但如果有证据证明销售者或使用者对于产品的侵权性质确实知晓或应当知晓，则即使其提供了合法的进货来源，亦不能免除赔偿责任。由此可知，是否具有合法来源，与销售者及使用者主观是否具有过错并非唯一对应关系。

2. 合法来源的认定

所谓"合法来源"，是指销售者或使用者能够证明其所销售或使用的产品，系由正规的市场流通渠道以正常的市场价格获得，同时该产品在形式上符合相关行业法律法规的规定。亦即销售者或使用者不仅需要证明其产品的来源，同时还需证明这一来源的合法性，后者才是这一免责条款的关键。否则，即便能够证明该产品的来源，亦无法认定其主观上不具有过错。

举例而言，如果该销售者系从无照摊贩处购买的产品，或者其虽从正规厂家购买的产品，但在无合理理由的情况下该产品的价格明显低于同类产品的价格，抑或该产品的标注明显不符合行业标准（如药店所销售的药品上未按照国家药监局的规定标注批准文号或生产企业的名称、地址等）等，则上述情况下，即使销售者可以证明其产品的来源，亦无法认定其来源具有合法性。

实践中，常会出现制造商认可销售商或使用者所销售或使用的产品系由其提供这一情形。基于前述理由，制造商的该认可行为可以证明销售者或使用者的产品具有来源，但至于该来源是否合法，还需结合证据进一步认定。

实践中有案件将是否有来源与来源是否合法未予明确区分。如在涉及"一种治疗颅脑外伤及其综合症的药物组合物"发明专利的案件中，其中南宁神州公司为销售商，对于其应否承担赔偿的问题，一审法院认为，由于河南天工公司已承认被控侵权药品是其所生产，因此可以认定南宁神州公司所销售的被控侵权药品来源于河南天工公司，依照法律规定，由于邕江药业公司没有证据证明南宁神州公司有侵权故意，而其所销售的被控侵权药品有合法来源，因此南宁神州公司只应承担停止销售被控侵权药品的民事责任，不应承担赔偿责任❶。

我们认为，该案中虽然制造商河南天工公司认可南宁神州公司的药品系由其提供，但该认可仅可以证明销售药品的来源，并不当然地说明该来源合法。因此，该案一审法院直接依据该事实认定来源合法是值得探讨。

对于合法来源的证据，通常须是与销售有关的票据或其他相关证据。实践中通常会出现这种情况，即销售者或使用者所提供的相关票据并非正规的销售票据，可能仅是非规范的出库单、收

---

❶ 见广西壮族自治区高级人民法院（2007）桂民三终字第 46 号民事判决书。

据等。此类证据是否可以用以证明合法来源，我们认为，对于此类证据的审查标准不易过严。《专利法》中合法来源免责这一规定的目的在于保障交易安全，从而保护正常的市场秩序。因此，对于合法来源的证据的审查要考虑到我国目前市场经济的现实情况。因为我国目前市场经济的主体多种多样，其中既有在各方面经营制度上很规范的市场主体，亦有在经营制度上不很规范的一些小的市场主体，如个体工商户等，这些主体虽然可能存在一些经营上的不规范，但考虑到目前整个市场秩序的现状，同时考虑到《专利法》对于销售者及使用者合法来源免责的规定，很大程度上是为了使得销售者及使用者可以举证证明其上游的制造者，因此，除非销售者及使用者与制造者主观上具有共同侵权的过错，或该来源证据的真实性无法确认，否则对于此类证据的审查不易过严。至于其经营中的不规范行为，由市场管理机关予以行政处罚即可。

　　在对合法来源证据进行审查时，还需注意的一点是，销售者及使用者须能够证明其所使用或销售的全部产品的合法来源，否则，仅能免除其中一部分赔偿责任。举例而言，如果某一建筑物中所使用的地板是专利产品，如果该建筑物的所有者仅能举证证明其中一部分地板的合法来源，则对于其他未举证的部分，该建筑物的所有者仍应承担赔偿责任。

　　3. 主观"不知道"的认定

　　《专利法》第七十条中销售者及使用者免责的主观要件是"不知道"。对于如何理解何为"不知道"，实践中亦存在分歧。较多的观点认为，免责的主观要件不仅包括主观明知，同时亦包括主观应知。当然，亦有观点认为，只有销售者及使用者主观上是明知的情况下，才不能免除赔偿责任。如在涉及"火花塞包装盒"的外观设计专利案件中，法院即认定"因原告在起诉时认可陈建华销售的产品有合法来源，且原告也没有证据证明被告陈建华明知其销售的是侵权产品，故被告陈建华可不承担赔偿责任"❶。

对于前述两种意见，我们认为，前一种意见的要求过于严格，会使得这一条款的立法目的大打折扣。前面我们已谈到这一免责条款的目的在于保护交易安全，因此，不能对其施以过高的义务，销售者或使用者尽到了足够的注意义务即可，否则不利于正常的市场交易。但这一立法目的同样不能以损害专利权人的利益为代价。鉴于主观明知是个对于举证要求很高的证明标准，通常除非专利权人明确告知销售者或使用者侵权行为的存在，否则，很难认定销售者及使用者主观上为明知。而如果采用第一种观点以明知作为免责条件，势必会导致很多完全可以认定销售者及使用者应当知道该产品确为侵权产品的情形，仅因无明确证据证明销售者及使用者确实知道这一情形，而使得对其销售及使用行为无法予以禁止。这一情况显然不利于保护专利权人的利益。

鉴于此，我们同意后一种观点，即只要专利权人能够证明销售者或使用者主观上明知或者应知，即可以认定销售者及使用者应承担赔偿责任。具体到主观状态的认定，即便没有明确的证据证明销售者及使用者确实知晓该产品是侵权的，但如果通过其他证据可以合理推知对于这一行业的从业者，根据其对行业的了解及其正常的认知能力，足以知晓该产品确为侵权产品的话，则亦可以认定其主观上具有过错，应承担赔偿责任。

实践中，证明销售者或使用者主观上为明知，通常采信的证据是专利权人的通知，即专利权人明确告知销售者或使用者所销售或使用的产品为侵权产品。这种通知是证明销售者及使用者主观明知的最为常见和有力的证据。但需注意的是，实践中专利权人发出通知可能基于各种原因，既可能确因侵权事由的发生，亦

---

❶ 见浙江省宁波市中级人民法院（2008）甬民四初字第 140 号民事判决书。

可能基于其他不正当竞争的目的，因此通知的内容并不必然均是真实的。同时鉴于专利权人并不当然地具有判断侵权与否的能力，因此，即便专利权人发送通知确实基于善意，亦不能说明其所作出的侵权认定即为正确的。综合以上各种因素，我们认为，并非只要有通知即可当然地认定销售者及使用者主观上为明知，还需结合案件具体情况，如专利权的类型、被控侵权产品与专利产品属于相同侵权还是等同侵权、属于相同外观设计还是相近似的外观设计，以及是否还有其他证据佐证等，总之要视具体情况对销售者及使用者的主观过错予以判定，而不能一概而论。但原则上，我们认为，只有在专利权人的通知或结合其他证据能够足以使得销售者及使用者作出其所销售及使用的产品为侵权产品这一判断的情况下，才可以认定其主观上对于侵权行为为明知，否则不能得出这一结论。

具体而言，相对于发明及实用新型专利，外观设计专利的通知更容易证明销售者及使用者的主观过错。因为外观设计专利保护的是产品的外观，而对于两个产品的外观而言，人们通常不需过多的技术背景即可以对于其是否相同或相近似作出判断。如果被控侵权产品与专利产品相同或很相近似，则通常可以认定销售者及使用者主观上为明知。对于被控侵权产品与专利产品具有一定相近似程度的情况，是否可以仅因通知即认定其主观上为明知，我们认为应持谨慎态度。因为对于外观设计近似的判断，具有较高的主观因素，不同的判断主体很可能得出不同的结论。如果仅因法院最终认为其为侵权产品，而认定其主观上具有过错，对于销售者及使用者而言，其注意义务过高，不利于交易安全。近几年来，各地不断涌现的确认不侵权的案件亦说明了这一通知的行为对于交易安全所产生的影响。

对于发明及实用新型专利而言，因为其所保护的是具体的技术方案，而销售者及使用者并非具体技术领域的技术人员，因此，如果要求其了解其所销售或使用的产品的具体技术方案，尤其是一些对于技术水平要求较高的技术领域，这一要求显然过高。因此，相对于这两种类型的专利而言，通知的作用更为有限。通常须结合其他证据证明这一侵权行为的存在。例如，专利权人如果能够在向销售者及使用者发送通知的同时，亦举证证明针对其销售或使用的同一型号的产品，已被在先的判决认定构成对于专利权的侵犯，则上述证据完全可以使得销售者及使用者认识到这一产品的侵权性质，这种情况下，如果其继续销售或使用该产品则可以认定其主观上为明知，应承担赔偿责任。

在涉及"自接式轻钢龙骨"发明专利的案件中，原告曾书面向被告告知其专利权利要求并要求被告立即停止销售侵权产品。法院认为该通知已能够证明"被告明知其销售的自接式轻钢龙骨是侵犯原告金鹏公司专利权的产品"❶。对于法院的这一认定，我们持保留意见。原告专利为一种发明专利，原告向被告发送的通知中仅涉及专利的权利要求，并无其他用以证明被告销售的产品侵权的证据。我们在前面已提到，销售者及使用者并无了解涉案技术方案的法定义务，因此，仅凭专利的权利要求书即认定销售商应知该产品侵权，似乎对销售商要求过高。

（五）免除赔偿责任

对于符合《专利法》第七十条规定条件的销售者及使用者，其所能免除的民事责任是赔偿责任，停止侵权这一民事责任并不能免除。这亦是 2000 年及 2008 年《专利法》与 1984 年及 1992 年《专利法》在该问题上的区别。

但对于善意使用者在一定情况下是否可以不承担停止侵权的责任实践中亦有突破，在个别案件中，如果停止侵权会对社会资源造成不合理的浪费的情况下，法院会考虑由被告支付一定数额

---

❶ 见湖北省武汉市中级人民法院（2008）武知初字第 268 号民事判决书。

的许可费来代替停止侵权这一责任方式。

如在一起涉及"一种幕墙活动连接装置"实用新型专利的案件中，被告经营的深圳宝安国际机场候机楼的玻璃幕墙工程使用的技术落入了该专利的保护范围。法院虽然认定机场以经营为目的使用专利产品构成侵权，但同时认为"考虑深圳机场的特殊性，停止使用不符合实际"。因此法院并没有判决机场停止使用侵权的玻璃幕墙，而是责令其向原告支付合理的使用费。❶

我们很赞同该判决的做法。我们认为，对于专利权人利益的保护一定不能脱离整个社会的公共利益，如果停止使用势必会造成公共利益的不合理的巨大的浪费，则此时不应机械地以权利人的利益为唯一考虑因素，而以合理的使用费替代停止使用这一责任方式的做法，显然是可以同时兼顾权利人利益与公共利益的优选方案。

此外，对于不符合《专利法》第七十条规定条件的销售者及使用者，则对于能够找到制造商的，应认定二者为共同侵权，销售商针对其所销售部分的制造及销售的利润与制造商承担连带责任。如果未找到制造商的，应认为其对于所销售的产品承担制造商应负的责任。

（撰稿人：芮松艳）

---

❶　见广东省深圳市中级人民法院（2004）深中法民三初字第 587 号民事判决书。

第十二章　其他抗辩事由的处理

本书第二章至第十一章对实践中几种常见的典型抗辩事由的理解和适用进行了详细论述。实践中，被告在侵犯专利权诉讼中还提出其他一些抗辩事由，人民法院在案件审理过程中也不能置之不理，而应当予以回应和处理。下面简要介绍这些抗辩事由的处理办法。

一、专利权效力抗辩

在侵犯专利权诉讼中，被告常常会对原告所主张的专利提出质疑，主张原告专利缺乏新颖性、创造性❶，或者独立权利要求缺少必要技术特征❷，说明书公开不充分❸，权利要求得不到说明书的支持❹等，应当被宣告无效，应为无效专利，在侵犯专利权诉讼中不应当予以保护。被告还常常会提交相应的证据用于支持其主张。

在有些国家如美国和英国，法律明确规定在侵权专利权诉讼中，被告可以反诉原告专利权无效，审理侵权案件的法官可以对专利权的效力进行审查，并作出专利权有效或者无效的判决。❺

---

❶ 《专利法》第二十二条、第二十三条。

❷ 《专利法实施细则》第二十一条第二款。

❸ 《专利法》第二十六条第三款。

❹ 《专利法》第二十六条第四款。

❺ 见王承守、邓颖懋著：《美国专利诉讼攻防策略运用》，北京大学出版社2006年版，第81页；Brian C. Reid：*A Practical Guide To Patent Law*，Sweet &.Maxwell 1999 Second Edition，p. 96.

但是，根据我国《专利法》的规定和执法体制，我国实行双轨制，专利权效力的确认属于专利行政管理部门的职权范围，侵权诉讼法院仅审查侵权纠纷，不能在侵权诉讼中就专利权的效力进行审查。因此对于被告在诉讼中提出的专利权效力抗辩，法院应向被告释明相关规定和程序，告知被告如还坚持，应当向国家知识产权局专利复审委员会提出无效宣告请求，而在侵权诉讼中对其抗辩不予审查。比如在菲利普公司诉温州日电公司案中，被告主张原告专利为无效专利，对此法院明确指出："侵犯专利权诉讼中并不审查专利权的有效性。如果被告认为原告专利权无效，其应向国家知识产权局专利复审委员会提出原告专利权无效宣告的请求。原告专利权无效并非侵犯专利权不成立的有效抗辩事由。"❶

需要强调的是，在有些案件中，被告提交了原告专利的现有技术，但对于其证明目的和主张语焉不详。在该种情况下，法院应当让被告明确其证明目的，如果是想据此证明原告专利应为无效专利，则按照前述方法处理，如果被告是想证明被控侵权物是根据现有技术而生产的，则应当按照现有技术抗辩进行审查。

二、主张被控侵权物缺少原告专利的必要技术特征或者不构成等同

在侵犯专利权诉讼中，被告常常会提出被控侵权物缺少原告专利的必要技术特征，没有落入专利权保护范围，或者认为被控侵权物并没有落入原告专利的等同范围，因此不构成侵权的主张。这种主张并不是一种抗辩，而是一种否认，被告无需就此承担证明责任。而且，被控侵权物是否落入专利权的保护范围，包括是否构成等同侵权，是法院依职权应当审查的问题，在被告提

---

❶ 见上海市高级人民法院（2008）沪高民三（知）终字第 80 号民事判决书。

出该主张时，原告应证明被控侵权物全面覆盖所主张的权利要求的技术特征，同时法院要按照侵犯专利权判断的有关规则对此进行审查，如果确实未落入专利权保护范围，则直接判决不侵权。

三、禁止反悔抗辩

《审理侵犯专利权案件问题解释》第六条规定："专利申请人、专利权人在专利授权或者无效宣告程序中，通过对权利要求、说明书的修改或者意见陈述而放弃的技术方案，权利人在侵犯专利权纠纷案件中又将其纳入专利权保护范围的，人民法院不予支持。"这就是所谓的禁止反悔原则。❶ 禁止反悔原则是对等同原则适用的限制，旨在防止专利权人采用出尔反尔的策略，即在专利审批过程中为了获得专利权而对其保护范围进行了某种限制，但到了侵权诉讼时又试图取消所作的限制，扩大专利权的保护范围，从而"两头得利"。❷ 目前，在一些案件中，被告会提出要禁止专利权人的反悔，限制等同原则的适用。

禁止反悔原则的很多研究中将其作为侵犯专利权抗辩的一种，并认为要适用禁止反悔原则，应当由被告明确提出并承担举证责任。❸ 在司法实践中，持此种观点的也占多数，比如《北京专利侵权判定若干意见》第四十六条规定："禁止反悔原则的适用应当以被告提出请求为前提，并由被告提供原告反悔的相应证据。"对此，我们有不同看法。我们认为禁止反悔原则是对等同原则的限制，是确定专利权保护范围的规则之一，其功能是划定专利权的保护范围，因此是一种事实查明，如果法官从双方的陈

---

❶ 对于哪些情形会导致禁止反悔，仍存在诸多争议。但其不属于本节的研究范围。

❷ 尹新天著：《专利权的保护》，知识产权出版社 2005 年 4 月第 2 版，第 449 页。

❸ 程永顺著：《中国专利诉讼》，知识产权出版社 2005 年版，第 254 页。

述、当事人提交的证据或者其他途径知晓禁止反悔事实的存在，哪怕被告未予主张，法官亦应主动援引，查明事实，依据相应规则确定专利权保护范围后再进行侵权判定。当然，从操作层面看，被告提出相关的事实和提交相关证据便于法官了解放弃、限制的事由的存在，并有利于法官进一步查明事实，但这只是便于查明事实罢了。从逻辑上分析，禁止反悔的主张是一种事实抗辩，不是一种权利抗辩，不以被告的明确主张为前提，法院可以主动调查是否存在足以导致适用禁止反悔原则的事实。虽然最高人民法院在其最新制定的《审理侵犯专利权案件问题解释》中没有明确禁止反悔原则的适用是否以被告主张为前提，但是在2002年，最高人民法院在解释等同原则适用时已经明确：人民法院应当准确适用禁止反悔原则，将等同原则的适用限制在一个合理的范围内。在具体案件的审理中，法院应当审查申请日向专利局提交的专利申请文件（包括给专利局的函件和所作的陈述）中对专利权利要求所作的历史性修改。❶ 而且在"机芯奏鸣装置音板的成键方法及其设备"一案中，被告并没有提出禁止反悔的主张和证据，但最高人民法院仍主动对是否存在禁止反悔的情形进行了审查。该案中，最高人民法院在对被控产品与权利要求的相应等同特征进行比较后，又明确指出："此外，本院还查阅了机芯总厂专利的申请文档，证实该专利独立权利要求 1 和 9 中记载的盲板固定在防震限位装置上这一必要技术特征，并不是专利权人为了获得专利授权而在审查员的建议下特别进行修改的，故也不属于禁止反悔的情况。"❷ 最高人民法院在最近审结的沈其衡诉上海盛懋交通设施工程有限公司侵犯专利权纠纷再审申请裁

---

❶　详见：最高人民法院民三庭：《最高人民法院〈关于审理专利纠纷案件适用法律问题的若干规定〉条文释义》，载曹建明主编：《新专利法司法解释精解》，人民法院出版社 2002 年版，第 92 页。

❷　见最高人民法院（2001）民三提字第 1 号民事判决书。

定书中，明确指出："禁止反悔原则是对认定等同侵权的限制。现行法律以及司法解释对人民法院是否可以主动适用等同原则未作规定，为了维持专利权人与被控侵权人以及社会公众之间的利益平衡，亦不应对人民法院主动适用禁止反悔原则予以限制。因此，在认定是否构成等同侵权时，即使被控侵权人没有主张适用禁止反悔原则，人民法院也可以根据业已查明的事实，通过适用禁止反悔原则对等同范围予以必要的限制，以合理地确定专利权的保护范围。"❶

可见，禁止反悔原则不以被告主张为适用前提，法官可以依职权主动进行审查。当然，从实践操作来说，并不要求法官必须进行审查，也不能认为法官没有主动进行审查就是错误。只有法官有合理理由认为存在禁止反悔的事由（如被告提出了主张或相关证据显示可能存在禁止反悔的情形、法官审理其他案件中涉及或者其他生效裁决中进行了认定）时，才需要进行审查。法官也可以，尤其是可能构成等同侵权时，就此问题向被告释明，要求被告提交相应的证据，否则由其承担可能不利的后果。可见，禁止反悔的主张与本课题研究的侵权抗辩，比如现有技术抗辩不同。不同的根源在于禁止反悔原则的主张是一种事实抗辩，不以当事人的主张为前提；而现有技术抗辩等是一种权利抗辩，如果当事人没有主张，法院不能依职权予以审查。这也就意味着一个案件中禁止反悔原则的适用影响到在后案件的审理，即使在后案件的被告未主张禁止反悔。同时也意味着，如果法院在一审过程中未知晓专利权人放弃、限制的事由，但被告在二审期间提出，法院不能以一审被告未主张不予审查，而应当在查明事实的基础上，重新作出判断，或者发回重审。

其实这个问题在美国已经有过争论。在美国，也有人将禁止

---

❶ 见最高人民法院（2009）民申字第 239 号民事裁定书。

反悔原则定性为被控侵权人对侵权指控的一种抗辩手段，必须由被告提出请求并承担举证责任，而且当一审法院的判决没有涉及这一问题时，二审法院就不应当提出。但是，美国法院的主流观点不赞成这种主张，认为禁止反悔原则是解释权利要求，进而判断侵犯专利权的一种独立手段。美国第一巡回上诉法院还曾在一份判决书中指出："假如这一原则仅仅涉及'禁止反悔'，或者我们会将它归结为一种抗辩手段，只要一审程序中没有提出，就可以认为抗辩权已经被放弃了。但是，该原则并不仅仅如此，它是一种对权利要求进行解释的规则……一审法院和二审法院应当以同样的细心程度来审视授权专利文本和专利审批过程。不允许被放弃或者驳回的权利要求死灰复燃不仅仅是双方当事人之间的问题，而且还关系到公众的利益。因此，我们向来认为，即使一审法院没有涉及禁止反悔原则，二审法院仍然有责任予以复核。"❶

四、使用自有专利抗辩

在侵犯专利权诉讼中，也有一些被告主张是按照自有专利生产的被控侵权物，因此不构成侵权。使用自有专利并不是侵犯专利权诉讼中的法定的抗辩事由，在这种情况下，法院要审查被告主张的自有专利与原告专利的关系：如果被告的自有专利公开时间早于原告专利的申请日，构成原告专利的现有技术，可以适用现有技术抗辩；如果可能构成抵触申请，则可行使释明权，建议被告启动无效宣告程序；如果该专利申请日晚于原告专利申请日，则抗辩不能成立，无需再审查被控侵权物与自有专利的关系，而按照一般侵权判定处理，将被控侵权物与原告专利进行对比，只要被控侵权物落入原告专利的保护范围，则构成侵权，即

---

❶ 尹新天著：《专利权的保护》，知识产权出版社 2005 年 4 月第 2 版，第 455～456 页。

使被告实施的确实是其自有专利的技术方案。1993 年 8 月 16 日的《最高人民法院关于在侵犯专利权诉讼中原、被告双方均拥有实用新型专利权应如何处理的批复的批复》已经明确这一点。这是因为在被告依据其主张的专利生产的产品落入原告专利的保护范围的情况下，要么被告主张的专利是原告专利的从属专利，要么与原告专利属于重复授权。对于重复授权，根据《专利法》保护申请在先的专利的原则，被告的行为无法获得保护；对于从属专利，在未经原告许可的情况下实施其技术方案，当然构成侵权。

比如，在泉株式会社诉美视晶莹公司案中，被告即主张其使用的是自有的专利，法院审查了被告据以抗辩的自有专利后，认为被告据以主张的自有专利的申请日和授权日均在原告专利申请日之后，即使其所使用的是自有专利技术，但由于被控侵权产品落入原告专利的保护范围，同样构成对原告专利权的侵犯。❶ 这样的原则和做法在外观设计专利案件中同样适用。比如在江苏托普公司诉星慧公司案中，被控产品外观设计与原告专利相近似，被告主张是按照其已获得授权的外观设计专利制造的。经对比，星慧公司拥有的外观设计专利的申请日和授权日均在托普公司外观设计专利申请日和授权日之后，一审法院按照依法保护在先合法权利的原则，认定被控侵权产品落入托普公司外观设计专利权的保护范围，构成侵犯专利权，故对星慧公司认为其合法实施外观设计专利权的抗辩不予采纳。❷ 二审法院更明确指出："星慧公司不能以其在后专利抗辩托普公司的侵权指控。"❸

---

❶ 见北京市第一中级人民法院（2006）一中民初字第 12795 号民事判决书。
❷ 见江苏省南京市中级人民法院（2008）宁民三初字第 163 号民事判决书。
❸ 见江苏省高级人民法院（2008）苏民三终字第 0247 号民事判决书。

五、被告主张被控技术是其自主开发

在侵犯专利权诉讼中，不少案件的被告都提出其使用的技术是自主开发的，不侵犯原告的专利权。与作品独立创作受保护不同，自主开发的被控技术并不一定能得到保护。因此，对于被告的主张，法院的处理思路基本与被告主张自有专利抗辩相同，即法院要责令被告证明被控技术在原告专利申请日之前已经形成先用权，按照先用权的适用规则进行判断，或者已经公开，构成现有技术，按照现有技术抗辩的规则进行判断。如果被控技术晚于原告专利申请日之后才自主开发的，则不管是否公开，均不能对抗原告专利，其抗辩不能成立，无需进一步去审查被控技术和自主开发技术之间的关系。比如在尼欧普兰公司诉被告中威公司侵犯外观设计专利权纠纷案中，中威公司主张其被控侵权产品的外观设计系自主开发，并拥有自主知识产权，因此，不构成对原告专利权的侵犯。对此，法院认为：首先，被告中威公司提供的证据不足以证明被控侵权产品的外观系其自主开发。其次，专利权是一种排他权，即当一项技术方案被授予专利权后，他人即不得实施该技术方案，而无论他人实施的该技术方案是否为自主开发，除非其能证明具有先用权，即其在专利申请日前已经制造、使用相同方法或者已经作好制造、使用的必要准备。现被告中威公司并不能证明其具有先用权，因此，其自主开发抗辩亦不能成立。再次，虽然被告中威公司亦经国家知识产权局授权取得了客车的外观设计专利权，但该专利申请日为 2005 年 10 月 13 日，在原告专利授权公告日 2005 年 8 月 24 日之后，其不能以该专利对抗原告就原告专利在先取得的专利权。❶

---

❶　见北京市第一中级人民法院（2006）一中民初字第 12804 号民事判决书。

六、被告主张得到第三方许可

在侵犯专利权诉讼中，被告常常主张其使用的技术来自第三方许可，因此其行为不构成侵权。在这种情况下，法院需要区分被告得到许可的是原告专利还是其他专利或非专利技术。如果是得到由第三方许可使用原告专利，则审查第三方是否有权许可，许可是否符合规定。如果是有权许可，则不构成侵权；如果是无权许可，则抗辩不成立。如果得到许可的是其他专利或非专利技术，则考察该专利或技术与原告专利的关系，如果其公开时间早于原告专利申请日，构成原告专利的现有技术，可以适用现有技术抗辩；如果可能构成抵触申请，则可行使释明权，建议被告启动无效宣告程序；如果该专利申请日或技术的形成时间晚于原告专利申请日，则抗辩不能成立。比如黄钟生诉北京农垦橡胶厂案中，被告主张实施的是案外人在后的一项专利，法院明确提出由于该项专利在原告专利之后，且落入原告专利的保护范围，因此仍构成侵权。❶

七、被告主张其行为得到专利权人许可

根据《专利法》第十一条的规定，被告实施专利的行为构成侵权的前提是其行为未经专利权人的许可。如果被告的行为经过专利权人许可，则不构成对专利权人的侵犯。❷ 因此，在一些案件中，被告主张其行为经过专利权人的许可。

---

❶ 见北京市中级人民法院（1995）中知初字第 42 号民事判决书。

❷ 当然可能有许可费支付问题。

（一）签订了书面许可合同

根据 2000 年《专利法》第十二条的规定❶，许可一般应当订立书面实施许可合同，因此如果被告提出已获许可抗辩并提交订立的书面合同的，则法院主要审查许可的标的、许可的期限、范围等，从而确定被控侵权物是否在许可范围内，进而认定被告的许可是否构成侵权。

（二）未签订书面许可合同

书面合同是许可关系的最好证明，但没有订立书面合同并不意味着一定不存在许可关系。《合同法》第三十六条规定："法律、行政法规规定或者当事人约定采用书面形式订立合同，当事人未采用书面形式但一方已经履行主要义务，对方接受的，该合同成立。"《合同法解释（二）》第二条规定："当事人未以书面形式或者口头形式订立合同，但从双方从事的民事行为能够推定双方有订立合同意愿的，人民法院可以认定是以合同法第十条第一款中的'其他形式'订立的合同。"因此，对于当事人未能提交书面许可合同，但被告又主张双方具有专利实施许可关系的，人民法院应当根据相关的事实和证据综合认定。

（三）关于专利与标准

在实践中，国家或行业标准中有可能涉及某一专利技术，被告如果按照标准生产相关产品，则可能涉及侵犯专利权问题。在此类案件中，被告常常会主张专利权人已经将专利技术纳入标准，应视为许可他人使用，并据此进行不侵权抗辩。比如在广西高级人民法院审理的南宁邕江药业公司诉河南天工公司侵犯专利权案中，原告邕江药业公司拥有"一种治疗颅脑外伤及其综合症

---

❶　该条规定：任何单位或者个人实施他人专利的，应当与专利权人订立书面实施许可合同，向专利权人支付专利使用费。被许可人无权允许合同规定以外的任何单位或者个人实施该专利。新专利法已经删除"书面"。

的药物组合物"发明专利。为实施其发明专利，南宁邕江药业公司参与了广西药品检验所"复方赖氨酸颗粒"质量标准的制定，并在标准制定过程中申明标准采用的组方为其发明专利说明书公布的五个实施例之一。2001年，国家药品监督管理局颁布了"复方赖氨酸颗粒"的质量标准及使用说明书，并附有包括南宁邕江药业公司和河南天工公司在内的生产企业名单。2006年，南宁邕江药业公司发现广西南宁市场上有河南天工公司生产的复方赖氨酸颗粒在销售，以侵犯其专利权为由，提起诉讼。在诉讼中，被告提出南宁邕江药业公司将专利配方资源提供给国家，应当视为默许河南天工公司无偿使用其专利，故其行为不构成侵权。❶ 这就是专利与标准问题的典型案例。

关于专利与标准，是目前一个热点问题。对于实施标准中的专利技术是否构成侵权，目前观点不一。比如在前述南宁邕江药业公司诉河南天方公司案中，二审法院认为专利权人将专利技术转化成国家标准并不意味着允许他人可以未经许可使用，恰恰相反，专利权人正是通过这种对专利技术的公开换取对专利技术垄断性的权利。在民事法律行为中，默许的意思表示必须有法律明确规定才能确定，不能任意推定，南宁邕江药业公司的行为在法律上没有规定为默许，双方也没有合同的约定，因此不能视为南宁邕江药业公司默许河南天工公司使用其专利。因此认定河南天工公司构成侵权，并赔偿南宁邕江药业公司经济损失四十万元。❷ 该案法官在撰写的文章中还指出，如果本案中南宁邕江药业公司在标准制定中没有申明标准采纳的组方落入专利权人保护范围，则应视为一种免费实施其专利技术的默认许可。❸ 可见，

---

❶❷ 见广西壮族自治区高级人民法院（2007）桂民三终字第46号民事判决书。

❸ 韦晓云："专利默认许可问题研究"，载蒋志培主编：《中国知识产权司法保护2008》，中国传媒大学出版社2008年版，第189~190页。

其观点是如果申明了，则构成侵权，如果未申明，则不构成侵权。而在辽宁省高级人民法院关于朝阳兴诺公司按照建设部颁发的行业标准《复合载体夯扩桩设计规程》设计、施工而实施标准中专利的行为是否构成侵犯专利权问题请示案中，最高人民法院（2008）民三他字第4号答复函认为，鉴于目前我国标准制定机关尚未建立有关标准中专利信息的公开披露及使用制度的实际情况，专利权人参与了标准的制定或者经其同意，将专利纳入国家、行业或者地方标准的，视为专利权人许可他人在实施标准的同时实施该专利，他人的有关实施行为不属于《专利法》第十一条所规定的侵犯专利权的行为；专利权人可以要求实施人支付一定的使用费，但支付的数额应明显低于正常的许可使用费；专利权人承诺放弃专利使用费的，依其承诺处理。

《最高人民法院关于审理侵犯专利权纠纷案件应用法律若干问题的解释（2009年6月征求意见稿）》中曾提出："经专利权人同意，专利被纳入国家、行业或者地方标准制定组织公布的标准中，且标准未披露该专利的，人民法院可以认定专利权人许可他人在实施该标准的同时实施其专利，但专利依法必须以标准的形式才能实施的除外。专利权人要求标准实施人支付使用费的，人民法院应当综合考虑专利的创新程度及其在标准中的作用、标准所属的技术领域、标准的性质、标准实施的范围等因素合理确定使用费的数额，但专利权人承诺放弃使用费的除外。

标准披露了该专利及其许可实施条件，他人未按照披露的条件实施该专利，当事人主张按照披露的许可实施条件实施的，人民法院应当支持。披露的许可实施条件明显不合理的，经当事人请求，人民法院可以适当调整。未披露许可实施条件或者披露的许可实施条件不明确的，当事人可以协商解决，协商不成的，可以请求人民法院确定。

法律、行政法规对实施标准中的专利另有规定的，从其规定。"

但最终公布的司法解释稿中删除了相关规定。可见，由于专利与标准问题涉及各方利益，包含复杂的因素，不能简单化，实践中要根据不同的案情，要考虑标准的性质、类型，制定过程等确定，要有相关的配套制度－比如申明、告知制度，从而使得专利权人和实施人均有预期，也存有选择，从而形成良性循环。

（撰稿人：周云川）

附　　录

中华人民共和国专利法
（2008 年修正）

（1984 年 3 月 12 日第六届全国人民代表大会常务委员会第四次会议通过　根据 1992 年 9 月 4 日第七届全国人民代表大会常务委员会第二十七次会议《关于修改〈中华人民共和国专利法〉的决定》第一次修正　根据 2000 年 8 月 25 日第九届全国人民代表大会常务委员会第十七次会议《关于修改〈中华人民共和国专利法〉的决定》第二次修正　根据 2008 年 12 月 27 日第十一届全国人民代表大会常务委员会第六次会议《关于修改〈中华人民共和国专利法〉的决定》第三次修正）

第一章　总　　则

第一条　为了保护专利权人的合法权益，鼓励发明创造，推动发明创造的应用，提高创新能力，促进科学技术进步和经济社会发展，制定本法。

第二条　本法所称的发明创造是指发明、实用新型和外观设计。

发明，是指对产品、方法或者其改进所提出的新的技术方案。

实用新型，是指对产品的形状、构造或者其结合所提出的适于实用的新的技术方案。

外观设计，是指对产品的形状、图案或者其结合以及色彩与形状、图案的结合所作出的富有美感并适于工业应用的新设计。

第三条　国务院专利行政部门负责管理全国的专利工作；统一受理和审查专利申请，依法授予专利权。

省、自治区、直辖市人民政府管理专利工作的部门负责本行政区域内的专利管理工作。

第四条 申请专利的发明创造涉及国家安全或者重大利益需要保密的，按照国家有关规定办理。

第五条 对违反法律、社会公德或者妨害公共利益的发明创造，不授予专利权。

对违反法律、行政法规的规定获取或者利用遗传资源，并依赖该遗传资源完成的发明创造，不授予专利权。

第六条 执行本单位的任务或者主要是利用本单位的物质技术条件所完成的发明创造为职务发明创造。职务发明创造申请专利的权利属于该单位；申请被批准后，该单位为专利权人。

非职务发明创造，申请专利的权利属于发明人或者设计人；申请被批准后，该发明人或者设计人为专利权人。

利用本单位的物质技术条件所完成的发明创造，单位与发明人或者设计人订有合同，对申请专利的权利和专利权的归属作出约定的，从其约定。

第七条 对发明人或者设计人的非职务发明创造专利申请，任何单位或者个人不得压制。

第八条 两个以上单位或者个人合作完成的发明创造、一个单位或者个人接受其他单位或者个人委托所完成的发明创造，除另有协议的以外，申请专利的权利属于完成或者共同完成的单位或者个人；申请被批准后，申请的单位或者个人为专利权人。

第九条 同样的发明创造只能授予一项专利权。但是，同一申请人同日对同样的发明创造既申请实用新型专利又申请发明专利，先获得的实用新型专利权尚未终止，且申请人声明放弃该实用新型专利权的，可以授予发明专利权。

两个以上的申请人分别就同样的发明创造申请专利的，专利权授予最先申请的人。

第十条 专利申请权和专利权可以转让。

中国单位或者个人向外国人、外国企业或者外国其他组织转让专利申请权或者专利权的，应当依照有关法律、行政法规的规定办理手续。

转让专利申请权或者专利权的，当事人应当订立书面合同，并向国务院专利行政部门登记，由国务院专利行政部门予以公告。专利申请权或者专利权的转让自登记之日起生效。

第十一条 发明和实用新型专利权被授予后，除本法另有规定的以外，任何单位或者个人未经专利权人许可，都不得实施其专利，即不得为生产经营目的制造、使用、许诺销售、销售、进口其专利产品，或者使用其专利方法以及使用、许诺销售、销售、进口依照该专利方法直接获得的产品。

外观设计专利权被授予后，任何单位或者个人未经专利权人许可，都不得实施其专利，即不得为生产经营目的制造、许诺销售、销售、进口其外观设计专利产品。

第十二条 任何单位或者个人实施他人专利的，应当与专利权人订立实施许可合同，向专利权人支付专利使用费。被许可人无权允许合同规定以外的任何单位或者个人实施该专利。

第十三条 发明专利申请公布后，申请人可以要求实施其发明的单位或者个人支付适当的费用。

第十四条 国有企业事业单位的发明专利，对国家利益或者公共利益具有重大意义的，国务院有关主管部门和省、自治区、直辖市人民政府报经国务院批准，可以决定在批准的范围内推广应用，允许指定的单位实施，由实施单位按照国家规定向专利权人支付使用费。

第十五条 专利申请权或者专利权的共有人对权利的行使有约定的，从其约定。没有约定的，共有人可以单独实施或者以普通许可方式许可他人实施该专利；许可他人实施该专利的，收取的使用费应当在共有人之间分配。

除前款规定的情形外，行使共有的专利申请权或者专利权应当取得全体共有人的同意。

第十六条 被授予专利权的单位应当对职务发明创造的发明人或者设计人给予奖励；发明创造专利实施后，根据其推广应用的范围和取得的经济效益，对发明人或者设计人给予合理的报酬。

第十七条 发明人或者设计人有权在专利文件中写明自己是发明人或者设计人。

专利权人有权在其专利产品或者该产品的包装上标明专利标识。

第十八条 在中国没有经常居所或者营业所的外国人、外国企业或者外国其他组织在中国申请专利的，依照其所属国同中国签订的协议或者共同参加的国际条约，或者依照互惠原则，根据本法办理。

第十九条　在中国没有经常居所或者营业所的外国人、外国企业或者外国其他组织在中国申请专利和办理其他专利事务的，应当委托依法设立的专利代理机构办理。

中国单位或者个人在国内申请专利和办理其他专利事务的，可以委托依法设立的专利代理机构办理。

专利代理机构应当遵守法律、行政法规，按照被代理人的委托办理专利申请或者其他专利事务；对被代理人发明创造的内容，除专利申请已经公布或者公告的以外，负有保密责任。专利代理机构的具体管理办法由国务院规定。

第二十条　任何单位或者个人将在中国完成的发明或者实用新型向外国申请专利的，应当事先报经国务院专利行政部门进行保密审查。保密审查的程序、期限等按照国务院的规定执行。

中国单位或者个人可以根据中华人民共和国参加的有关国际条约提出专利国际申请。申请人提出专利国际申请的，应当遵守前款规定。

国务院专利行政部门依照中华人民共和国参加的有关国际条约、本法和国务院有关规定处理专利国际申请。

对违反本条第一款规定向外国申请专利的发明或者实用新型，在中国申请专利的，不授予专利权。

第二十一条　国务院专利行政部门及其专利复审委员会应当按照客观、公正、准确、及时的要求，依法处理有关专利的申请和请求。

国务院专利行政部门应当完整、准确、及时发布专利信息，定期出版专利公报。

在专利申请公布或者公告前，国务院专利行政部门的工作人员及有关人员对其内容负有保密责任。

第二章　授予专利权的条件

第二十二条　授予专利权的发明和实用新型，应当具备新颖性、创造性和实用性。

新颖性，是指该发明或者实用新型不属于现有技术；也没有任何单位或者个人就同样的发明或者实用新型在申请日以前向国务院专利行政部门提出过申请，并记载在申请日以后公布的专利申请文件或者公告的专利文件中。

创造性，是指与现有技术相比，该发明具有突出的实质性特点和显著的进步，该实用新型具有实质性特点和进步。

实用性，是指该发明或者实用新型能够制造或者使用，并且能够产生积极效果。

本法所称现有技术，是指申请日以前在国内外为公众所知的技术。

第二十三条　授予专利权的外观设计，应当不属于现有设计；也没有任何单位或者个人就同样的外观设计在申请日以前向国务院专利行政部门提出过申请，并记载在申请日以后公告的专利文件中。

授予专利权的外观设计与现有设计或者现有设计特征的组合相比，应当具有明显区别。

授予专利权的外观设计不得与他人在申请日以前已经取得的合法权利相冲突。

本法所称现有设计，是指申请日以前在国内外为公众所知的设计。

第二十四条　申请专利的发明创造在申请日以前六个月内，有下列情形之一的，不丧失新颖性：

（一）在中国政府主办或者承认的国际展览会上首次展出的；

（二）在规定的学术会议或者技术会议上首次发表的；

（三）他人未经申请人同意而泄露其内容的。

第二十五条　对下列各项，不授予专利权：

（一）科学发现；

（二）智力活动的规则和方法；

（三）疾病的诊断和治疗方法；

（四）动物和植物品种；

（五）用原子核变换方法获得的物质；

（六）对平面印刷品的图案、色彩或者二者的结合作出的主要起标识作用的设计。

对前款第（四）项所列产品的生产方法，可以依照本法规定授予专利权。

第三章　专利的申请

第二十六条　申请发明或者实用新型专利的，应当提交请求书、说明书及其摘要和权利要求书等文件。

请求书应当写明发明或者实用新型的名称，发明人的姓名，申请人姓名或者名称、地址，以及其他事项。

说明书应当对发明或者实用新型作出清楚、完整的说明，以所属技术领域的技术人员能够实现为准；必要的时候，应当有附图。摘要应当简要说明发明或者实用新型的技术要点。

权利要求书应当以说明书为依据，清楚、简要地限定要求专利保护的范围。

依赖遗传资源完成的发明创造，申请人应当在专利申请文件中说明该遗传资源的直接来源和原始来源；申请人无法说明原始来源的，应当陈述理由。

第二十七条　申请外观设计专利的，应当提交请求书、该外观设计的图片或者照片以及对该外观设计的简要说明等文件。

申请人提交的有关图片或者照片应当清楚地显示要求专利保护的产品的外观设计。

第二十八条　国务院专利行政部门收到专利申请文件之日为申请日。如果申请文件是邮寄的，以寄出的邮戳日为申请日。

第二十九条　申请人自发明或者实用新型在外国第一次提出专利申请之日起十二个月内，或者自外观设计在外国第一次提出专利申请之日起六个月内，又在中国就相同主题提出专利申请的，依照该外国同中国签订的协议或者共同参加的国际条约，或者依照相互承认优先权的原则，可以享有优先权。

申请人自发明或者实用新型在中国第一次提出专利申请之日起十二个月内，又向国务院专利行政部门就相同主题提出专利申请的，可以享有优先权。

第三十条　申请人要求优先权的，应当在申请的时候提出书面声明，并且在三个月内提交第一次提出的专利申请文件的副本；未提出书面声明或者逾期未提交专利申请文件副本的，视为未要求优先权。

第三十一条　一件发明或者实用新型专利申请应当限于一项发明或者实用新型。属于一个总的发明构思的两项以上的发明或者实用新型，可以作为一件申请提出。

一件外观设计专利申请应当限于一项外观设计。同一产品两项以上的相似外观设计，或者用于同一类别并且成套出售或者使用的产品的两项以上外观设计，可以作为一件申请提出。

第三十二条　申请人可以在被授予专利权之前随时撤回其专利申请。

第三十三条　申请人可以对其专利申请文件进行修改，但是，对发明和实用新型专利申请文件的修改不得超出原说明书和权利要求书记载的范围，对外观设计专利申请文件的修改不得超出原图片或者照片表示的范围。

第四章　专利申请的审查和批准

第三十四条　国务院专利行政部门收到发明专利申请后，经初步审查认为符合本法要求的，自申请日起满十八个月，即行公布。国务院专利行政部门可以根据申请人的请求早日公布其申请。

第三十五条　发明专利申请自申请日起三年内，国务院专利行政部门可以根据申请人随时提出的请求，对其申请进行实质审查；申请人无正当理由逾期不请求实质审查的，该申请即被视为撤回。

国务院专利行政部门认为必要的时候，可以自行对发明专利申请进行实质审查。

第三十六条　发明专利的申请人请求实质审查的时候，应当提交在申请日前与其发明有关的参考资料。

发明专利已经在外国提出过申请的，国务院专利行政部门可以要求申请人在指定期限内提交该国为审查其申请进行检索的资料或者审查结果的资料；无正当理由逾期不提交的，该申请即被视为撤回。

第三十七条　国务院专利行政部门对发明专利申请进行实质审查后，认为不符合本法规定的，应当通知申请人，要求其在指定的期限内陈述意见，或者对其申请进行修改；无正当理由逾期不答复的，该申请即被视为撤回。

第三十八条 发明专利申请经申请人陈述意见或者进行修改后，国务院专利行政部门仍然认为不符合本法规定的，应当予以驳回。

第三十九条 发明专利申请经实质审查没有发现驳回理由的，由国务院专利行政部门作出授予发明专利权的决定，发给发明专利证书，同时予以登记和公告。发明专利权自公告之日起生效。

第四十条 实用新型和外观设计专利申请经初步审查没有发现驳回理由的，由国务院专利行政部门作出授予实用新型专利权或者外观设计专利权的决定，发给相应的专利证书，同时予以登记和公告。实用新型专利权和外观设计专利权自公告之日起生效。

第四十一条 国务院专利行政部门设立专利复审委员会。专利申请人对国务院专利行政部门驳回申请的决定不服的，可以自收到通知之日起三个月内，向专利复审委员会请求复审。专利复审委员会复审后，作出决定，并通知专利申请人。

专利申请人对专利复审委员会的复审决定不服的，可以自收到通知之日起三个月内向人民法院起诉。

第五章　专利权的期限、终止和无效

第四十二条 发明专利权的期限为二十年，实用新型专利权和外观设计专利权的期限为十年，均自申请日起计算。

第四十三条 专利权人应当自被授予专利权的当年开始缴纳年费。

第四十四条 有下列情形之一的，专利权在期限届满前终止：

（一）没有按照规定缴纳年费的；

（二）专利权人以书面声明放弃其专利权的。

专利权在期限届满前终止的，由国务院专利行政部门登记和公告。

第四十五条 自国务院专利行政部门公告授予专利权之日起，任何单位或者个人认为该专利权的授予不符合本法有关规定的，可以请求专利复审委员会宣告该专利权无效。

第四十六条 专利复审委员会对宣告专利权无效的请求应当及时审查和作出决定，并通知请求人和专利权人。宣告专利权无效的决定，由国务院专利行政部门登记和公告。

对专利复审委员会宣告专利权无效或者维持专利权的决定不服的，可以自收到通知之日起三个月内向人民法院起诉。人民法院应当通知无效宣告请求程序的对方当事人作为第三人参加诉讼。

第四十七条　宣告无效的专利权视为自始即不存在。

宣告专利权无效的决定，对在宣告专利权无效前人民法院作出并已执行的专利侵权的判决、调解书，已经履行或者强制执行的专利侵权纠纷处理决定，以及已经履行的专利实施许可合同和专利权转让合同，不具有追溯力。但是因专利权人的恶意给他人造成的损失，应当给予赔偿。

依照前款规定不返还专利侵权赔偿金、专利使用费、专利权转让费，明显违反公平原则的，应当全部或者部分返还。

第六章　专利实施的强制许可

第四十八条　有下列情形之一的，国务院专利行政部门根据具备实施条件的单位或者个人的申请，可以给予实施发明专利或者实用新型专利的强制许可：

（一）专利权人自专利权被授予之日起满三年，且自提出专利申请之日起满四年，无正当理由未实施或者未充分实施其专利的；

（二）专利权人行使专利权的行为被依法认定为垄断行为，为消除或者减少该行为对竞争产生的不利影响的。

第四十九条　在国家出现紧急状态或者非常情况时，或者为了公共利益的目的，国务院专利行政部门可以给予实施发明专利或者实用新型专利的强制许可。

第五十条　为了公共健康目的，对取得专利权的药品，国务院专利行政部门可以给予制造并将其出口到符合中华人民共和国参加的有关国际条约规定的国家或者地区的强制许可。

第五十一条　一项取得专利权的发明或者实用新型比前已经取得专利权的发明或者实用新型具有显著经济意义的重大技术进步，其实施又有赖于前一发明或者实用新型的实施的，国务院专利行政部门根据后一专利权人的申请，可以给予实施前一发明或者实用新型的强制许可。

在依照前款规定给予实施强制许可的情形下，国务院专利行政部门根据前一专利权人的申请，也可以给予实施后一发明或者实用新型的强制许可。

第五十二条 强制许可涉及的发明创造为半导体技术的，其实施限于公共利益的目的和本法第四十八条第（二）项规定的情形。

第五十三条 除依照本法第四十八条第（二）项、第五十条规定给予的强制许可外，强制许可的实施应当主要为了供应国内市场。

第五十四条 依照本法第四十八条第（一）项、第五十一条规定申请强制许可的单位或者个人应当提供证据，证明其以合理的条件请求专利权人许可其实施专利，但未能在合理的时间内获得许可。

第五十五条 国务院专利行政部门作出的给予实施强制许可的决定，应当及时通知专利权人，并予以登记和公告。

给予实施强制许可的决定，应当根据强制许可的理由规定实施的范围和时间。强制许可的理由消除并不再发生时，国务院专利行政部门应当根据专利权人的请求，经审查后作出终止实施强制许可的决定。

第五十六条 取得实施强制许可的单位或者个人不享有独占的实施权，并且无权允许他人实施。

第五十七条 取得实施强制许可的单位或者个人应当付给专利权人合理的使用费，或者依照中华人民共和国参加的有关国际条约的规定处理使用费问题。付给使用费的，其数额由双方协商；双方不能达成协议，由国务院专利行政部门裁决。

第五十八条 专利权人对国务院专利行政部门关于实施强制许可的决定不服的，专利权人和取得实施强制许可的单位或者个人对国务院专利行政部门关于实施强制许可的使用费的裁决不服的，可以自收到通知之日起三个月内向人民法院起诉。

第七章　专利权的保护

第五十九条 发明或者实用新型专利权的保护范围以其权利要求的内容为准，说明书及附图可以用于解释权利要求的内容。

外观设计专利权的保护范围以表示在图片或者照片中的该产品的外观设计为准，简要说明可以用于解释图片或者照片所表示的该产品的外观设计。

第六十条　未经专利权人许可，实施其专利，即侵犯其专利权，引起纠纷的，由当事人协商解决；不愿协商或者协商不成的，专利权人或者利害关系人可以向人民法院起诉，也可以请求管理专利工作的部门处理。管理专利工作的部门处理时，认定侵权行为成立的，可以责令侵权人立即停止侵权行为，当事人不服的，可以自收到处理通知之日起十五日内依照《中华人民共和国行政诉讼法》向人民法院起诉；侵权人期满不起诉又不停止侵权行为的，管理专利工作的部门可以申请人民法院强制执行。进行处理的管理专利工作的部门应当事人的请求，可以就侵犯专利权的赔偿数额进行调解；调解不成的，当事人可以依照《中华人民共和国民事诉讼法》向人民法院起诉。

第六十一条　专利侵权纠纷涉及新产品制造方法的发明专利的，制造同样产品的单位或者个人应当提供其产品制造方法不同于专利方法的证明。

专利侵权纠纷涉及实用新型专利或者外观设计专利的，人民法院或者管理专利工作的部门可以要求专利权人或者利害关系人出具由国务院专利行政部门对相关实用新型或者外观设计进行检索、分析和评价后作出的专利权评价报告，作为审理、处理专利侵权纠纷的证据。

第六十二条　在专利侵权纠纷中，被控侵权人有证据证明其实施的技术或者设计属于现有技术或者现有设计的，不构成侵犯专利权。

第六十三条　假冒专利的，除依法承担民事责任外，由管理专利工作的部门责令改正并予公告，没收违法所得，可以并处违法所得四倍以下的罚款；没有违法所得的，可以处二十万元以下的罚款；构成犯罪的，依法追究刑事责任。

第六十四条　管理专利工作的部门根据已经取得的证据，对涉嫌假冒专利行为进行查处时，可以询问有关当事人，调查与涉嫌违法行为有关的情况；对当事人涉嫌违法行为的场所实施现场检查；查阅、复制与涉嫌违法行为有关的合同、发票、账簿以及其他有关资料；检查与涉嫌违法行为有关的产品，对有证据证明是假冒专利的产品，可以查封或者扣押。

管理专利工作的部门依法行使前款规定的职权时，当事人应当予以协助、配合，不得拒绝、阻挠。

第六十五条　侵犯专利权的赔偿数额按照权利人因被侵权所受到的实

际损失确定；实际损失难以确定的，可以按照侵权人因侵权所获得的利益确定。权利人的损失或者侵权人获得的利益难以确定的，参照该专利许可使用费的倍数合理确定。赔偿数额还应当包括权利人为制止侵权行为所支付的合理开支。

权利人的损失、侵权人获得的利益和专利许可使用费均难以确定的，人民法院可以根据专利权的类型、侵权行为的性质和情节等因素，确定给予一万元以上一百万元以下的赔偿。

第六十六条 专利权人或者利害关系人有证据证明他人正在实施或者即将实施侵犯专利权的行为，如不及时制止将会使其合法权益受到难以弥补的损害的，可以在起诉前向人民法院申请采取责令停止有关行为的措施。

申请人提出申请时，应当提供担保；不提供担保的，驳回申请。

人民法院应当自接受申请之时起四十八小时内作出裁定；有特殊情况需要延长的，可以延长四十八小时。裁定责令停止有关行为的，应当立即执行。当事人对裁定不服的，可以申请复议一次；复议期间不停止裁定的执行。

申请人自人民法院采取责令停止有关行为的措施之日起十五日内不起诉的，人民法院应当解除该措施。

申请有错误的，申请人应当赔偿被申请人因停止有关行为所遭受的损失。

第六十七条 为了制止专利侵权行为，在证据可能灭失或者以后难以取得的情况下，专利权人或者利害关系人可以在起诉前向人民法院申请保全证据。

人民法院采取保全措施，可以责令申请人提供担保；申请人不提供担保的，驳回申请。

人民法院应当自接受申请之时起四十八小时内作出裁定；裁定采取保全措施的，应当立即执行。

申请人自人民法院采取保全措施之日起十五日内不起诉的，人民法院应当解除该措施。

第六十八条 侵犯专利权的诉讼时效为二年，自专利权人或者利害关系人得知或者应当得知侵权行为之日起计算。

发明专利申请公布后至专利权授予前使用该发明未支付适当使用费的，

专利权人要求支付使用费的诉讼时效为二年，自专利权人得知或者应当得知他人使用其发明之日起计算，但是，专利权人于专利权授予之日前即已得知或者应当得知的，自专利权授予之日起计算。

第六十九条　有下列情形之一的，不视为侵犯专利权：

（一）专利产品或者依照专利方法直接获得的产品，由专利权人或者经其许可的单位、个人售出后，使用、许诺销售、销售、进口该产品的；

（二）在专利申请日前已经制造相同产品、使用相同方法或者已经作好制造、使用的必要准备，并且仅在原有范围内继续制造、使用的；

（三）临时通过中国领陆、领水、领空的外国运输工具，依照其所属国同中国签订的协议或者共同参加的国际条约，或者依照互惠原则，为运输工具自身需要而在其装置和设备中使用有关专利的；

（四）专为科学研究和实验而使用有关专利的；

（五）为提供行政审批所需要的信息，制造、使用、进口专利药品或者专利医疗器械的，以及专门为其制造、进口专利药品或者专利医疗器械的。

第七十条　为生产经营目的使用、许诺销售或者销售不知道是未经专利权人许可而制造并售出的专利侵权产品，能证明该产品合法来源的，不承担赔偿责任。

第七十一条　违反本法第二十条规定向外国申请专利，泄露国家秘密的，由所在单位或者上级主管机关给予行政处分；构成犯罪的，依法追究刑事责任。

第七十二条　侵夺发明人或者设计人的非职务发明创造专利申请权和本法规定的其他权益的，由所在单位或者上级主管机关给予行政处分。

第七十三条　管理专利工作的部门不得参与向社会推荐专利产品等经营活动。

管理专利工作的部门违反前款规定的，由其上级机关或者监察机关责令改正，消除影响，有违法收入的予以没收；情节严重的，对直接负责的主管人员和其他直接责任人员依法给予行政处分。

第七十四条　从事专利管理工作的国家机关工作人员以及其他有关国家机关工作人员玩忽职守、滥用职权、徇私舞弊，构成犯罪的，依法追究刑事责任；尚不构成犯罪的，依法给予行政处分。

第八章　附　　则

第七十五条　向国务院专利行政部门申请专利和办理其他手续，应当按照规定缴纳费用。

第七十六条　本法自 1985 年 4 月 1 日起施行。

中华人民共和国专利法实施细则

（2010 年修订）

（2001 年 6 月 15 日中华人民共和国国务院令第 306 号公布　根据 2002 年 12 月 28 日《国务院关于修改〈中华人民共和国专利法实施细则〉的决定》第一次修订　根据 2010 年 1 月 9 日《国务院关于修改〈中华人民共和国专利法实施细则〉的决定》第二次修订）

第一章　总　　则

第一条　根据《中华人民共和国专利法》（以下简称专利法），制定本细则。

第二条　专利法和本细则规定的各种手续，应当以书面形式或者国务院专利行政部门规定的其他形式办理。

第三条　依照专利法和本细则规定提交的各种文件应当使用中文；国家有统一规定的科技术语的，应当采用规范词；外国人名、地名和科技术语没有统一中文译文的，应当注明原文。

依照专利法和本细则规定提交的各种证件和证明文件是外文的，国务院专利行政部门认为必要时，可以要求当事人在指定期限内附送中文译文；期满未附送的，视为未提交该证件和证明文件。

第四条　向国务院专利行政部门邮寄的各种文件，以寄出的邮戳日为递交日；邮戳日不清晰的，除当事人能够提出证明外，以国务院专利行政部门收到日为递交日。

国务院专利行政部门的各种文件，可以通过邮寄、直接送交或者其他方式送达当事人。当事人委托专利代理机构的，文件送交专利代理机构；未委托专利代理机构的，文件送交请求书中指明的联系人。

国务院专利行政部门邮寄的各种文件，自文件发出之日起满 15 日，推定为当事人收到文件之日。

根据国务院专利行政部门规定应当直接送交的文件，以交付日为送达日。

文件送交地址不清，无法邮寄的，可以通过公告的方式送达当事人。自公告之日起满 1 个月，该文件视为已经送达。

第五条　专利法和本细则规定的各种期限的第一日不计算在期限内。期限以年或者月计算的，以其最后一月的相应日为期限届满；该月无相应日的，以该月最后一日为期限届满日；期限届满日是法定休假日的，以休假日后的第一个工作日为期限届满日。

第六条　当事人因不可抗拒的事由而延误专利法或者本细则规定的期限或者国务院专利行政部门指定的期限，导致其权利丧失的，自障碍消除之日起 2 个月内，最迟自期限届满之日起 2 年内，可以向国务院专利行政部门请求恢复权利。

除前款规定的情形外，当事人因其他正当理由延误专利法或者本细则规定的期限或者国务院专利行政部门指定的期限，导致其权利丧失的，可以自收到国务院专利行政部门的通知之日起 2 个月内向国务院专利行政部门请求恢复权利。

当事人依照本条第一款或者第二款的规定请求恢复权利的，应当提交恢复权利请求书，说明理由，必要时附具有关证明文件，并办理权利丧失前应当办理的相应手续；依照本条第二款的规定请求恢复权利的，还应当缴纳恢复权利请求费。

当事人请求延长国务院专利行政部门指定的期限的，应当在期限届满前，向国务院专利行政部门说明理由并办理有关手续。

本条第一款和第二款的规定不适用专利法第二十四条、第二十九条、第四十二条、第六十八条规定的期限。

第七条　专利申请涉及国防利益需要保密的，由国防专利机构受理并进行审查；国务院专利行政部门受理的专利申请涉及国防利益需要保密的，应当及时移交国防专利机构进行审查。经国防专利机构审查没有发现驳回理由的，由国务院专利行政部门作出授予国防专利权的决定。

国务院专利行政部门认为其受理的发明或者实用新型专利申请涉及国防利益以外的国家安全或者重大利益需要保密的，应当及时作出按照保密专利申请处理的决定，并通知申请人。保密专利申请的审查、复审以及保密专利权无效宣告的特殊程序，由国务院专利行政部门规定。

第八条 专利法第二十条所称在中国完成的发明或者实用新型，是指技术方案的实质性内容在中国境内完成的发明或者实用新型。

任何单位或者个人将在中国完成的发明或者实用新型向外国申请专利的，应当按照下列方式之一请求国务院专利行政部门进行保密审查：

（一）直接向外国申请专利或者向有关国外机构提交专利国际申请的，应当事先向国务院专利行政部门提出请求，并详细说明其技术方案；

（二）向国务院专利行政部门申请专利后拟向外国申请专利或者向有关国外机构提交专利国际申请的，应当在向外国申请专利或者向有关国外机构提交专利国际申请前向国务院专利行政部门提出请求。

向国务院专利行政部门提交专利国际申请的，视为同时提出了保密审查请求。

第九条 国务院专利行政部门收到依照本细则第八条规定递交的请求后，经过审查认为该发明或者实用新型可能涉及国家安全或者重大利益需要保密的，应当及时向申请人发出保密审查通知；申请人未在其请求递交日起 4 个月内收到保密审查通知的，可以就该发明或者实用新型向外国申请专利或者向有关国外机构提交专利国际申请。

国务院专利行政部门依照前款规定通知进行保密审查的，应当及时作出是否需要保密的决定，并通知申请人。申请人未在其请求递交日起 6 个月内收到需要保密的决定的，可以就该发明或者实用新型向外国申请专利或者向有关国外机构提交专利国际申请。

第十条 专利法第五条所称违反法律的发明创造，不包括仅其实施为法律所禁止的发明创造。

第十一条 除专利法第二十八条和第四十二条规定的情形外，专利法所称申请日，有优先权的，指优先权日。

本细则所称申请日，除另有规定的外，是指专利法第二十八条规定的申请日。

第十二条　专利法第六条所称执行本单位的任务所完成的职务发明创造，是指：

（一）在本职工作中作出的发明创造；

（二）履行本单位交付的本职工作之外的任务所作出的发明创造；

（三）退休、调离原单位后或者劳动、人事关系终止后 1 年内作出的，与其在原单位承担的本职工作或者原单位分配的任务有关的发明创造。

专利法第六条所称本单位，包括临时工作单位；专利法第六条所称本单位的物质技术条件，是指本单位的资金、设备、零部件、原材料或者不对外公开的技术资料等。

第十三条　专利法所称发明人或者设计人，是指对发明创造的实质性特点作出创造性贡献的人。在完成发明创造过程中，只负责组织工作的人、为物质技术条件的利用提供方便的人或者从事其他辅助工作的人，不是发明人或者设计人。

第十四条　除依照专利法第十条规定转让专利权外，专利权因其他事由发生转移的，当事人应当凭有关证明文件或者法律文书向国务院专利行政部门办理专利权转移手续。

专利权人与他人订立的专利实施许可合同，应当自合同生效之日起 3 个月内向国务院专利行政部门备案。

以专利权出质的，由出质人和质权人共同向国务院专利行政部门办理出质登记。

第二章　专利的申请

第十五条　以书面形式申请专利的，应当向国务院专利行政部门提交申请文件一式两份。

以国务院专利行政部门规定的其他形式申请专利的，应当符合规定的要求。

申请人委托专利代理机构向国务院专利行政部门申请专利和办理其他专利事务的，应当同时提交委托书，写明委托权限。

申请人有 2 人以上且未委托专利代理机构的，除请求书中另有声明的外，以请求书中指明的第一申请人为代表人。

第十六条 发明、实用新型或者外观设计专利申请的请求书应当写明下列事项：

（一）发明、实用新型或者外观设计的名称；

（二）申请人是中国单位或者个人的，其名称或者姓名、地址、邮政编码、组织机构代码或者居民身份证件号码；申请人是外国人、外国企业或者外国其他组织的，其姓名或者名称、国籍或者注册的国家或者地区；

（三）发明人或者设计人的姓名；

（四）申请人委托专利代理机构的，受托机构的名称、机构代码以及该机构指定的专利代理人的姓名、执业证号码、联系电话；

（五）要求优先权的，申请人第一次提出专利申请（以下简称在先申请）的申请日、申请号以及原受理机构的名称；

（六）申请人或者专利代理机构的签字或者盖章；

（七）申请文件清单；

（八）附加文件清单；

（九）其他需要写明的有关事项。

第十七条 发明或者实用新型专利申请的说明书应当写明发明或者实用新型的名称，该名称应当与请求书中的名称一致。说明书应当包括下列内容：

（一）技术领域：写明要求保护的技术方案所属的技术领域；

（二）背景技术：写明对发明或者实用新型的理解、检索、审查有用的背景技术；有可能的，并引证反映这些背景技术的文件；

（三）发明内容：写明发明或者实用新型所要解决的技术问题以及解决其技术问题采用的技术方案，并对照现有技术写明发明或者实用新型的有益效果；

（四）附图说明：说明书有附图的，对各幅附图作简略说明；

（五）具体实施方式：详细写明申请人认为实现发明或者实用新型的优选方式；必要时，举例说明；有附图的，对照附图。

发明或者实用新型专利申请人应当按照前款规定的方式和顺序撰写说明书，并在说明书每一部分前面写明标题，除非其发明或者实用新型的性质用其他方式或者顺序撰写能节约说明书的篇幅并使他人能够准确理解其发明或者实用新型。

　　发明或者实用新型说明书应当用词规范、语句清楚，并不得使用"如权利要求……所述的……"一类的引用语，也不得使用商业性宣传用语。

　　发明专利申请包含一个或者多个核苷酸或者氨基酸序列的，说明书应当包括符合国务院专利行政部门规定的序列表。申请人应当将该序列表作为说明书的一个单独部分提交，并按照国务院专利行政部门的规定提交该序列表的计算机可读形式的副本。

　　实用新型专利申请说明书应当有表示要求保护的产品的形状、构造或者其结合的附图。

　　第十八条　发明或者实用新型的几幅附图应当按照"图 1，图 2，……"顺序编号排列。

　　发明或者实用新型说明书文字部分中未提及的附图标记不得在附图中出现，附图中未出现的附图标记不得在说明书文字部分中提及。申请文件中表示同一组成部分的附图标记应当一致。

　　附图中除必需的词语外，不应当含有其他注释。

　　第十九条　权利要求书应当记载发明或者实用新型的技术特征。

　　权利要求书有几项权利要求的，应当用阿拉伯数字顺序编号。

　　权利要求书中使用的科技术语应当与说明书中使用的科技术语一致，可以有化学式或者数学式，但是不得有插图。除绝对必要的外，不得使用"如说明书……部分所述"或者"如图……所示"的用语。

　　权利要求中的技术特征可以引用说明书附图中相应的标记，该标记应当放在相应的技术特征后并置于括号内，便于理解权利要求。附图标记不得解释为对权利要求的限制。

　　第二十条　权利要求书应当有独立权利要求，也可以有从属权利要求。

　　独立权利要求应当从整体上反映发明或者实用新型的技术方案，记载解决技术问题的必要技术特征。

　　从属权利要求应当用附加的技术特征，对引用的权利要求作进一步限定。

　　第二十一条　发明或者实用新型的独立权利要求应当包括前序部分和特征部分，按照下列规定撰写：

　　（一）前序部分：写明要求保护的发明或者实用新型技术方案的主题名称和发明或者实用新型主题与最接近的现有技术共有的必要技术特征；

（二）特征部分：使用"其特征是……"或者类似的用语，写明发明或者实用新型区别于最接近的现有技术的技术特征。这些特征和前序部分写明的特征合在一起，限定发明或者实用新型要求保护的范围。

发明或者实用新型的性质不适于用前款方式表达的，独立权利要求可以用其他方式撰写。

一项发明或者实用新型应当只有一个独立权利要求，并写在同一发明或者实用新型的从属权利要求之前。

第二十二条 发明或者实用新型的从属权利要求应当包括引用部分和限定部分，按照下列规定撰写：

（一）引用部分：写明引用的权利要求的编号及其主题名称；

（二）限定部分：写明发明或者实用新型附加的技术特征。

从属权利要求只能引用在前的权利要求。引用两项以上权利要求的多项从属权利要求，只能以择一方式引用在前的权利要求，并不得作为另一项多项从属权利要求的基础。

第二十三条 说明书摘要应当写明发明或者实用新型专利申请所公开内容的概要，即写明发明或者实用新型的名称和所属技术领域，并清楚地反映所要解决的技术问题、解决该问题的技术方案的要点以及主要用途。

说明书摘要可以包含最能说明发明的化学式；有附图的专利申请，还应当提供一幅最能说明该发明或者实用新型技术特征的附图。附图的大小及清晰度应当保证在该图缩小到 4 厘米×6 厘米时，仍能清晰地分辨出图中的各个细节。摘要文字部分不得超过 300 个字。摘要中不得使用商业性宣传用语。

第二十四条 申请专利的发明涉及新的生物材料，该生物材料公众不能得到，并且对该生物材料的说明不足以使所属领域的技术人员实施其发明的，除应当符合专利法和本细则的有关规定外，申请人还应当办理下列手续：

（一）在申请日前或者最迟在申请日（有优先权的，指优先权日），将该生物材料的样品提交国务院专利行政部门认可的保藏单位保藏，并在申请时或者最迟自申请日起 4 个月内提交保藏单位出具的保藏证明和存活证明；期满未提交证明的，该样品视为未提交保藏；

（二）在申请文件中，提供有关该生物材料特征的资料；

（三）涉及生物材料样品保藏的专利申请应当在请求书和说明书中写明该生物材料的分类命名（注明拉丁文名称）、保藏该生物材料样品的单位名称、地址、保藏日期和保藏编号；申请时未写明的，应当自申请日起 4 个月内补正；期满未补正的，视为未提交保藏。

第二十五条　发明专利申请人依照本细则第二十四条的规定保藏生物材料样品的，在发明专利申请公布后，任何单位或者个人需要将该专利申请所涉及的生物材料作为实验目的使用的，应当向国务院专利行政部门提出请求，并写明下列事项：

（一）请求人的姓名或者名称和地址；

（二）不向其他任何人提供该生物材料的保证；

（三）在授予专利权前，只作为实验目的使用的保证。

第二十六条　专利法所称遗传资源，是指取自人体、动物、植物或者微生物等含有遗传功能单位并具有实际或者潜在价值的材料；专利法所称依赖遗传资源完成的发明创造，是指利用了遗传资源的遗传功能完成的发明创造。

就依赖遗传资源完成的发明创造申请专利的，申请人应当在请求书中予以说明，并填写国务院专利行政部门制定的表格。

第二十七条　申请人请求保护色彩的，应当提交彩色图片或者照片。

申请人应当就每件外观设计产品所需要保护的内容提交有关图片或者照片。

第二十八条　外观设计的简要说明应当写明外观设计产品的名称、用途，外观设计的设计要点，并指定一幅最能表明设计要点的图片或者照片。省略视图或者请求保护色彩的，应当在简要说明中写明。

对同一产品的多项相似外观设计提出一件外观设计专利申请的，应当在简要说明中指定其中一项作为基本设计。

简要说明不得使用商业性宣传用语，也不能用来说明产品的性能。

第二十九条　国务院专利行政部门认为必要时，可以要求外观设计专利申请人提交使用外观设计的产品样品或者模型。样品或者模型的体积不得超过 30 厘米×30 厘米×30 厘米，重量不得超过 15 公斤。易腐、易损或者危险品不得作为样品或者模型提交。

第三十条　专利法第二十四条第（一）项所称中国政府承认的国际展

览会，是指国际展览会公约规定的在国际展览局注册或者由其认可的国际展览会。

专利法第二十四条第（二）项所称学术会议或者技术会议，是指国务院有关主管部门或者全国性学术团体组织召开的学术会议或者技术会议。

申请专利的发明创造有专利法第二十四条第（一）项或者第（二）项所列情形的，申请人应当在提出专利申请时声明，并自申请日起2个月内提交有关国际展览会或者学术会议、技术会议的组织单位出具的有关发明创造已经展出或者发表，以及展出或者发表日期的证明文件。

申请专利的发明创造有专利法第二十四条第（三）项所列情形的，国务院专利行政部门认为必要时，可以要求申请人在指定期限内提交证明文件。

申请人未依照本条第三款的规定提出声明和提交证明文件的，或者未依照本条第四款的规定在指定期限内提交证明文件的，其申请不适用专利法第二十四条的规定。

第三十一条 申请人依照专利法第三十条的规定要求外国优先权的，申请人提交的在先申请文件副本应当经原受理机构证明。依照国务院专利行政部门与该受理机构签订的协议，国务院专利行政部门通过电子交换等途径获得在先申请文件副本的，视为申请人提交了经该受理机构证明的在先申请文件副本。要求本国优先权，申请人在请求书中写明在先申请的申请日和申请号的，视为提交了在先申请文件副本。

要求优先权，但请求书中漏写或者错写在先申请的申请日、申请号和原受理机构名称中的一项或者两项内容的，国务院专利行政部门应当通知申请人在指定期限内补正；期满未补正的，视为未要求优先权。

要求优先权的申请人的姓名或者名称与在先申请文件副本中记载的申请人姓名或者名称不一致的，应当提交优先权转让证明材料，未提交该证明材料的，视为未要求优先权。

外观设计专利申请的申请人要求外国优先权，其在先申请未包括对外观设计的简要说明，申请人按照本细则第二十八条规定提交的简要说明未超出在先申请文件的图片或者照片表示的范围的，不影响其享有优先权。

第三十二条 申请人在一件专利申请中，可以要求一项或者多项优先权；要求多项优先权的，该申请的优先权期限从最早的优先权日起计算。

申请人要求本国优先权，在先申请是发明专利申请的，可以就相同主题提出发明或者实用新型专利申请；在先申请是实用新型专利申请的，可以就相同主题提出实用新型或者发明专利申请。但是，提出后一申请时，在先申请的主题有下列情形之一的，不得作为要求本国优先权的基础：

（一）已经要求外国优先权或者本国优先权的；

（二）已经被授予专利权的；

（三）属于按照规定提出的分案申请的。

申请人要求本国优先权的，其在先申请自后一申请提出之日起即视为撤回。

第三十三条　在中国没有经常居所或者营业所的申请人，申请专利或者要求外国优先权的，国务院专利行政部门认为必要时，可以要求其提供下列文件：

（一）申请人是个人的，其国籍证明；

（二）申请人是企业或者其他组织的，其注册的国家或者地区的证明文件；

（三）申请人的所属国，承认中国单位和个人可以按照该国国民的同等条件，在该国享有专利权、优先权和其他与专利有关的权利的证明文件。

第三十四条　依照专利法第三十一条第一款规定，可以作为一件专利申请提出的属于一个总的发明构思的两项以上的发明或者实用新型，应当在技术上相互关联，包含一个或者多个相同或者相应的特定技术特征，其中特定技术特征是指每一项发明或者实用新型作为整体，对现有技术作出贡献的技术特征。

第三十五条　依照专利法第三十一条第二款规定，将同一产品的多项相似外观设计作为一件申请提出的，对该产品的其他设计应当与简要说明中指定的基本设计相似。一件外观设计专利申请中的相似外观设计不得超过 10 项。

专利法第三十一条第二款所称同一类别并且成套出售或者使用的产品的两项以上外观设计，是指各产品属于分类表中同一大类，习惯上同时出售或者同时使用，而且各产品的外观设计具有相同的设计构思。

将两项以上外观设计作为一件申请提出的，应当将各项外观设计的顺序编号标注在每件外观设计产品各幅图片或者照片的名称之前。

第三十六条 申请人撤回专利申请的,应当向国务院专利行政部门提出声明,写明发明创造的名称、申请号和申请日。

撤回专利申请的声明在国务院专利行政部门作好公布专利申请文件的印刷准备工作后提出的,申请文件仍予公布;但是,撤回专利申请的声明应当在以后出版的专利公报上予以公告。

第三章 专利申请的审查和批准

第三十七条 在初步审查、实质审查、复审和无效宣告程序中,实施审查和审理的人员有下列情形之一的,应当自行回避,当事人或者其他利害关系人可以要求其回避:

(一)是当事人或者其代理人的近亲属的;

(二)与专利申请或者专利权有利害关系的;

(三)与当事人或者其代理人有其他关系,可能影响公正审查和审理的;

(四)专利复审委员会成员曾参与原申请的审查的。

第三十八条 国务院专利行政部门收到发明或者实用新型专利申请的请求书、说明书(实用新型必须包括附图)和权利要求书,或者外观设计专利申请的请求书、外观设计的图片或者照片和简要说明后,应当明确申请日、给予申请号,并通知申请人。

第三十九条 专利申请文件有下列情形之一的,国务院专利行政部门不予受理,并通知申请人:

(一)发明或者实用新型专利申请缺少请求书、说明书(实用新型无附图)或者权利要求书的,或者外观设计专利申请缺少请求书、图片或者照片、简要说明的;

(二)未使用中文的;

(三)不符合本细则第一百二十一条第一款规定的;

(四)请求书中缺少申请人姓名或者名称,或者缺少地址的;

(五)明显不符合专利法第十八条或者第十九条第一款的规定的;

(六)专利申请类别(发明、实用新型或者外观设计)不明确或者难以确定的。

第四十条　说明书中写有对附图的说明但无附图或者缺少部分附图的，申请人应当在国务院专利行政部门指定的期限内补交附图或者声明取消对附图的说明。申请人补交附图的，以向国务院专利行政部门提交或者邮寄附图之日为申请日；取消对附图的说明的，保留原申请日。

第四十一条　两个以上的申请人同日（指申请日；有优先权的，指优先权日）分别就同样的发明创造申请专利的，应当在收到国务院专利行政部门的通知后自行协商确定申请人。

同一申请人在同日（指申请日）对同样的发明创造既申请实用新型专利又申请发明专利的，应当在申请时分别说明对同样的发明创造已申请了另一专利；未作说明的，依照专利法第九条第一款关于同样的发明创造只能授予一项专利权的规定处理。

国务院专利行政部门公告授予实用新型专利权，应当公告申请人已依照本条第二款的规定同时申请了发明专利的说明。

发明专利申请经审查没有发现驳回理由，国务院专利行政部门应当通知申请人在规定期限内声明放弃实用新型专利权。申请人声明放弃的，国务院专利行政部门应当作出授予发明专利权的决定，并在公告授予发明专利权时一并公告申请人放弃实用新型专利权声明。申请人不同意放弃的，国务院专利行政部门应当驳回该发明专利申请；申请人期满未答复的，视为撤回该发明专利申请。

实用新型专利权自公告授予发明专利权之日起终止。

第四十二条　一件专利申请包括两项以上发明、实用新型或者外观设计的，申请人可以在本细则第五十四条第一款规定的期限届满前，向国务院专利行政部门提出分案申请；但是，专利申请已经被驳回、撤回或者视为撤回的，不能提出分案申请。

国务院专利行政部门认为一件专利申请不符合专利法第三十一条和本细则第三十四条或者第三十五条的规定的，应当通知申请人在指定期限内对其申请进行修改；申请人期满未答复的，该申请视为撤回。

分案的申请不得改变原申请的类别。

第四十三条　依照本细则第四十二条规定提出的分案申请，可以保留原申请日，享有优先权的，可以保留优先权日，但是不得超出原申请记载的范围。

分案申请应当依照专利法及本细则的规定办理有关手续。

分案申请的请求书中应当写明原申请的申请号和申请日。提交分案申请时，申请人应当提交原申请文件副本；原申请享有优先权的，并应当提交原申请的优先权文件副本。

第四十四条 专利法第三十四条和第四十条所称初步审查，是指审查专利申请是否具备专利法第二十六条或者第二十七条规定的文件和其他必要的文件，这些文件是否符合规定的格式，并审查下列各项：

（一）发明专利申请是否明显属于专利法第五条、第二十五条规定的情形，是否不符合专利法第十八条、第十九条第一款、第二十条第一款或者本细则第十六条、第二十六条第二款的规定，是否明显不符合专利法第二条第二款、第二十六条第五款、第三十一条第一款、第三十三条或者本细则第十七条至第二十一条的规定；

（二）实用新型专利申请是否明显属于专利法第五条、第二十五条规定的情形，是否不符合专利法第十八条、第十九条第一款、第二十条第一款或者本细则第十六条至第十九条、第二十一条至第二十三条的规定，是否明显不符合专利法第二条第三款、第二十二条第二款、第四款、第二十六条第三款、第四款、第三十一条第一款、第三十三条或者本细则第二十条、第四十三条第一款的规定，是否依照专利法第九条规定不能取得专利权；

（三）外观设计专利申请是否明显属于专利法第五条、第二十五条第一款第（六）项规定的情形，是否不符合专利法第十八条、第十九条第一款或者本细则第十六条、第二十七条、第二十八条的规定，是否明显不符合专利法第二条第四款、第二十三条第一款、第二十七条第二款、第三十一条第二款、第三十三条或者本细则第四十三条第一款的规定，是否依照专利法第九条规定不能取得专利权；

（四）申请文件是否符合本细则第二条、第三条第一款的规定。

国务院专利行政部门应当将审查意见通知申请人，要求其在指定期限内陈述意见或者补正；申请人期满未答复的，其申请视为撤回。申请人陈述意见或者补正后，国务院专利行政部门仍然认为不符合前款所列各项规定的，应当予以驳回。

第四十五条 除专利申请文件外，申请人向国务院专利行政部门提交的与专利申请有关的其他文件有下列情形之一的，视为未提交：

（一）未使用规定的格式或者填写不符合规定的；

（二）未按照规定提交证明材料的。

国务院专利行政部门应当将视为未提交的审查意见通知申请人。

第四十六条　申请人请求早日公布其发明专利申请的，应当向国务院专利行政部门声明。国务院专利行政部门对该申请进行初步审查后，除予以驳回的外，应当立即将申请予以公布。

第四十七条　申请人写明使用外观设计的产品及其所属类别的，应当使用国务院专利行政部门公布的外观设计产品分类表。未写明使用外观设计的产品所属类别或者所写的类别不确切的，国务院专利行政部门可以予以补充或者修改。

第四十八条　自发明专利申请公布之日起至公告授予专利权之日止，任何人均可以对不符合专利法规定的专利申请向国务院专利行政部门提出意见，并说明理由。

第四十九条　发明专利申请人因有正当理由无法提交专利法第三十六条规定的检索资料或者审查结果资料的，应当向国务院专利行政部门声明，并在得到有关资料后补交。

第五十条　国务院专利行政部门依照专利法第三十五条第二款的规定对专利申请自行进行审查时，应当通知申请人。

第五十一条　发明专利申请人在提出实质审查请求时以及在收到国务院专利行政部门发出的发明专利申请进入实质审查阶段通知书之日起的 3 个月内，可以对发明专利申请主动提出修改。

实用新型或者外观设计专利申请人自申请日起 2 个月内，可以对实用新型或者外观设计专利申请主动提出修改。

申请人在收到国务院专利行政部门发出的审查意见通知书后对专利申请文件进行修改的，应当针对通知书指出的缺陷进行修改。

国务院专利行政部门可以自行修改专利申请文件中文字和符号的明显错误。国务院专利行政部门自行修改的，应当通知申请人。

第五十二条　发明或者实用新型专利申请的说明书或者权利要求书的修改部分，除个别文字修改或者增删外，应当按照规定格式提交替换页。外观设计专利申请的图片或者照片的修改，应当按照规定提交替换页。

第五十三条　依照专利法第三十八条的规定，发明专利申请经实质审查应当予以驳回的情形是指：

（一）申请属于专利法第五条、第二十五条规定的情形，或者依照专利法第九条规定不能取得专利权的；

（二）申请不符合专利法第二条第二款、第二十条第一款、第二十二条、第二十六条第三款、第四款、第五款、第三十一条第一款或者本细则第二十条第二款规定的；

（三）申请的修改不符合专利法第三十三条规定，或者分案的申请不符合本细则第四十三条第一款的规定的。

第五十四条 国务院专利行政部门发出授予专利权的通知后，申请人应当自收到通知之日起 2 个月内办理登记手续。申请人按期办理登记手续的，国务院专利行政部门应当授予专利权，颁发专利证书，并予以公告。

期满未办理登记手续的，视为放弃取得专利权的权利。

第五十五条 保密专利申请经审查没有发现驳回理由的，国务院专利行政部门应当作出授予保密专利权的决定，颁发保密专利证书，登记保密专利权的有关事项。

第五十六条 授予实用新型或者外观设计专利权的决定公告后，专利法第六十条规定的专利权人或者利害关系人可以请求国务院专利行政部门作出专利权评价报告。

请求作出专利权评价报告的，应当提交专利权评价报告请求书，写明专利号。每项请求应当限于一项专利权。

专利权评价报告请求书不符合规定的，国务院专利行政部门应当通知请求人在指定期限内补正；请求人期满未补正的，视为未提出请求。

第五十七条 国务院专利行政部门应当自收到专利权评价报告请求书后 2 个月内作出专利权评价报告。对同一项实用新型或者外观设计专利权，有多个请求人请求作出专利权评价报告的，国务院专利行政部门仅作出一份专利权评价报告。任何单位或者个人可以查阅或者复制该专利权评价报告。

第五十八条 国务院专利行政部门对专利公告、专利单行本中出现的错误，一经发现，应当及时更正，并对所作更正予以公告。

第四章　专利申请的复审与专利权的无效宣告

第五十九条 专利复审委员会由国务院专利行政部门指定的技术专家

和法律专家组成，主任委员由国务院专利行政部门负责人兼任。

第六十条　依照专利法第四十一条的规定向专利复审委员会请求复审的，应当提交复审请求书，说明理由，必要时还应当附具有关证据。

复审请求不符合专利法第十九条第一款或者第四十一条第一款规定的，专利复审委员会不予受理，书面通知复审请求人并说明理由。

复审请求书不符合规定格式的，复审请求人应当在专利复审委员会指定的期限内补正；期满未补正的，该复审请求视为未提出。

第六十一条　请求人在提出复审请求或者在对专利复审委员会的复审通知书作出答复时，可以修改专利申请文件；但是，修改应当仅限于消除驳回决定或者复审通知书指出的缺陷。

修改的专利申请文件应当提交一式两份。

第六十二条　专利复审委员会应当将受理的复审请求书转交国务院专利行政部门原审查部门进行审查。原审查部门根据复审请求人的请求，同意撤销原决定的，专利复审委员会应当据此作出复审决定，并通知复审请求人。

第六十三条　专利复审委员会进行复审后，认为复审请求不符合专利法和本细则有关规定的，应当通知复审请求人，要求其在指定期限内陈述意见。期满未答复的，该复审请求视为撤回；经陈述意见或者进行修改后，专利复审委员会认为仍不符合专利法和本细则有关规定的，应当作出维持原驳回决定的复审决定。

专利复审委员会进行复审后，认为原驳回决定不符合专利法和本细则有关规定的，或者认为经过修改的专利申请文件消除了原驳回决定指出的缺陷的，应当撤销原驳回决定，由原审查部门继续进行审查程序。

第六十四条　复审请求人在专利复审委员会作出决定前，可以撤回其复审请求。

复审请求人在专利复审委员会作出决定前撤回其复审请求的，复审程序终止。

第六十五条　依照专利法第四十五条的规定，请求宣告专利权无效或者部分无效的，应当向专利复审委员会提交专利权无效宣告请求书和必要的证据一式两份。无效宣告请求书应当结合提交的所有证据，具体说明无效宣告请求的理由，并指明每项理由所依据的证据。

前款所称无效宣告请求的理由，是指被授予专利的发明创造不符合专利法第二条、第二十条第一款、第二十二条、第二十三条、第二十六条第三款、第四款、第二十七条第二款、第三十三条或者本细则第二十条第二款、第四十三条第一款的规定，或者属于专利法第五条、第二十五条的规定，或者依照专利法第九条规定不能取得专利权。

第六十六条 专利权无效宣告请求不符合专利法第十九条第一款或者本细则第六十五条规定的，专利复审委员会不予受理。

在专利复审委员会就无效宣告请求作出决定之后，又以同样的理由和证据请求无效宣告的，专利复审委员会不予受理。

以不符合专利法第二十三条第三款的规定为理由请求宣告外观设计专利权无效，但是未提交证明权利冲突的证据的，专利复审委员会不予受理。

专利权无效宣告请求书不符合规定格式的，无效宣告请求人应当在专利复审委员会指定的期限内补正；期满未补正的，该无效宣告请求视为未提出。

第六十七条 在专利复审委员会受理无效宣告请求后，请求人可以在提出无效宣告请求之日起1个月内增加理由或者补充证据。逾期增加理由或者补充证据的，专利复审委员会可以不予考虑。

第六十八条 专利复审委员会应当将专利权无效宣告请求书和有关文件的副本送交专利权人，要求其在指定的期限内陈述意见。

专利权人和无效宣告请求人应当在指定期限内答复专利复审委员会发出的转送文件通知书或者无效宣告请求审查通知书；期满未答复的，不影响专利复审委员会审理。

第六十九条 在无效宣告请求的审查过程中，发明或者实用新型专利的专利权人可以修改其权利要求书，但是不得扩大原专利的保护范围。

发明或者实用新型专利的专利权人不得修改专利说明书和附图，外观设计专利的专利权人不得修改图片、照片和简要说明。

第七十条 专利复审委员会根据当事人的请求或者案情需要，可以决定对无效宣告请求进行口头审理。

专利复审委员会决定对无效宣告请求进行口头审理的，应当向当事人发出口头审理通知书，告知举行口头审理的日期和地点。当事人应当在通知书指定的期限内作出答复。

　　无效宣告请求人对专利复审委员会发出的口头审理通知书在指定的期限内未作答复，并且不参加口头审理的，其无效宣告请求视为撤回；专利权人不参加口头审理的，可以缺席审理。

　　第七十一条　在无效宣告请求审查程序中，专利复审委员会指定的期限不得延长。

　　第七十二条　专利复审委员会对无效宣告的请求作出决定前，无效宣告请求人可以撤回其请求。

　　专利复审委员会作出决定之前，无效宣告请求人撤回其请求或者其无效宣告请求被视为撤回的，无效宣告请求审查程序终止。但是，专利复审委员会认为根据已进行的审查工作能够作出宣告专利权无效或者部分无效的决定的，不终止审查程序。

第五章　专利实施的强制许可

　　第七十三条　专利法第四十八条第（一）项所称未充分实施其专利，是指专利权人及其被许可人实施其专利的方式或者规模不能满足国内对专利产品或者专利方法的需求。

　　专利法第五十条所称取得专利权的药品，是指解决公共健康问题所需的医药领域中的任何专利产品或者依照专利方法直接获得的产品，包括取得专利权的制造该产品所需的活性成分以及使用该产品所需的诊断用品。

　　第七十四条　请求给予强制许可的，应当向国务院专利行政部门提交强制许可请求书，说明理由并附具有关证明文件。

　　国务院专利行政部门应当将强制许可请求书的副本送交专利权人，专利权人应当在国务院专利行政部门指定的期限内陈述意见；期满未答复的，不影响国务院专利行政部门作出决定。

　　国务院专利行政部门在作出驳回强制许可请求的决定或者给予强制许可的决定前，应当通知请求人和专利权人拟作出的决定及其理由。

　　国务院专利行政部门依照专利法第五十条的规定作出给予强制许可的决定，应当同时符合中国缔结或者参加的有关国际条约关于为了解决公共健康问题而给予强制许可的规定，但中国作出保留的除外。

　　第七十五条　依照专利法第五十七条的规定，请求国务院专利行政部门裁决使用费数额的，当事人应当提出裁决请求书，并附具双方不能达成协议的证明文件。国务院专利行政部门应当自收到请求书之日起 3 个月内作出裁决，并通知当事人。

第六章　对职务发明创造的发明人或者设计人的奖励和报酬

第七十六条　被授予专利权的单位可以与发明人、设计人约定或者在其依法制定的规章制度中规定专利法第十六条规定的奖励、报酬的方式和数额。

企业、事业单位给予发明人或者设计人的奖励、报酬，按照国家有关财务、会计制度的规定进行处理。

第七十七条　被授予专利权的单位未与发明人、设计人约定也未在其依法制定的规章制度中规定专利法第十六条规定的奖励的方式和数额的，应当自专利权公告之日起 3 个月内发给发明人或者设计人奖金。一项发明专利的奖金最低不少于 3000 元；一项实用新型专利或者外观设计专利的奖金最低不少于 1000 元。

由于发明人或者设计人的建议被其所属单位采纳而完成的发明创造，被授予专利权的单位应当从优发给奖金。

第七十八条　被授予专利权的单位未与发明人、设计人约定也未在其依法制定的规章制度中规定专利法第十六条规定的报酬的方式和数额的，在专利权有效期限内，实施发明创造专利后，每年应当从实施该项发明或者实用新型专利的营业利润中提取不低于 2%或者从实施该项外观设计专利的营业利润中提取不低于 0.2%，作为报酬给予发明人或者设计人，或者参照上述比例，给予发明人或者设计人一次性报酬；被授予专利权的单位许可其他单位或者个人实施其专利的，应当从收取的使用费中提取不低于 10%，作为报酬给予发明人或者设计人。

第七章　专利权的保护

第七十九条　专利法和本细则所称管理专利工作的部门，是指由省、自治区、直辖市人民政府以及专利管理工作量大又有实际处理能力的设区的市人民政府设立的管理专利工作的部门。

第八十条　国务院专利行政部门应当对管理专利工作的部门处理专利侵权纠纷、查处假冒专利行为、调解专利纠纷进行业务指导。

第八十一条　当事人请求处理专利侵权纠纷或者调解专利纠纷的，由被请求人所在地或者侵权行为地的管理专利工作的部门管辖。

两个以上管理专利工作的部门都有管辖权的专利纠纷，当事人可以向其中一个管理专利工作的部门提出请求；当事人向两个以上有管辖权的管理专利工作的部门提出请求的，由最先受理的管理专利工作的部门管辖。

管理专利工作的部门对管辖权发生争议的，由其共同的上级人民政府管理专利工作的部门指定管辖；无共同上级人民政府管理专利工作的部门的，由国务院专利行政部门指定管辖。

第八十二条　在处理专利侵权纠纷过程中，被请求人提出无效宣告请求并被专利复审委员会受理的，可以请求管理专利工作的部门中止处理。

管理专利工作的部门认为被请求人提出的中止理由明显不能成立的，可以不中止处理。

第八十三条　专利权人依照专利法第十七条的规定，在其专利产品或者该产品的包装上标明专利标识的，应当按照国务院专利行政部门规定的方式予以标明。

专利标识不符合前款规定的，由管理专利工作的部门责令改正。

第八十四条　下列行为属于专利法第六十三条规定的假冒专利的行为：

（一）在未被授予专利权的产品或者其包装上标注专利标识，专利权被宣告无效后或者终止后继续在产品或者其包装上标注专利标识，或者未经许可在产品或者产品包装上标注他人的专利号；

（二）销售第（一）项所述产品；

（三）在产品说明书等材料中将未被授予专利权的技术或者设计称为专利技术或者专利设计，将专利申请称为专利，或者未经许可使用他人的专利号，使公众将所涉及的技术或者设计误认为是专利技术或者专利设计；

（四）伪造或者变造专利证书、专利文件或者专利申请文件；

（五）其他使公众混淆，将未被授予专利权的技术或者设计误认为是专利技术或者专利设计的行为。

专利权终止前依法在专利产品、依照专利方法直接获得的产品或者其包装上标注专利标识，在专利权终止后许诺销售、销售该产品的，不属于假冒专利行为。

销售不知道是假冒专利的产品，并且能够证明该产品合法来源的，由管理专利工作的部门责令停止销售，但免除罚款的处罚。

第八十五条 除专利法第六十条规定的外，管理专利工作的部门应当事人请求，可以对下列专利纠纷进行调解：

（一）专利申请权和专利权归属纠纷；

（二）发明人、设计人资格纠纷；

（三）职务发明创造的发明人、设计人的奖励和报酬纠纷；

（四）在发明专利申请公布后专利权授予前使用发明而未支付适当费用的纠纷；

（五）其他专利纠纷。

对于前款第（四）项所列的纠纷，当事人请求管理专利工作的部门调解的，应当在专利权被授予之后提出。

第八十六条 当事人因专利申请权或者专利权的归属发生纠纷，已请求管理专利工作的部门调解或者向人民法院起诉的，可以请求国务院专利行政部门中止有关程序。

依照前款规定请求中止有关程序的，应当向国务院专利行政部门提交请求书，并附具管理专利工作的部门或者人民法院的写明申请号或者专利号的有关受理文件副本。

管理专利工作的部门作出的调解书或者人民法院作出的判决生效后，当事人应当向国务院专利行政部门办理恢复有关程序的手续。自请求中止之日起1年内，有关专利申请权或者专利权归属的纠纷未能结案，需要继续中止有关程序的，请求人应当在该期限内请求延长中止。期满未请求延长的，国务院专利行政部门自行恢复有关程序。

第八十七条 人民法院在审理民事案件中裁定对专利申请权或者专利权采取保全措施的，国务院专利行政部门应当在收到写明申请号或者专利号的裁定书和协助执行通知书之日中止被保全的专利申请权或者专利权的有关程序。保全期限届满，人民法院没有裁定继续采取保全措施的，国务院专利行政部门自行恢复有关程序。

第八十八条 国务院专利行政部门根据本细则第八十六条和第八十七条规定中止有关程序，是指暂停专利申请的初步审查、实质审查、复审程序，授予专利权程序和专利权无效宣告程序；暂停办理放弃、变更、转移专利权或者专利申请权手续，专利权质押手续以及专利权期限届满前的终止手续等。

第八章　专利登记和专利公报

第八十九条　国务院专利行政部门设置专利登记簿，登记下列与专利申请和专利权有关的事项：

（一）专利权的授予；

（二）专利申请权、专利权的转移；

（三）专利权的质押、保全及其解除；

（四）专利实施许可合同的备案；

（五）专利权的无效宣告；

（六）专利权的终止；

（七）专利权的恢复；

（八）专利实施的强制许可；

（九）专利权人的姓名或者名称、国籍和地址的变更。

第九十条　国务院专利行政部门定期出版专利公报，公布或者公告下列内容：

（一）发明专利申请的著录事项和说明书摘要；

（二）发明专利申请的实质审查请求和国务院专利行政部门对发明专利申请自行进行实质审查的决定；

（三）发明专利申请公布后的驳回、撤回、视为撤回、视为放弃、恢复和转移；

（四）专利权的授予以及专利权的著录事项；

（五）发明或者实用新型专利的说明书摘要，外观设计专利的一幅图片或者照片；

（六）国防专利、保密专利的解密；

（七）专利权的无效宣告；

（八）专利权的终止、恢复；

（九）专利权的转移；

（十）专利实施许可合同的备案；

（十一）专利权的质押、保全及其解除；

（十二）专利实施的强制许可的给予；

（十三）专利权人的姓名或者名称、地址的变更；

（十四）文件的公告送达；

（十五）国务院专利行政部门作出的更正；

（十六）其他有关事项。

第九十一条 国务院专利行政部门应当提供专利公报、发明专利申请单行本以及发明专利、实用新型专利、外观设计专利单行本，供公众免费查阅。

第九十二条 国务院专利行政部门负责按照互惠原则与其他国家、地区的专利机关或者区域性专利组织交换专利文献。

第九章 费 用

第九十三条 向国务院专利行政部门申请专利和办理其他手续时，应当缴纳下列费用：

（一）申请费、申请附加费、公布印刷费、优先权要求费；

（二）发明专利申请实质审查费、复审费；

（三）专利登记费、公告印刷费、年费；

（四）恢复权利请求费、延长期限请求费；

（五）著录事项变更费、专利权评价报告请求费、无效宣告请求费。

前款所列各种费用的缴纳标准，由国务院价格管理部门、财政部门会同国务院专利行政部门规定。

第九十四条 专利法和本细则规定的各种费用，可以直接向国务院专利行政部门缴纳，也可以通过邮局或者银行汇付，或者以国务院专利行政部门规定的其他方式缴纳。

通过邮局或者银行汇付的，应当在送交国务院专利行政部门的汇单上写明正确的申请号或者专利号以及缴纳的费用名称。不符合本款规定的，视为未办理缴费手续。

直接向国务院专利行政部门缴纳费用的，以缴纳当日为缴费日；以邮局汇付方式缴纳费用的，以邮局汇出的邮戳日为缴费日；以银行汇付方式缴纳费用的，以银行实际汇出日为缴费日。

多缴、重缴、错缴专利费用的，当事人可以自缴费日起 3 年内，向国务院专利行政部门提出退款请求，国务院专利行政部门应当予以退还。

第九十五条　申请人应当自申请日起 2 个月内或者在收到受理通知书之日起 15 日内缴纳申请费、公布印刷费和必要的申请附加费；期满未缴纳或者未缴足的，其申请视为撤回。

申请人要求优先权的，应当在缴纳申请费的同时缴纳优先权要求费；期满未缴纳或者未缴足的，视为未要求优先权。

第九十六条　当事人请求实质审查或者复审的，应当在专利法及本细则规定的相关期限内缴纳费用；期满未缴纳或者未缴足的，视为未提出请求。

第九十七条　申请人办理登记手续时，应当缴纳专利登记费、公告印刷费和授予专利权当年的年费；期满未缴纳或者未缴足的，视为未办理登记手续。

第九十八条　授予专利权当年以后的年费应当在上一年度期满前缴纳。专利权人未缴纳或者未缴足的，国务院专利行政部门应当通知专利权人自应当缴纳年费期满之日起 6 个月内补缴，同时缴纳滞纳金；滞纳金的金额按照每超过规定的缴费时间 1 个月，加收当年全额年费的 5% 计算；期满未缴纳的，专利权自应当缴纳年费期满之日起终止。

第九十九条　恢复权利请求费应当在本细则规定的相关期限内缴纳；期满未缴纳或者未缴足的，视为未提出请求。

延长期限请求费应当在相应期限届满之日前缴纳；期满未缴纳或者未缴足的，视为未提出请求。

著录事项变更费、专利权评价报告请求费、无效宣告请求费应当自提出请求之日起 1 个月内缴纳；期满未缴纳或者未缴足的，视为未提出请求。

第一百条　申请人或者专利权人缴纳本细则规定的各种费用有困难的，可以按照规定向国务院专利行政部门提出减缴或者缓缴的请求。减缴或者缓缴的办法由国务院财政部门会同国务院价格管理部门、国务院专利行政部门规定。

第十章 关于国际申请的特别规定

第一百零一条 国务院专利行政部门根据专利法第二十条规定，受理按照专利合作条约提出的专利国际申请。

按照专利合作条约提出并指定中国的专利国际申请（以下简称国际申请）进入国务院专利行政部门处理阶段（以下称进入中国国家阶段）的条件和程序适用本章的规定；本章没有规定的，适用专利法及本细则其他各章的有关规定。

第一百零二条 按照专利合作条约已确定国际申请日并指定中国的国际申请，视为向国务院专利行政部门提出的专利申请，该国际申请日视为专利法第二十八条所称的申请日。

第一百零三条 国际申请的申请人应当在专利合作条约第二条所称的优先权日（本章简称优先权日）起30个月内，向国务院专利行政部门办理进入中国国家阶段的手续；申请人未在该期限内办理该手续的，在缴纳宽限费后，可以在自优先权日起32个月内办理进入中国国家阶段的手续。

第一百零四条 申请人依照本细则第一百零三条的规定办理进入中国国家阶段的手续的，应当符合下列要求：

（一）以中文提交进入中国国家阶段的书面声明，写明国际申请号和要求获得的专利权类型；

（二）缴纳本细则第九十三条第一款规定的申请费、公布印刷费，必要时缴纳本细则第一百零三条规定的宽限费；

（三）国际申请以外文提出的，提交原始国际申请的说明书和权利要求书的中文译文；

（四）在进入中国国家阶段的书面声明中写明发明创造的名称、申请人姓名或者名称、地址和发明人的姓名，上述内容应当与世界知识产权组织国际局（以下简称国际局）的记录一致；国际申请中未写明发明人的，在上述声明中写明发明人的姓名；

（五）国际申请以外文提出的，提交摘要的中文译文，有附图和摘要附图的，提交附图副本和摘要附图副本，附图中有文字的，将其替换为对应的中文文字；国际申请以中文提出的，提交国际公布文件中的摘要和摘要附图副本；

（六）在国际阶段向国际局已办理申请人变更手续的，提供变更后的申请人享有申请权的证明材料；

（七）必要时缴纳本细则第九十三条第一款规定的申请附加费。

符合本条第一款第（一）项至第（三）项要求的，国务院专利行政部门应当给予申请号，明确国际申请进入中国国家阶段的日期（以下简称进入日），并通知申请人其国际申请已进入中国国家阶段。

国际申请已进入中国国家阶段，但不符合本条第一款第（四）项至第（七）项要求的，国务院专利行政部门应当通知申请人在指定期限内补正；期满未补正的，其申请视为撤回。

第一百零五条　国际申请有下列情形之一的，其在中国的效力终止：

（一）在国际阶段，国际申请被撤回或者被视为撤回，或者国际申请对中国的指定被撤回的；

（二）申请人未在优先权日起 32 个月内按照本细则第一百零三条规定办理进入中国国家阶段手续的；

（三）申请人办理进入中国国家阶段的手续，但自优先权日起 32 个月期限届满仍不符合本细则第一百零四条第（一）项至第（三）项要求的。

依照前款第（一）项的规定，国际申请在中国的效力终止的，不适用本细则第六条的规定；依照前款第（二）项、第（三）项的规定，国际申请在中国的效力终止的，不适用本细则第六条第二款的规定。

第一百零六条　国际申请在国际阶段作过修改，申请人要求以经修改的申请文件为基础进行审查的，应当自进入日起 2 个月内提交修改部分的中文译文。在该期间内未提交中文译文的，对申请人在国际阶段提出的修改，国务院专利行政部门不予考虑。

第一百零七条　国际申请涉及的发明创造有专利法第二十四条第（一）项或者第（二）项所列情形之一，在提出国际申请时作过声明的，申请人应当在进入中国国家阶段的书面声明中予以说明，并自进入日起 2 个月内提交本细则第三十条第三款规定的有关证明文件；未说明或者期满未提交证明文件的，其申请不适用专利法第二十四条的规定。

第一百零八条　申请人按照专利合作条约的规定，对生物材料样品的保藏已作出说明的，视为已经满足了本细则第二十四条第（三）项的要求。

申请人应当在进入中国国家阶段声明中指明记载生物材料样品保藏事项的文件以及在该文件中的具体记载位置。

申请人在原始提交的国际申请的说明书中已记载生物材料样品保藏事项，但是没有在进入中国国家阶段声明中指明的，应当自进入日起4个月内补正。期满未补正的，该生物材料视为未提交保藏。

申请人自进入日起4个月内向国务院专利行政部门提交生物材料样品保藏证明和存活证明的，视为在本细则第二十四条第（一）项规定的期限内提交。

第一百零九条　国际申请涉及的发明创造依赖遗传资源完成的，申请人应当在国际申请进入中国国家阶段的书面声明中予以说明，并填写国务院专利行政部门制定的表格。

第一百一十条　申请人在国际阶段已要求一项或者多项优先权，在进入中国国家阶段时该优先权要求继续有效的，视为已经依照专利法第三十条的规定提出了书面声明。

申请人应当自进入日起2个月内缴纳优先权要求费；期满未缴纳或者未缴足的，视为未要求该优先权。

申请人在国际阶段已依照专利合作条约的规定，提交过在先申请文件副本的，办理进入中国国家阶段手续时不需要向国务院专利行政部门提交在先申请文件副本。申请人在国际阶段未提交在先申请文件副本的，国务院专利行政部门认为必要时，可以通知申请人在指定期限内补交；申请人期满未补交的，其优先权要求视为未提出。

第一百一十一条　在优先权日起30个月期满前要求国务院专利行政部门提前处理和审查国际申请的，申请人除应当办理进入中国国家阶段手续外，还应当依照专利合作条约第二十三条第二款规定提出请求。国际局尚未向国务院专利行政部门传送国际申请的，申请人应当提交经确认的国际申请副本。

第一百一十二条　要求获得实用新型专利权的国际申请，申请人可以自进入日起2个月内对专利申请文件主动提出修改。

要求获得发明专利权的国际申请，适用本细则第五十一条第一款的规定。

第一百一十三条　申请人发现提交的说明书、权利要求书或者附图中的文字的中文译文存在错误的，可以在下列规定期限内依照原始国际申请文本提出改正：

（一）在国务院专利行政部门作好公布发明专利申请或者公告实用新型专利权的准备工作之前；

（二）在收到国务院专利行政部门发出的发明专利申请进入实质审查阶段通知书之日起 3 个月内。

申请人改正译文错误的，应当提出书面请求并缴纳规定的译文改正费。

申请人按照国务院专利行政部门的通知书的要求改正译文的，应当在指定期限内办理本条第二款规定的手续；期满未办理规定手续的，该申请视为撤回。

第一百一十四条　对要求获得发明专利权的国际申请，国务院专利行政部门经初步审查认为符合专利法和本细则有关规定的，应当在专利公报上予以公布；国际申请以中文以外的文字提出的，应当公布申请文件的中文译文。

要求获得发明专利权的国际申请，由国际局以中文进行国际公布的，自国际公布日起适用专利法第十三条的规定；由国际局以中文以外的文字进行国际公布的，自国务院专利行政部门公布之日起适用专利法第十三条的规定。

对国际申请，专利法第二十一条和第二十二条中所称的公布是指本条第一款所规定的公布。

第一百一十五条　国际申请包含两项以上发明或者实用新型的，申请人可以自进入日起，依照本细则第四十二条第一款的规定提出分案申请。

在国际阶段，国际检索单位或者国际初步审查单位认为国际申请不符合专利合作条约规定的单一性要求时，申请人未按照规定缴纳附加费，导致国际申请某些部分未经国际检索或者未经国际初步审查，在进入中国国家阶段时，申请人要求将所述部分作为审查基础，国务院专利行政部门认为国际检索单位或者国际初步审查单位对发明单一性的判断正确的，应当通知申请人在指定期限内缴纳单一性恢复费。期满未缴纳或者未足额缴纳的，国际申请中未经检索或者未经国际初步审查的部分视为撤回。

第一百一十六条　国际申请在国际阶段被有关国际单位拒绝给予国际申请日或者宣布视为撤回的，申请人在收到通知之日起 2 个月内，可以请求国际局将国际申请档案中任何文件的副本转交国务院专利行政部门，并在该期限内向国务院专利行政部门办理本细则第一百零三条规定的手续，国务院专利行政部门应当在接到国际局传送的文件后，对国际单位作出的决定是否正确进行复查。

第一百一十七条 基于国际申请授予的专利权，由于译文错误，致使依照专利法第五十九条规定确定的保护范围超出国际申请的原文所表达的范围的，以依据原文限制后的保护范围为准；致使保护范围小于国际申请的原文所表达的范围的，以授权时的保护范围为准。

第十一章 附 则

第一百一十八条 经国务院专利行政部门同意，任何人均可以查阅或者复制已经公布或者公告的专利申请的案卷和专利登记簿，并可以请求国务院专利行政部门出具专利登记簿副本。

已视为撤回、驳回和主动撤回的专利申请的案卷，自该专利申请失效之日起满2年后不予保存。

已放弃、宣告全部无效和终止的专利权的案卷，自该专利权失效之日起满3年后不予保存。

第一百一十九条 向国务院专利行政部门提交申请文件或者办理各种手续，应当由申请人、专利权人、其他利害关系人或者其代表人签字或者盖章；委托专利代理机构的，由专利代理机构盖章。

请求变更发明人姓名、专利申请人和专利权人的姓名或者名称、国籍和地址、专利代理机构的名称、地址和代理人姓名的，应当向国务院专利行政部门办理著录事项变更手续，并附具变更理由的证明材料。

第一百二十条 向国务院专利行政部门邮寄有关申请或者专利权的文件，应当使用挂号信函，不得使用包裹。

除首次提交专利申请文件外，向国务院专利行政部门提交各种文件、办理各种手续的，应当标明申请号或者专利号、发明创造名称和申请人或者专利权人姓名或者名称。

一件信函中应当只包含同一申请的文件。

第一百二十一条 各类申请文件应当打字或者印刷，字迹呈黑色，整齐清晰，并不得涂改。附图应当用制图工具和黑色墨水绘制，线条应当均匀清晰，并不得涂改。

请求书、说明书、权利要求书、附图和摘要应当分别用阿拉伯数字顺序编号。

申请文件的文字部分应当横向书写。纸张限于单面使用。

第一百二十二条　国务院专利行政部门根据专利法和本细则制定专利审查指南。

第一百二十三条　本细则自 2001 年 7 月 1 日起施行。1992 年 12 月 12 日国务院批准修订、1992 年 12 月 21 日中国专利局发布的《中华人民共和国专利法实施细则》同时废止。

最高人民法院关于审理侵犯专利权纠纷案件应用法律若干问题的解释

（法释〔2009〕21 号）

（2009 年 12 月 21 日最高人民法院审判委员会第 1480 次会议通过）

中华人民共和国最高人民法院公告

《最高人民法院关于审理侵犯专利权纠纷案件应用法律若干问题的解释》已于 2009 年 12 月 21 日最高人民法院审判委员会第 1480 次会议通过，现予公布，自 2010 年 1 月 1 日起施行。

二〇〇九年十二月二十八日

为正确审理侵犯专利权纠纷案件，根据《中华人民共和国专利法》、《中华人民共和国民事诉讼法》等有关法律规定，结合审判实际，制定本解释。

第一条　人民法院应当根据权利人主张的权利要求，依据专利法第五十九条第一款的规定确定专利权的保护范围。权利人在一审法庭辩论终结前变更其主张的权利要求的，人民法院应当准许。

权利人主张以从属权利要求确定专利权保护范围的，人民法院应当以该从属权利要求记载的附加技术特征及其引用的权利要求记载的技术特征，确定专利权的保护范围。

第二条 人民法院应当根据权利要求的记载，结合本领域普通技术人员阅读说明书及附图后对权利要求的理解，确定专利法第五十九条第一款规定的权利要求的内容。

第三条 人民法院对于权利要求，可以运用说明书及附图、权利要求书中的相关权利要求、专利审查档案进行解释。说明书对权利要求用语有特别界定的，从其特别界定。

以上述方法仍不能明确权利要求含义的，可以结合工具书、教科书等公知文献以及本领域普通技术人员的通常理解进行解释。

第四条 对于权利要求中以功能或者效果表述的技术特征，人民法院应当结合说明书和附图描述的该功能或者效果的具体实施方式及其等同的实施方式，确定该技术特征的内容。

第五条 对于仅在说明书或者附图中描述而在权利要求中未记载的技术方案，权利人在侵犯专利权纠纷案件中将其纳入专利权保护范围的，人民法院不予支持。

第六条 专利申请人、专利权人在专利授权或者无效宣告程序中，通过对权利要求、说明书的修改或者意见陈述而放弃的技术方案，权利人在侵犯专利权纠纷案件中又将其纳入专利权保护范围的，人民法院不予支持。

第七条 人民法院判定被诉侵权技术方案是否落入专利权的保护范围，应当审查权利人主张的权利要求所记载的全部技术特征。

被诉侵权技术方案包含与权利要求记载的全部技术特征相同或者等同的技术特征的，人民法院应当认定其落入专利权的保护范围；被诉侵权技术方案的技术特征与权利要求记载的全部技术特征相比，缺少权利要求记载的一个以上的技术特征，或者有一个以上技术特征不相同也不等同的，人民法院应当认定其没有落入专利权的保护范围。

第八条 在与外观设计专利产品相同或者相近种类产品上，采用与授权外观设计相同或者近似的外观设计的，人民法院应当认定被诉侵权设计落入专利法第五十九条第二款规定的外观设计专利权的保护范围。

第九条　人民法院应当根据外观设计产品的用途，认定产品种类是否相同或者相近。确定产品的用途，可以参考外观设计的简要说明、国际外观设计分类表、产品的功能以及产品销售、实际使用的情况等因素。

第十条　人民法院应当以外观设计专利产品的一般消费者的知识水平和认知能力，判断外观设计是否相同或者近似。

第十一条　人民法院认定外观设计是否相同或者近似时，应当根据授权外观设计、被诉侵权设计的设计特征，以外观设计的整体视觉效果进行综合判断；对于主要由技术功能决定的设计特征以及对整体视觉效果不产生影响的产品的材料、内部结构等特征，应当不予考虑。

下列情形，通常对外观设计的整体视觉效果更具有影响：

（一）产品正常使用时容易被直接观察到的部位相对于其他部位；

（二）授权外观设计区别于现有设计的设计特征相对于授权外观设计的其他设计特征。

被诉侵权设计与授权外观设计在整体视觉效果上无差异的，人民法院应当认定两者相同；在整体视觉效果上无实质性差异的，应当认定两者近似。

第十二条　将侵犯发明或者实用新型专利权的产品作为零部件，制造另一产品的，人民法院应当认定属于专利法第十一条规定的使用行为；销售该另一产品的，人民法院应当认定属于专利法第十一条规定的销售行为。

将侵犯外观设计专利权的产品作为零部件，制造另一产品并销售的，人民法院应当认定属于专利法第十一条规定的销售行为，但侵犯外观设计专利权的产品在该另一产品中仅具有技术功能的除外。

对于前两款规定的情形，被诉侵权人之间存在分工合作的，人民法院应当认定为共同侵权。

第十三条　对于使用专利方法获得的原始产品，人民法院应当认定为专利法第十一条规定的依照专利方法直接获得的产品。

对于将上述原始产品进一步加工、处理而获得后续产品的行为，人民法院应当认定属于专利法第十一条规定的使用依照该专利方法直接获得的产品。

第十四条　被诉落入专利权保护范围的全部技术特征，与一项现有技术方案中的相应技术特征相同或者无实质性差异的，人民法院应当认定被诉侵权人实施的技术属于专利法第六十二条规定的现有技术。

被诉侵权设计与一个现有设计相同或者无实质性差异的，人民法院应当认定被诉侵权人实施的设计属于专利法第六十二条规定的现有设计。

第十五条 被诉侵权人以非法获得的技术或者设计主张先用权抗辩的，人民法院不予支持。

有下列情形之一的，人民法院应当认定属于专利法第六十九条第（二）项规定的已经作好制造、使用的必要准备：

（一）已经完成实施发明创造所必需的主要技术图纸或者工艺文件；

（二）已经制造或者购买实施发明创造所必需的主要设备或者原材料。

专利法第六十九条第（二）项规定的原有范围，包括专利申请日前已有的生产规模以及利用已有的生产设备或者根据已有的生产准备可以达到的生产规模。

先用权人在专利申请日后将其已经实施或作好实施必要准备的技术或设计转让或者许可他人实施，被诉侵权人主张该实施行为属于在原有范围内继续实施的，人民法院不予支持，但该技术或设计与原有企业一并转让或者承继的除外。

第十六条 人民法院依据专利法第六十五条第一款的规定确定侵权人因侵权所获得的利益，应当限于侵权人因侵犯专利权行为所获得的利益；因其他权利所产生的利益，应当合理扣除。

侵犯发明、实用新型专利权的产品系另一产品的零部件的，人民法院应当根据该零部件本身的价值及其在实现成品利润中的作用等因素合理确定赔偿数额。

侵犯外观设计专利权的产品为包装物的，人民法院应当按照包装物本身的价值及其在实现被包装产品利润中的作用等因素合理确定赔偿数额。

第十七条 产品或者制造产品的技术方案在专利申请日以前为国内外公众所知的，人民法院应当认定该产品不属于专利法第六十一条第一款规定的新产品。

第十八条 权利人向他人发出侵犯专利权的警告，被警告人或者利害关系人经书面催告权利人行使诉权，自权利人收到该书面催告之日起一个月内或者自书面催告发出之日起二个月内，权利人不撤回警告也不提起诉讼，被警告人或者利害关系人向人民法院提起请求确认其行为不侵犯专利权的诉讼的，人民法院应当受理。

第十九条　被诉侵犯专利权行为发生在 2009 年 10 月 1 日以前的，人民法院适用修改前的专利法；发生在 2009 年 10 月 1 日以后的，人民法院适用修改后的专利法。

被诉侵犯专利权行为发生在 2009 年 10 月 1 日以前且持续到 2009 年 10 月 1 日以后，依据修改前和修改后的专利法的规定侵权人均应承担赔偿责任的，人民法院适用修改后的专利法确定赔偿数额。

第二十条　本院以前发布的有关司法解释与本解释不一致的，以本解释为准。

北京市高级人民法院关于专利侵权判定若干问题的意见（试行）

京高法发〔2001〕229 号

一、发明、实用新型专利权保护范围的确定

（一）确定保护范围的解释对象

1. 发明或者实用新型专利权的保护范围以其权利要求的内容为准，说明书及附图可以用于解释权利要求。但说明书及附图的内容不能引入权利要求。

2. 专利独立权利要求从整体上反映发明或者实用新型专利的技术方案，记载解决技术问题的必要技术特征，其保护范围与从属权利要求相比最大。因此，确定专利权保护范围时，应当对保护范围最大的专利独立权利要求作出解释。

3. 一项专利中有时会有两个以上的独立权利要求。应当根据权利人提出的专利侵权诉讼请求，只解释其中有关独立权利要求确定的保护范围。

4. 权利人依据专利从属权利要求起诉被告侵权的，法院也可以对从属权利要求的保护范围予以解释界定。

（二）确定保护范围的解释原则

5. 专利权有效原则。原告请求保护的必须是一项受专利法保护的有效专利权。而不是已过保护期、被中国专利局撤销、被专利复审委员会宣告无效或者已被专利权人放弃的发明创造。

6. 确定专利权的保护范围应当坚持以权利要求的内容为准的原则。以说明书及附图解释权利要求应当采用折衷解释原则。既要避免采用"周边限定"原则，即专利的保护范围与权利要求文字记载的保护范围完全一致，说明书及附图只能用于澄清权利要求中某些含糊不清之处；又要避免采用"中心限定"原则，即权利要求只确定一个总的发明核心，保护范围可以扩展到技术专家看过说明书与附图后，认为属于专利权人要求保护的范围。折衷解释应当处于上述两个极端解释原则的中间，应当把对专利权人的合理正当的保护与对公众的法律稳定性及其合理利益结合起来。

7. 将专利权利要求中记载的技术内容作为一个完整的技术方案看待的原则。即应当将专利独立权利要求中记载的全部技术特征所表达的技术内容作为一个整体看待，记载在前序部分的技术特征和记载在特征部分的技术特征，对于限定专利保护范围具有相同作用。

8. 在解释专利权利要求时，应当以专利权利要求书记载的技术内容为准，而不是以权利要求书的文字或措辞为准的原则。其技术内容应当通过参考和研究说明书及附图，在全面考虑发明或实用新型的技术领域、申请日前的公知技术、技术解决方案、作用和效果的基础上加以确定。

9. 解释专利权利要求应当遵循公平原则，既要充分考虑专利权人对现有技术所做的贡献，合理确定专利保护范围，保护专利权人的权益，又不得侵害公众利益。不应将公知技术"解释"为专利权的保护范围，也不应将专利技术"解释"为公知技术。

（三）确定保护范围的解释方法

10. 确定专利权保护范围时，应当以国家授权机关最终公告的专利权利要求书文本或者已发生法律效力的复审决定、撤销决定、无效决定的所确定的专利权利要求书文本为准。

11. 专利说明书及附图可以用于对专利权利要求字面所限定的技术方案的保护范围作出公平的扩大或者缩小的解释，即把与必要技术特征等同的特征解释到专利权保护范围，或者以专利说明书及附图限定某些必要技术特征。

12. 专利独立权利要求与专利说明书出现不一致或者相互矛盾的，该专利不符合专利法第 26 条第 4 款的规定，当事人应当通过专利无效程序解决。

当事人不愿通过无效程序解决，法院应当以专利权有效和专利权利要求优先原则，以专利权利要求限定的保护范围为准，而不能以说明书或者附图公开的内容，"纠正"专利权利要求记载的技术内容。

13. 专利独立权利要求中记载的技术特征存在含糊不清之处时，可以结合从属权利要求或者说明书及附图对其作出澄清的解释。

14. 如果从属权利要求中包含了本应记载在独立权利要求中的、解决发明技术问题必不可少的技术特征（缺少该技术特征，独立权利要求中记载的技术方案已不完整），则该专利不符合专利法实施细则第 21 条第 2 款的规定。当事人可以通过专利无效程序解决。

当事人不愿通过无效程序解决，法院可以根据当事人请求原则，在确定专利权保护范围时，以相应的从属权利要求限定专利权保护范围。

15. 仅记载在专利说明书及附图中，而未反映在专利权利要求书中的技术方案，不能纳入专利权保护范围。即不能以说明书及附图为依据，确定专利权的保护范围。

（1）如果一项技术方案在专利说明书中做了充分的公开，有具体的描述和体现，但在其权利要求书中没有记载，则应认定该技术方案不在专利保护范围之内，不允许在解释专利权利要求时，将其纳入专利权保护范围。

（2）如果专利权利要求书中记载的技术内容与专利说明书中的描述或体现不尽相同，则专利权利要求书中的记载优先，不能以说明书及附图记载的内容"纠正"专利权利要求书记载的内容。

（3）如果专利说明书及附图中公开的技术内容范围宽，而专利权利要求书中请求保护的范围窄，则原则上只能以权利要求中的技术内容确定专利权的保护范围。

16. 如果专利独立权利要求及其从属权利要求中缺少解决发明或实用新型技术问题的必要技术特征，仅在专利说明书或附图中公开了该必要技术特征，则该专利不符合专利法实施细则第 21 条第 2 款之规定，当事人应当通过专利无效程序解决。

17. 当专利权利要求中引用了附图标记时，不应以附图中所反映出的具体结构来限定专利权利要求中的技术特征。专利保护的范围也不应完全受说明书中公开的具体实施例的限制。

18. 摘要不能用于确定专利权的保护范围，也不能用于解释专利权利要求。

19. 专利申请档案和专利复审、撤销、无效档案，在解释专利保护范围时，可以用于禁止专利权人反悔。

20. 专利申请档案和专利复审、撤销、无效档案可以用于修正专利文件中的印刷错误。当专利文件中的印刷错误影响到专利保护范围的确定时，应当以专利档案中的原始文件为准。

21. 专利权利要求或说明书中出现明显笔误，应依实际情况予以正确解释。

二、侵犯发明、实用新型专利权的判定

（一）侵权判定的比较

22. 进行侵权判定，应当以专利权利要求中记载的技术方案的全部必要技术特征与被控侵权物（产品或方法）的全部技术特征逐一进行对应比较。

23. 进行侵权判定，一般不以专利产品与侵权物品直接进行侵权对比。专利产品可以用于帮助理解有关技术特征与技术方案。

24. 当原被告双方当事人均有专利权时，一般不能用双方专利产品或者双方专利的权利要求进行侵权对比。

25. 对产品发明或者实用新型进行专利侵权判定比较，一般不考虑侵权物与专利技术是否为相同应用领域。

（二）全面覆盖原则的适用

26. 全面覆盖，是指被控侵权物（产品或方法）将专利权利要求中记载的技术方案的必要技术特征全部再现，被控侵权物（产品或方法）与专利独立权利要求中记载的全部必要技术特征一一对应并且相同。

27. 全面覆盖原则，即全部技术特征覆盖原则或字面侵权原则。即如

果被控侵权物（产品或方法）的技术特征包含了专利权利要求中记载的全部必要技术特征，则落入专利权的保护范围。

28. 当专利独立权利要求中记的必要技术特征采用的是上位概念特征，而被控侵权物（产品或方法）采用的是相应的下位概念特征时，则被控侵权物（产品或方法）落入专利权的保护范围。

29. 被控侵权物（产品或方法）在利用专利权利要求中的全部必要技术特征的基础上，又增加了新的技术特征，仍落入专利权的保护范围。此时，不考虑被控侵权物（产品或方法）的技术效果与专利技术是否相同。

30. 被控侵权物（产品或方法）对在先专利技术而言是改进的技术方案，并且获得了专利权，则属于从属专利。未经在先专利权人许可，实施从属专利也覆盖了在先专利权的保护范围。

（三）等同原则的适用

31. 在专利侵权判定中，当适用全面覆盖原则判定被控侵权物（产品或方法）不构成侵犯专利权的情况下，应当适用等同原则进行侵权判定。

32. 等同原则，是指被控侵权物（产品或方法）中有一个或者一个以上技术特征经与专利独立权利要求保护的技术特征相比，从字面上看不相同，但经过分析可以认定两者是相等同的技术特征。这种情况下，应当认定被控侵权物（产品或方法）落入了专利权的保护范围。

33. 专利权的保护范围也包括与专利独立权利要求中必要技术特征相等同的技术特征所确定的范围。

34. 等同特征又称等同物。被控侵权物（产品或方法）中，同时满足以下两个条件的技术特征，是专利权利要求中相应技术特征的等同物：

（1）被控侵权物中的技术特征与专利权利要求中的相应技术特征相比，以基本相同的手段，实现基本相同的功能，产生了基本相同的效果；

（2）对该专利所属领域普通技术人员来说，通过阅读专利权利要求和说明书，无需经过创造性劳动就能够联想到的技术特征。

35. 等同物应当是具体技术特征之间的彼此替换，而不是完整技术方案之间的彼此替换。

36. 等同物代替包括对专利权利要求中区别技术特征的替换，也包括对专利权利要求中前序部分技术特征的替换。

37. 判定被控侵权物（产品或方法）中的技术特征与专利独立权利要求中的技术特征是否等同，应当以侵权行为发生的时间为界限。

38. 适用等同原则判定侵权，仅适用于被控侵权物（产品或方法）中的具体技术特征与专利独立权利要求中相应的必要技术特征是否等同，而不适用于被控侵权物（产品或方法）的整体技术方案与独立权利要求所限定的技术方案是否等同。

39. 进行等同侵权判断，应当以该专利所属领域的普通技术人员的专业知识水平为准，而不应以所属领域的高级技术专家的专业知识水平为准。

40. 进行等同侵权判断，对于开拓性的重大发明专利，确定等同保护的范围可以适当放宽；对于组合性发明或者选择性发明，确定等同保护的范围可以适当从严。

41. 对于故意省略专利权利要求中个别必要技术特征，使其技术方案成为在性能和效果上均不如专利技术方案优越的变劣技术方案，而且这一变劣技术方案明显是由于省略该必要技术特征造成的，应当适用等同原则，认定构成侵犯专利权。

42. 在专利侵权判定中，下列情况不应适用等同原则认定被控侵权物（产品或方法）落入专利权保护范围：

（1）被控侵权的技术方案属于申请日前的公知技术；

（2）被控侵权的技术方案属于抵触申请或在先申请专利；

（3）被控侵权物中的技术特征，属于专利权人在专利申请、授权审查以及维持专利权效力过程中明确排除专利保护的技术内容。

（四）禁止反悔原则的适用

43. 禁止反悔原则，是指在专利审批、撤销或无效程序中，专利权人为确定其专利具备新颖性和创造性，通过书面声明或者修改专利文件的方式，对专利权利要求的保护范围作了限制承诺或者部分地放弃了保护，并因此获得了专利权，而在专利侵权诉讼中，法院适用等同原则确定专利权的保护范围时，应当禁止专利权人将已被限制、排除或者已经放弃的内容重新纳入专利权保护范围。

44. 当等同原则与禁止反悔原则在适用上发生冲突时，即原告主张适用等同原则判定被告侵犯其专利权，而被告主张适用禁止反悔原则判定自己不构成侵犯专利权的情况下，应当优先适用禁止反悔原则。

45. 适用禁止反悔原则应当符合以下条件：

（1）专利权人对有关技术特征所作的限制承诺或者放弃必须是明示的，而且已经被记录在专利文档中；

（2）限制承诺或者放弃保护的技术内容，必须对专利权的授予或者维持专利权有效产生了实质性作用。

46. 禁止反悔原则的适用应当以被告提出请求为前提，并由被告提供原告反悔的相应证据。

（五）多余指定原则的适用

47. 多余指定原则，是指在专利侵权判定中，在解释专利独立权利要求和确定专利权保护范围时，将记载在专利独立权利要求中的明显附加技术特征（即多余特征）略去，仅以专利独立权利要求中的必要技术特征来确定专利权保护范围，判定被控侵权物（产品或方法）是否覆盖专利权保护范围的原则。

48. 认定记载在专利独立权利要求中的某个技术特征是否属于附加技术特征，应当结合专利说明书及附图中记载的该技术特征在实现发明目的、解决技术问题的功能、效果，以及专利权人在专利审批、撤销或者无效审查程序中向中国专利局或者专利复审委员会所作出的涉及该技术特征的陈述，进行综合分析判定。

49. 对于在专利独立权利要求中有明确记载，但在专利说明书中对其功能、作用未加以说明的技术特征，不应认定为附加技术特征。

50. 适用多余指定原则认定附加技术特征，应当考虑以下因素：

（1）该技术特征是否属于区别专利技术方案与专利申请日前的已有技术方案所必须的，是否属于体现专利新颖性、创造性的技术特征，即专利权利要求中略去该技术特征，该专利是否还具有新颖性、创造性；

（2）该技术特征是否属于实现专利发明目的、解决发明技术问题、获得发明技术效果所必需的，即专利独立权利要求所描述的技术方案略去该技术特征，该专利是否仍然能够实现或基本实现发明目的、达到发明效果；

（3）该技术特征不得存在专利权人反悔的情形。

51. 在被控侵权物（产品或方法）中，仅缺少独立权利要求中记载的对解决专利技术问题无关或者不起主要作用、不影响专利性的附加技术特征，使被控侵权物（产品或方法）的技术效果明显劣于专利技术，但又明显优于申请日前的公知技术，不应当适用多余指定原则，而应当适用等同原则，认定侵权物（产品或方法）落入了专利保护范围。

52. 法院不应当主动适用多余指定原则，而应以原告提出请求和相应证据为条件。

53. 对于含有非实用新型技术特征的实用新型专利权利要求，应当严格按照专利权利要求的文字限定专利权的保护范围，不应当把该专利权利要求中的非实用新型技术特征认定为非必要技术特征。即被控侵权物（产品或方法）缺少了实用新型专利独立权利要求中的非实用新型技术特征，不构成侵犯专利权。

54. 对于发明高度较低的实用新型专利，一般不适用多余指定原则确定专利保护范围。

55. 适用多余指定原则时，应适当考虑专利权人的过错责任，并在赔偿损失时予以体现。

三、侵犯外观设计专利权的判定

（一）外观设计保护范围的确定

56. 外观设计专利权的保护范围以表示在图片或者照片中的该专利产品的外观设计为准。对外观设计的简要说明可以用于理解该外观设计的保护范围。

57. 外观设计专利权人在侵权诉讼中，应当提交其外观设计的"设计要点图"，说明其外观设计保护的独创部位及内容；专利权人在申请外观设计专利时已向中国专利局提交"设计要点图"的，专利档案可以作为认定外观设计要点的证据。

58. 外观设计专利权请求保护色彩的，权利人应当出具有中国专利局认可的相关证据，用以确定外观设计的保护范围。必要时，法院应当与中国专利局档案中的色彩内容进行核对。

59. 外观设计专利权请求保护色彩的，应当将请求保护的色彩作为限定该外观设计专利权保护范围的要素之一，即在侵权判定中，应当将其所包含的形状、图案、色彩及其组合与被控侵权产品的形状、图案、色彩及其组合进行逐一对比。

60. 外观设计专利权的保护范围不得延及该外观设计专利申请日或者优先权日之前已有的公知设计内容。

61. 外观设计专利权的保护范围应当排除仅起功能、效果作用，而消费者在正常使用中看不见或者不对产品产生美感作用的设计内容。

（二）外观设计的侵权判定

62. 外观设计专利侵权判定中，应当首先审查被控侵权产品与专利产品是否属于同类产品。不属于同类产品的，不构成侵犯外观设计专利权。

63. 审查外观设计专利产品与侵权产品是否属于同类产品，应当参照外观设计分类表，并考虑商品销售的客观实际情况，对是否属于同类产品作出认定。

64. 同类产品是外观设计专利侵权判定的前提，但不排除在特殊情况下，类似产品之间的外观设计亦可进行侵权判定。

65. 进行外观设计专利侵权判定，即判断被控侵权产品与外观设计专利产品是否构成相同或者相近似，应当以普通消费者的审美观察能力为标准，不应当以该外观设计专利所属领域的专业技术人员的审美观察能力为标准。

66. 普通消费者作为一个特殊消费群体，是指该外观设计专利同类产品或者类似产品的购买群体或者使用群体。

67. 对被控侵权产品与专利产品的外观设计进行对比，应当进行整体观察与综合判定，看两者是否具有相同的美感；比较的重点应当是专利权人独创的富于美感的主要设计部分（要部）与被控侵权产品的对应部分，看被告是否抄袭、模仿了原告的独创部分。

68. 在原告和被告均获得并实施了外观设计专利权的情况下，如果两个外观设计构成相同或相近似，则可以认定实施在后获得外观设计专利权的行为，侵犯了在先获得的外观设计专利权。

69. 进行外观设计专利侵权判定，不适用判定发明或者实用新型专利侵权中采用的等同原则。

（三）相同与相近似的认定

70. 专利产品的外观设计与被控侵权产品的外观设计是否构成相同或

者相近似,应当将两者进行比较:

(1) 如果两者的形状、图案、色彩等主要设计部分(要部)相同,则应当认为两者是相同的外观设计;

(2) 如果构成要素中的主要设计部分(要部)相同或者相近似,次要部分不相同,则应当认为是相近似的外观设计;

(3) 如果两者的主要设计部分(要部)不相同或者不相近似,则应当认为是不相同的或者是不相近似的外观设计。

71. 专利产品的外观设计与被控侵权产品的大小、材质、内部构造及性能,不得作为判定两者是否相同或者相近似的依据。

72. 对要求保护色彩的外观设计,应当先确定该外观设计的形状是否属于公知外观设计,如果是公知的,则应当仅对其图案、色彩作出判定;如果形状、图案、色彩均为新设计,则应当以形状、图案、色彩三者的结合作出判定。

四、其他侵犯专利权行为的判定

(一) 关于间接侵权

73. 间接侵权,是指行为人实施的行为并不构成直接侵犯他人专利权,但却故意诱导、怂恿、教唆别人实施他人专利,发生直接的侵权行为,行为人在主观上有诱导或唆使别人侵犯他人专利权的故意,客观上为别人直接侵权行为的发生提供了必要的条件。

74. 间接侵权的对象仅限于专用品,而非共用品。这里的专用品是指仅可用于实施他人产品的关键部件,或者方法专利的中间产品,构成实施他人专利技术(产品或方法)的一部分,并无其它用途。

75. 对于一项产品专利而言,间接侵权是提供、出售或者进口用于制造该专利产品的原料或者零部件;对一项方法专利而言,间接侵权是提供、出售或者进口用于该专利方法的材料、器件或者专用设备。

76. 间接侵权人在主观上应当有诱导、怂恿、教唆他人直接侵犯他人专利权的故意。

77. 行为人明知别人准备实施侵犯专利权的行为,仍为其提供侵权条件的,构成间接侵权。

78. 间接侵权一般应以直接侵权的发生为前提条件，没有直接侵权行为发生的情况下，不存在间接侵权。

79. 发生下列依法对直接侵权行为不予追究或者不视为侵犯专利权的情况，也可以直接追究间接侵权行为人的侵权责任：

（1）该行为属于专利法第 63 条所述的不视为侵犯专利权的行为；

（2）该行为属于个人非营利目的的制造、使用专利产品或者使用专利方法的行为。

80. 依照我国法律认定的直接侵权行为发生或者可能发生在境外的，可以直接追究间接侵权行为人的侵权责任。

（二）关于假冒他人专利

81. 假冒他人专利，是指未经专利权人许可，擅自使用其专利标记的行为。包括：

（1）在其制造或者销售的产品、产品的包装上标注他人的专利号；

（2）在广告或者其他宣传材料中使用他人的专利号，使人将所涉及的技术误认为是他人的专利技术；

（3）在合同中使用他人的专利号，使人将合同涉及的技术误认为是他人的专利技术；

（4）伪造或者变造他人的专利证书、专利文件或者专利申请文件。

82. 假冒他人专利行为应当同时具备以下条件：

（1）必须有假冒行为，即在未经专利权人许可的情况下，以某种方式表明其产品为他人获得法律保护的专利产品，或者以某种方式表明其技术为他人获得法律保护的专利技术，从而产生误导公众的结果；

（2）被假冒的必须是他人已经取得的、实际存在的专利；

（3）假冒他人专利的行为应为故意行为。

83. 假冒他人专利行为所侵害的客体是专利权人的专利标记权，因此，不以是否实施了他人的专利技术为要件。即被控侵权物（产品或方法）不一定实施了他人的专利技术，假冒他人的产品可与专利产品不相同，其方法可与专利方法不相同。

84. 依据专利许可合同实施的技术与许可方的专利技术内容不一致，但在产品包装上标注了专利权人的专利号的行为，属于未经专利权人许可的假冒他人专利行为。

85. 管理专利工作的部门对假冒他人专利行为作出行政处罚之后，专利权人仍有权提起侵权诉讼，要求假冒他人专利的行为人承担民事侵权责任。

86. 对假冒他人专利行为，人民法院除可以根据专利权人请求令侵权行为人依法承担民事责任外，还可以依法对假冒他人专利行为人给予行政处罚。

87. 对假冒他人专利涉嫌下列情形之一的直接责任人，应当告知权利人直接提起刑事自诉，也可以移送公安机关追究行为人的刑事责任：

(1) 违法所得数额在 10 万元以上的；

(2) 给专利权人造成直接经济损失数额在 50 万以上的；

(3) 因假冒他人专利受过行政处罚两次以上，又实施假冒他人专利行为的；

(4) 造成恶劣影响的。

五、专利侵权抗辩

(一) 滥用专利权抗辩

88. 被告以原告的专利权已经超过保护期、已经被权利人放弃、已经被中国专利局撤销或者已经被专利复审委员会宣告无效进行抗辩的，应当提供相应的证据。

89. 被告以原告的专利权不符合专利性条件或者其它法律规定，应当被宣告无效的，其无效宣告请求应当向专利复审委员会提出。

90. 被告以原告恶意取得专利权，并滥用专利权进行侵权诉讼的，应当提供相关的证据。

恶意取得专利权，是指将明知不应当获得专利保护的发明创造，故意采取规避法律或者不正当手段获得了专利权，其目的在于获得不正当利益或制止他人的正当实施行为。

91. 被告证明自己也获得与原告相同的有效的发明或者实用新型专利权的，经过审理，当法院可以认定两个专利的技术内容相同时，应当根据保护在先权利的原则作出判决。

（二）不侵权抗辩

92. 被控侵权物（产品或方法）缺少原告的发明或者实用新型专利权利要求中记载的必要技术特征，不构成侵犯专利权。

93. 被控侵权物（产品或方法）的技术特征与原告专利权利要求中对应必要技术特征相比，有一项或者一项以上的技术特征有了本质区别，不构成侵犯专利权。

这里的本质区别是指：

（1）构成了一项新的技术方案的区别技术特征；或者

（2）使被控侵权物（产品或方法）采用的技术特征在功能、效果上明显优于专利独立权利要求中对应的必要技术特征，并且相同技术领域的普通技术人员认为这种变化具有实质性的改进，而不是显而易见的。

94. 个人非经营目的的制造、使用行为，不构成侵犯专利权。但是，单位未经许可制造、使用他人的专利产品，则不能以"非经营目的"进行侵权抗辩，而应当承担侵权责任。

（三）不视为侵权的抗辩

95. 专利权用尽。专利权人制造或者经专利权人许可制造的专利产品售出后，使用或者再销售该产品的行为，不视为侵犯专利权。包括：

（1）专利权人制造或者经专利权人许可制造的专利产品部件售出后，使用并销售该部件的行为，应当认为是得到了专利权人的默许；

（2）制造方法专利的专利权人制造或者允许他人制造了专门用于实施其专利方法的设备售出后，使用该设备实施该制造方法专利的行为。

96. 先用权。在专利申请日前已经制造相同产品、使用相同方法或者已经做好制造、使用的必要准备，并且仅在原有范围内继续制造、使用的行为，不视为侵犯专利权。

享有先用权的条件是：

（1）做好了制造、使用的必要准备。必要准备，是指已经完成了产品图纸设计和工艺文件，已准备好专用设备和模具，或者完成了样品试制等项准备工作；

（2）仅在原有范围内继续制造、使用。原有范围，是指专利申请日前所准备的专用生产设备的实际生产产量或者生产能力的范围。超出原有范围的制造、使用行为，构成侵犯专利权。

（3）在先制造产品或者使用的方法，应是先用权人自己独立研究完成或者以合法手段取得的，而不是在专利申请日前抄袭、窃取或者以其他不正当手段从专利权人那里获取的。

（4）先用权人对于自己在先实施的技术不能转让，除非连同所属企业一并转让。对依据先用权产生的产品的销售行为，也不视为侵犯专利权。

97. 临时过境。临时通过中国领土、领水、领空的外国运输工具，依照其所属国同中国签订的协议，或者共同参加的国际条约，或者依照互惠原则，为运输工具自身需要而在其装置和设备中使用有关专利的行为，不视为侵犯专利权。但不包括用交通运输工具对专利产品的"转运"，即从一个交通运输工具转到另一个交通运输工具上的行为。

98. 科学研究与实验性使用。专为科学研究和实验而使用有关专利的行为，不视为侵犯专利权。这里要分清对专利产品进行实验和在实验中使用专利产品。

（1）专为科学研究和实验而使用有关专利中的使用，应当包括专为科学研究和实验而制造有关专利产品的行为。

（2）专为科学研究和实验而使用，是指以研究、验证、改进他人专利技术为目的，使用的结果是在已有专利技术的基础上产生新的技术成果。

（3）在科学研究和实验过程中制造、使用他人专利技术，其目的不是为研究、改进他人专利技术，其结果与专利技术没有直接关系，则构成侵犯专利权。

99. 非故意行为。为生产经营目的，使用或者销售不知道是未经专利权人许可而制造共售出的专利产品，或者依照专利方法直接获得的产品的行为，属于侵犯专利权行为。

但是，使用者或者销售者能证明其产品合法来源的，不承担赔偿责任，但应当承担停止侵权行为的法律责任。这里的"合法来源"是指，使用者或者销售者通过合法的进货渠道、正常的买卖合同和合理的价格从他人处购买的。

（四）已有技术抗辩

100. 已有技术抗辩，是指在专利侵权诉讼中，被控侵权物（产品或方法）与专利权利要求所记载的专利技术方案等同的情况下，如果被告答辩并提供相应证据，证明被控侵权物（产品或方法）与一项已有技术等同，则被告的行为不构成侵犯原告的专利权。

101. 用已有技术进行侵权抗辩时，该已有技术应当是一项在专利申请日前已有的、单独的技术方案，或者该领域普通技术人员认为是已有技术的显而易见的简单组合成的技术方案。

102. 已有技术抗辩仅适用于等同专利侵权，不适用于相同专利侵权的情况。

103. 当专利技术方案、被控侵权物（产品或方法）、被引证的已有技术方案三者明显相同时，被告不得依已有技术进行抗辩，而可以向专利复审委请求宣告该专利权无效。

（五）合同抗辩

104. 合同抗辩，是指专利侵权诉讼的被告，以其实施的技术是通过技术转让合同从第三人处合法取得的为理由进行侵权抗辩。此抗辩理由不属于对抗侵犯专利权的理由，只是承担侵权责任的抗辩理由。

105. 技术转让合同的受让方按照合同的约定实施受让技术，侵犯他人专利权的，合同的转让方与受让方构成共同侵权。在合同双方作为专利侵权诉讼的共同被告时，除合同另有约定外，在确定责任时，应当由转让方首先承担侵权责任，受让方承担一般连带责任。

106. 专利侵权诉讼中的被告以合同抗辩的同时，要求追加合同的转让方为共同被告的，如果原告同意追加，则应当将合同的转让方追加为共同被告；如果原告坚持不同意追加，在合同的受让方承担侵权责任后，可以另行通过合同诉讼或仲裁解决合同纠纷。

（六）诉讼时效抗辩

107. 侵犯专利权的诉讼时效为二年，自专利权人或者利害关系人得知或者应当得知侵权行为之日起计算。被告可以提出专利权人行使超过诉讼时效的抗辩。

108. 被告基于连续并正在实施的专利侵权行为已超过诉讼时效进行抗辩的，法院可以根据原告的请求判令被控侵权人停止侵权，但侵权损害赔偿数额应当自原告向人民法院起诉之日起向前推算二年计算。

109. 自侵权人实施侵权行为终了之日起过二年的，专利权人将失去胜诉权。

六、相关概念的理解

110. 折中原则。又称主题内容限定原则。专利权的保护范围根据权利要求书记载的内容确定，说明书和附图可以用来解释权利要求。

111. 周边限定原则。专利权的保护范围仅限于权利要求中纯文字描述的对象，权利要求书中的文字记载是专利权最大限度的保护范围。

112. 中心限定原则。专利权的保护范围可以不拘泥于权利要求书的文字记载，而是以权利要求书作为中心，保护范围可以扩大到本领域技术人员仔细研究说明书和附图后，认为可以包括的范围。

113. 制造该产品。指专利权利要求书中所记载的产品技术方案被实现，可以包括：

（1）产品的数量、质量及制造方法不影响对制造行为的认定。

（2）委托他人制造或者在产品上标明"监制"的视为参与制造。

（3）将部件组装成专利产品的行为，属于制造。

（4）对专利产品的部件进行更换性维修，或者对已过使用寿命的专利产品进行维修行为属于制造。

114. 使用该产品。指专利权利要求书中所记载的产品技术方案的技术功能得到了应用。

115. 使用该方法。指权利要求书中记载的专利方法技术方案的每一个步骤均被实现的行为。除新产品的制造方法外，使用该方法的结果不影响对其性质的认定。

116. 销售该产品。指依专利权利要求书中所记载的技术方案而制得的产品的所有权从卖方有偿转移到买方。为销售提供条件（如仓储）的行为视为销售。

117. 许诺销售。指以做广告、在商店橱窗中陈列或者在展销会上展出等方式作出销售产品的意思表示。

118. 进口该产品。指依专利权利要求书中所记载的技术方案而制得的产品或者依照专利方法直接制得的产品在空间上从境外越过边界运进境内。

119. 方法延及产品。指一项产品制造方法发明专利权被授予后，任何单位或个人未经专利权人许可，除了不得为生产经营目的而使用该专利方法外，还不得为生产经营目的而使用、销售或进口依照该专利方法所直接获得的产品。

120. 重复专利。指两个或两个以上相同主题的发明创造，其权利要求书中记载的技术特征也基本相同，分别申请并均获得了专利权。

121. 从属专利，又称改进专利。指一项专利技术的技术方案包括了前一有效专利；即基本专利的必要技术特征，它的实施必然会落入前一专利的保护范围或者覆盖前一专利的技术特征，它的实施也必然有赖于前一专利技术的实施。

从属专利的形式主要有：

（1）在原有产品专利技术特征的基础上，增加了新的技术特征。

（2）在原有产品专利技术特征的基础上，发现了原来未曾发现的新的用途。

（3）在原有方法专利技术方案的基础上，发现了新的未曾发现的新的用途。

122. 新产品。专利法第57条第2款规定的"新产品"，是指在国内第一次生产出的产品，该产品与专利申请日之前已有的同类产品相比，在产品的组份、结构或者其质量、性能、功能方面有明显区别。

是否属于新产品，应由原告举证证明。

123. 本领域普通技术人员。指具有侵权发生日之前该技术领域一般性的公知知识，能够获知该技术领域一般现有技术，并且具备进行各种常规试验和普通分析工作的手段和能力的技术人员。

124. 已有技术。指申请日（有优先权的，指优先权日）前在国内外出版物上公开发表、在国内公开使用或者以其他方式为公众所知的技术，即现有技术。

125. 必要技术特征。指在技术方案中能够独立地对解决发明或实用新型的技术问题产生技术效果的技术单元或者技术单元的集合。例如，产品专利的技术特征包括产品的部件以及部件之间的组合关系；方法专利的技术特征包括步骤、步骤之间的关系和条件。

126. 附加技术特征。指与发明或者实用新型技术有关，对引用技术方案的技术特征进一步限定的技术特征，或者新增加的技术特征。

127. 开拓性发明。指一种全新的、在技术史上未曾有过先例、为人类科学技术在某个时期的发展开创了新纪元的技术解决方案。

128. 多余指定。指专利权人在撰写开拓性发明或者重大改进专利的申请文件时，因当时尚缺乏实施其专利技术的经验，把明显不是解决发明或实用新型技术问题的必要技术特征写入了独立权利要求，而且该技术特征也不是使独立权利要求具备新颖性或创造性的必要条件，该非必要技术特征成为限定独立权利要求保护范围的多余限定。由于该多余指定可能使其专利权保护范围大大缩小或甚至得不到保护。

129. 非实用新型技术特征。指实用新型专利独立权利要求中记载的不属于产品的形状、构造或者其结合等构成实用新型专利技术方案的技术特征，如用途、制造工艺、使用方法、材料成分（组分、配比）等技术特征。

二○○一年九月二十九日